Extraordinarily Badass Agile Coaching

엄청나게 끝내주는 애자일 코칭

Extraordinarily Badass Agile Coaching

엄청나게 끝내주는 애자일 코칭:
애자일 코치를 위한 안성맞춤 도구함

초판 1쇄 발행 2024년 11월 22일 **지은이** 로버트 L. 갤런 **옮긴이** 조승빈 **펴낸이** 한기성 **펴낸곳** (주)도서출판인사이트 **편집** 송우일 **영업마케팅** 김진불 **제작·관리** 이유현 **용지** 월드페이퍼 **출력·인쇄** 예림인쇄 **제본** 예림원색 **등록번호** 제2002-000049호 **등록일자** 2002년 2월 19일 **주소** 서울특별시 마포구 연남로5길 19-5 **전화** 02-322-5143 **팩스** 02-3143-5579 **이메일** insight@insightbook.co.kr **ISBN** 978-89-6626-455-1 책값은 뒤표지에 있습니다. 잘못 만들어진 책은 바꾸어 드립니다. 이 책의 정오표는 https://blog.insightbook.co.kr에서 확인하실 수 있습니다.

agile

엄청나게 끝내주는 애자일 코칭

로버트 L. 갤런 지음 | 조승빈 옮김

인사이트

차례

옮긴이의 글

일단 자기 반성부터 하고 시작해야 할 것 같습니다. 저는 이 책을 읽은 후, 애자일 코칭이 무엇인지 그동안 제대로 모르고 있었다는 사실을 깨달았습니다. 심지어 모른다는 사실조차 잘 모르고 있었습니다. 궁색한 변명을 하나 하자면, 애자일 전반에는 그럴 수밖에 없는 본질적 특성이 있습니다.

　다행인지는 모르겠지만 이는 비단 한국에만 국한된 문제가 아닙니다. 애자일 코치라는 직업에는 모호하고 불확실한 부분이 많기 때문에, 전 세계적으로 많은 이들이 애자일 코칭·코치를 제대로 이해하는 데 여러 가지 어려움을 겪고 있습니다.

　이 책은 사람들의 이러한 오해와 혼란을 해소하고, 우리가 기대하는 애자일 코칭에 대한 높은 기준을 제시하기 위한 책입니다.

불확실성은 애자일의 본질적 특성이다

애자일은 혼돈의 가장자리(edge of chaos)에서 탄생하고 진화해 온 창발의 산물입니다.

　혼돈의 가장자리란 질서와 혼돈 사이의 경계선, 즉 시스템이 완전한 질서를 이루지 않으면서도 무질서 상태로 붕괴하지 않는 복잡성과 불확실성이 동시에 존재하는 지점을 말합니다. 이곳에서 시스템은 스스로 조직화하고 새로운 패턴을 만들어 냅니다. 아이디어와 혁신이 생겨나고 변화와 전환을 통해 이전에는 없던 가능성이 열립니다.

　애자일은 바로 이러한 불확실성과 복잡성이 지배하는 환경 속에서 기존의 경직된 방식으로는 더 이상 대응할 수 없는 문제들을 해결하기 위해 자연스럽게 등장했습니다. 여기서 중요한 점은 애자일이 어떤 특정 개인이나 조직에 의해 미리 설계되거나 계획된 것이 아니라, 복잡계에서 창발의 원리에 따라 자연스럽게 출현했다는 것입니다.

하지만 이로 인해 문제가 하나 생겼습니다. 바로 애자일이 무엇인지 한마디로 정의하기 어려우며, 때로는 복잡하고 모호하게 느껴질 수 있다는 점입니다. 이는 애자일의 본질적 특성이기도 하며, 그로 인해 적용 과정에 어려움이 따르기도 합니다. 애자일의 진화는 그 불확실성에 질서를 부여하고자 하는 힘과 과도한 질서에 저항하는 힘이 팽팽한 균형을 이루어 온 과정이라고 할 수 있습니다.

이는 애자일이 본질적으로 고정불변이 아니라 끊임없이 변화한다는 점을 보여 줍니다. 애자일은 수많은 조직이 처한 상황과 요구에 따라 변화하고 진화하면서 다양한 형태로 자리 잡았습니다. 이 과정에서 다른 전문 분야와 달리 역량, 교육, 인증 등을 통제하는 중앙 조직이 없었는데 그로 인해 강력한 창의성과 유연성을 얻었지만 동시에 혼란과 오해를 낳기도 했습니다.

마찬가지 이유로 애자일 코칭이나 애자일 코치 역시 한마디로 정의하기가 쉽지 않습니다. 지금도 전 세계 애자일 커뮤니티에서 애자일 코칭을 좀 더 명쾌하고 이해하기 쉽게 정의하려고 노력하는 사람이 있는 반면, 규범적 특성과 지나친 질서를 반대하면서 애자일 코칭이 집단 지성을 통해 자연스럽게 진화하리라고 믿는 사람도 있습니다.

어떤 아이디어는 크게 환영받고 많은 이들의 영감의 원천이 되기도 하지만, 또 어떤 아이디어는 큰 영향을 미치지 못한 채 사라집니다. 시간이 흐르고 환경이 변화하면서 주류를 차지했던 아이디어가 뒤로 밀려나기도 하고, 예전에는 미약했던 움직임이 적당한 시기를 만나면 다수의 의견으로 자리 잡기도 합니다. 그 과정에서 치열한 갈등, 다툼, 논쟁, 융합, 모방이 자연스럽게 이루어집니다.

애자일은 커뮤니티 내에서 이런 식으로 성장하고 발전해 왔습니다. 애자일은 다양한 생물종이 서로 영향을 주고받고 거듭된 진화를 거쳐 생존하거나 도태되면서 절묘하게 균형을 이루고 있는 생태계와 같습니다. 이것이 애자일의 본질적 특성이자 그 생명력의 핵심입니다.

이 책을 번역하게 된 동기

스스로를 '애자일 코치'라고 부르기 시작한 지도 꽤 오랜 시간이 지났습니다.

하지만 애자일 코칭이란 정확히 무엇일까요? 애자일 코치는 무엇을 하는 사람일까요? 한동안 이 의문에 명쾌한 결론을 내릴 수 없었습니다. 누군가 찾아와서 어떻게 하면 애자일 코치로 성장할 수 있느냐고 물어볼 때에도 만족스러운 조언을 해 줄 수 없었습니다.

애자일 코치를 생각했을 때 어떤 이미지가 떠오르는지 사람들에게 질문해보면 스크럼, 칸반, 익스트림 프로그래밍 같은 애자일 방법론을 사용해서 소프트웨어 등 제품 개발 프로젝트를 이끌어 가는 사람, 즉 애자일 방법론을 적극활용하는 프로젝트 관리자의 모습을 주로 떠올립니다. 또는 상대적으로 풍부한 지식과 경험을 기반으로 주변 다른 이들에게 애자일을 적극적으로 전파하고 알려 주는 사람이라고 말하기도 합니다.

완전히 틀린 설명은 아니지만 이런 이미지는 애자일 코치라는 전문직이 포괄하는 엄청나게 광범위한 영역 중 극히 일부에 불과합니다. 이 책을 끝까지 읽고 나면 깨닫게 되겠지만, 애자일 코치는 상당히 다양한 역량을 고루 균형 있게 갖추어야 하기 때문에 프로젝트 관리 역량이나 다른 사람들에게 애자일을 전파하겠다는 열정만으로는 그 사람을 애자일 코치라고 부르기 어렵습니다.

여전히 불확실하고 애매한 부분이 많이 남아 있지만, 우리가 잘 모르는 사이에 전 세계 애자일 커뮤니티에서 애자일 코치라는 전문직에 대해 많은 논의가 이루어져 왔고, 애자일 코칭의 모습도 훨씬 구체화되고 있습니다. 하지만 한국에 살고 있는 우리는 언어적인 이유로 전 세계 애자일 커뮤니티와는 다소 동떨어져 고립되어 있기 때문에 이러한 흐름에 따라가거나 동참하기가 쉽지 않습니다.

이 책을 번역하기로 한 것은 바로 이 때문입니다. 이 책은 현재 시점에서 애자일 코칭이 어떤 모습인지 가장 잘 보여 주고 있습니다. 그 모습은 우리가 기존에 생각했던 이미지와는 크게 다를 수 있습니다.

애자일 코칭은 애자일 팀을 코칭하는 사람들만을 위한 것은 아닙니다. 애자일 방법론을 도입하고 적용하는 데만 몰두한다면 진정한 의미에서 애자일 코치가 되기 어렵습니다. 애자일 코치란 전문 코치, 퍼실리테이터, 컨설턴트, 멘토, 교사·강사, PO·PM, 변화 관리자, 리더 등 이미 존재하는 다양한 전문 분야를 아우르는 새로운 직종이며 모든 체인지 에이전트의 최종 진화형이라고 정의하고 싶습니다. 훌륭한 애자일 코치는 이처럼 다양한 페르소나를 고루 갖추고 있으며, 필요할 때 상황에 맞는 최적의 페르소나를 의도적이고 의식적으로 선택하고 등장시켜 활용할 수 있는 능력이 있습니다.

이 책 본문에서 한 구절을 인용하고 싶습니다. "애자일이든 아니든 분명히 이 세상에는 끝내주는 애자일 코치가 더 많이 필요하다." 100% 동의합니다. 애자일이든 아니든 더 좋은 일하는 방식과 조직 문화를 위해 자신과 주변을 성장시키고 선한 영향력을 발휘하는 사람들이 더 많아지기를 바랍니다. 그리고 이 책이 그 과정에 작게나마 도움이 되기를 희망합니다.

애자일 코치로 성장하고 싶다면

애자일 코치로 성장하는 데 한 가지 정해진 길은 없습니다. 하지만 전 세계 커뮤니티에서 이루어지고 있는 관련 논의의 흐름을 살피다 보면, 현 시점에서 가장 널리 인정받는 애자일 코칭 및 애자일 코치의 개념을 좀 더 체계적이고 빠르게 이해할 수 있습니다. 이를 위한 필수 참고 자료 몇 가지를 소개합니다.

도서
한국어판이 출간된 애자일 코칭 관련 도서로 두 권을 추천합니다.

• 《애자일 팀 코칭》: 2010년에 리사 앳킨스가 집필한 이 책은 모든 애자일 코치가 반드시 읽어야 할 필독서입니다. 다만 출간된 지 꽤 오랜 시간이 흘렀고 애자일 코칭 개념이 막 등장하기 시작한 시점에 나온 책이기 때문에, 애자일 코치라는 전문직의 필요성을 강조하면서 자신의 아이디어를 소개하는 책에 가깝습니다. 애자일 코칭의 현재 모습을 알고 싶다면 이후에 나온 다른 자료들을 함께 참고해야 합니다.

- 《엄청나게 끝내주는 애자일 코칭》: 바로 이 책입니다! 앞으로 애자일 코치는 이 책을 읽은 이와 그렇지 않은 이로 나뉠 것이라고 확신합니다.

역량 모델

진정한 애자일 코치로 성장하고 싶다면 다음 두 가지 역량 모델을 살펴볼 필요가 있습니다. '애자일 코칭 역량 프레임워크'를 보면 애자일 코칭의 출발점을 이해할 수 있고, '애자일 코칭 그로스 휠'을 통해서는 현재 모습이 어떤지 엿볼 수 있습니다.

애자일 코칭 역량 프레임워크(애자일 코칭 연구소)

2011년에 리사 앳킨스가 자신의 저서 《애자일 팀 코칭》의 아이디어를 발전시켜 이를 기반으로 마이클 스페이드와 공동으로 발표한 최초의 애자일 코칭 역량 모델입니다. 하지만 완전한 역량 모델이라고 할 수는 없으며, 이름 그대로 대략적인 뼈대만 제시하고 있습니다. 이 모델은 이후 수많은 애자일 실천가에게 영감을 주었고, 지금도 사실상의 표준으로 자리 잡고 있는 중요한 모델입니다. 이 책의 3장에서 자세히 소개하고 있습니다.

- *https://lyssaadkins.com/blog-1/2023/06/22/agile-coaching-competencies/* (영어)
- *https://congruentagile.com/agile-coaching-competencies/*(한국어)

애자일 코칭 그로스 휠

이 책 전반에서 기준으로 삼고 있는 중심 모델입니다. 그 너비와 깊이 면에서 사람을 다소 압도하는 느낌을 주기는 하지만, 애자일 코칭 역량 프레임워크와 비교했을 때 이를 기반으로 삼고 있으면서도 애자일 코치가 갖춰야 할 역량과 그 수준을 더욱 완전하게 포함하고 있습니다.

- *https://agilecoachinggrowthwheel.org/*(영어)
- *https://congruentagile.com/agile-coaching-growth-wheel/*(한국어)

인증

당연히 인증이 애자일 코칭 역량을 입증해 줄 수는 없습니다. 하지만 그렇다고 해서 인증이 전혀 쓸모없다는 인증 무용론자의 주장에도 동의하지 않습니다. 인증은 마치 운전면허증과 같습니다. 운전면허증이 자동차를 운전하는 데 필요한 최소한의 지식이 있고 앞으로 운전 실력을 발전시킬 수 있는 출발선에 섰음을 인정한다는 의미이듯이, 애자일 코칭 인증은 앞으로 어떻게 하면 애자일 코치로서 체계적으로 학습하고 성장할 수 있는지 이해할 수 있는 최소한의 수준에 도달했음을 인정한다는 의미에 가깝습니다.

현 시점에서 시장에서 널리 인정받고 있고 의미 있는 애자일 코치 인증 기관은 ICAgile과 스크럼 얼라이언스 두 곳이 있습니다.

ICAgile

ICAgile에서는 '애자일 팀 코칭'과 '엔터프라이즈 애자일 코칭'이라는 두 가지 학습 트랙과 인증을 제시하고 있습니다. 인증 교육 과정 참여와는 별개로, 웹사이트에서 다운로드할 수 있는 'Learning Outcomes' 문서를 살펴봐도 큰 도움을 얻을 수 있습니다.

- 애자일 팀 코칭: *https://www.icagile.com/track/agile-team-coaching*
- 엔터프라이즈 애자일 코칭: *https://www.icagile.com/track/enterprise-agile-coaching*

스크럼 얼라이언스

스크럼 얼라이언스에서는 '인증 팀 코치'와 '인증 엔터프라이즈 코치'라는 두 가지 애자일 코칭 인증을 제공합니다. ICAgile과 달리 스크럼 얼라이언스 인증에는 별도 교육 과정이 없으며, 자격을 이미 갖춘 사람이 지원서를 제출하면 심사 후 인증을 부여하는 방식으로 되어 있습니다. 마찬가지로 심사 요청을 위한 'Certification Requirements' 문서를 살펴보면 애자일 코치로서 향후 학습과 성장에 도움이 될 수 있습니다.

- 인증 팀 코치: *https://www.scrumalliance.org/get-certified/ctc-certification/become-a-ctc*
- 인증 엔터프라이즈 코치: *https://www.scrumalliance.org/get-certified/cec-certification/become-a-cec*

윤리 강령

초반에는 미처 인식하지 못할 수도 있지만 어떤 직업에서 전문성을 갖추려고 노력하다 보면 직업 윤리 강령의 존재 유무가 매우 큰 역할을 한다는 사실을 깨닫게 됩니다. 윤리 강령이 없는 공무원, 의료인, 교사, 군인, 종교인 등을 상상할 수 없듯이 애자일 코치에게도 윤리 강령과 이에 대한 존중이 극히 중요합니다.

애자일 코칭 윤리 행동 강령(애자일 얼라이언스)

애자일 얼라이언스는 애자일 세계의 정점에 있는 조직이지만 다른 전문 분야와 달리 중앙에서 통제하는 역할을 하지 않으며, 애자일 그 자체나 애자일 코칭 또는 이에 필요한 역량도 정의하지 않고, 그 어떤 교육이나 인증도 제공하지 않습니다. 애자일 얼라이언스는 자발적인 실천가들과 그 커뮤니티를 지원하는 최소한의 역할만 담당하는 비영리 조직입니다. 하지만 애자일 코칭 윤리 강령을 마련하는 데에는 두 팔 걷어붙이고 앞장서고 있습니다. 그만큼 애자일 코칭에서 윤리가 얼마나 중요한지 보여 주는 것이 아닐까 하는 생각이 듭니다. 애자일 코칭 윤리에 대해서는 이 책의 4장에서 대략적으로 소개하고 있습니다.

- *https://www.agilealliance.org/agile-coaching-code-of-ethical-conduct/*(영어)
- *https://www.agilealliance.org/agile-coaching-code-of-ethical-conduct/korean-translation/*(한국어)
- *https://congruentagile.com/agile-coaching-ethics/*(한국어)

감사의 글

농담 삼아 번역은 영어 실력이 아니라 인내심으로 하는 거라고 말하곤 합니다. 이번 책은 이전에 번역했던 다른 책들보다 작업을 마치기까지 유독 오랜 시간이 걸렸습니다. 그만큼 번역 과정에 도움을 주셨던 분들에게 전하고 싶은 감사한 마음이 이전에 다른 번역 작업을 했을 때보다 더 깊습니다.

제일 먼저 제가 애자일 코치로서 활동하고 성장하는 데 항상 아낌없는 지원과 응원을 보내 주시는 권원상 님과 유지은 님에게 감사드립니다. 비전을 함께하는 동료들이 가까이 있다는 점이 얼마나 큰 의지가 되는지 모릅니다.

또한 불확실성이 많을 수밖에 없었던 CAC 1기 과정에 과감히 함께해 주신 이한준 님, 유종현 님, 박의경 님, 박민렬 님에게 감사드립니다. 과정을 이끌면서 느꼈던 네 분의 진정성과 열정에 큰 공감을 느끼며, 앞으로 있을 애자일 코치로서의 여정에 박수를 보내고 싶습니다.

바쁜 일정 중에도 추천의 글을 써 주신 한스코칭의 한숙기 대표님, 쿠퍼실리테이션그룹의 구기욱 대표님, 이머징리더십인터벤션즈의 장은지 대표님에게도 감사의 말씀을 전합니다. 전문 코칭, 퍼실리테이션, 컨설팅 등 각자의 분야에서 우리 나라를 대표하는 전문가 세 분이 이 책을 읽고 추천해 주셔서 마음 든든합니다.

만나고 대화를 나눌 때마다 새로운 배울 점을 발견하게 되는 김상학 코치님도 고맙습니다.

아홉 분이 함께 이 책의 원고를 검토하고 피드백을 주신 덕분에 더 좋은 책이 될 수 있었습니다.

마지막으로, 한국에서 전문 애자일 코치의 길을 간다는 것은 많은 불확실과 불안정을 감수해야 한다는 뜻이기도 합니다. 아직은 그렇습니다. 그 과정에서 누구보다 큰 힘이 되어 주는 사랑하는 아내와 두 아이에게도 마음속 깊은 고마움을 전합니다.

2024년 10월
조승빈, 애자일 코치 겸 컨그루언트애자일 대표

돈 매킨타이어의 추천사

어느 이른 아침, 자신의 새 코칭 책에 추천사를 써 줄 수 있겠냐는 밥 갤런의 이메일을 받고 나는 곧바로 그렇게 하겠다고 회신했다. 우리 둘 다 토요일 아침 5시 45분쯤부터 이메일을 쓰고 확인하고 있었다는 점이 재미있었고, 우리 둘 사이의 공통점이 떠올라서였다. 밥과 나는 둘 다 애자일의 얼리 어답터였고 '애자일 코치'라는 말이 생겨나기 전부터 다른 이들이 애자일을 잘 받아들일 수 있도록 온 힘을 다해 도와 왔다.

밥을 언제 처음 만났는지 정확히 기억나지는 않는다. 둘 다 인증 엔터프라이즈 코치(Certified Enterprise Coach, 이하 CEC)이자 인증 애자일 리더십 강사(Certified agile Leadershhip Educator, CALe)였기 때문에 아마 스크럼 얼라이언스(Scrum Alliance) 콘퍼런스나 수련회에서 처음 마주쳤던 것 같다. 서로 만나서 애자일을 주제로 이야기를 나눌 때마다 마음이 잘 맞는 것 같았다는 점은 기억이 난다. 그 후 몇 년 동안 우리는 함께 코칭하고 가르치고 발표할 수 있는 기회를 찾아 왔다. 그래서 밥의 부탁을 받았을 때 나는 이 책이 재미있을 거라는 데 한 치의 의심도 없었다.

밥은 수년간 애자일 코칭 커뮤니티의 견인차 역할을 해 왔다. 나는 밥이 여러 해 동안 커뮤니티 발전에 쏟아 온 시간과 에너지에 경외심을 느낀다. 밥은 지금도 책, 블로그, 팟캐스트, 발표를 통해 자신의 경험, 생각, 의견을 끊임없이 나누고 있다.

많은 애자일 전문가들이 이름을 어느 정도 알린 후에는 강의에만 몰두하는 경향이 있는데 밥은 그렇지 않다. 그는 코치이자 코치들의 코치이며 끝내주는 코치이다. 애자일 코칭에 열정적이고 다른 이들의 코칭을 돕는 데에도 열정적이다. 멘토링, 코칭 수련회, 코칭 도장, 코치 캠프, 코칭 클리닉 등을 통해 코치들을 지속적으로 돕고 있다. 밥은 그동안 이러한 활동을 한 덕분에 코칭 커뮤니티에 잘 알려져 있다. 그리고 이 책은 밥이 커뮤니티에 기여한 또 다른 활동 중 하나일 뿐이다.

이 책에서 밥과 그의 친구들은 어떤 수준의 애자일 코치에게나 도움이 될 수 있는 탁월한 애자일 코칭 패턴 도구함을 커뮤니티에 선사했다.

'1부 애자일 코칭의 기본'에서 밥은 독자에게 다양한 애자일 코칭 프레임워크를 소개하고 여러 가지 도구를 알려 주며, 무엇이 애자일 코치이고 무엇이 애자일 코치가 아닌지 정의하는 데 도움을 준다. 밥이 애자일 코칭, 개인 코칭, 전문 코칭 간의 차이를 비교해서 설명하는 방식은 정말로 마음에 든다. 우리 커뮤니티에는 개인 라이프 코치가 되고 싶어 하는 이도 있고, 사람이 아닌 프로세스를 코칭하고 싶어 하는 이도 있기 때문에 이 차이점은 중요하며 생각해 볼 만하다. 다음 애자일 콘퍼런스에 참여해서 '애자일 코치' 10명에게 애자일 코치가 무엇인지 물어본다면 아마 서로 다른 10가지 대답을 들을 수 있을 것이다. 무엇이 애자일 코치이고 무엇이 애자일 코치가 아닌지 정의하는 일은 매우 중요하다. 애자일 커뮤니티에 속해 있는 우리는 고객이 애자일 코치라는 역할을 더 잘 이해할 수 있도록 이 직업에 대해 한목소리를 낼 필요가 있다.

흥미롭게도 밥은 다양한 코칭 스탠스(stance)를 설명하면서 일반적인 전문 코칭 스탠스가 애자일 코칭 모델의 중심이 되어서는 안 되는 이유를 도발적으로 이야기한다. 애자일 코치라면 이 점을 명심해야 한다. 밥은 고객과의 관계를 정의하고, 자신을 어떻게 보여 줄지 더 잘 준비하고, 좀 더 의식적으로 코칭 계획을 세우는 데 도움이 되는 애자일 코칭 합의 캔버스와 코칭 아크(coaching arc)라는 도구를 제공한다. 그런 다음, 이 모든 것을 마인드셋, 애자일 코칭 스탠스, 고객 경험을 중심으로 이루어진 끝내주는 애자일 코칭 운영 체제로 한데 엮어낸다.

'2부 애자일 코칭 모델 및 실천법'에서 밥과 그의 친구들은 코칭 커뮤니티에 또 다른 강력한 도구를 전해 준다. 애자일 코칭 그로스 휠(Agile Coaching Growth Wheel)은 애자일 코치가 된다는 것 그리고 성장한다는 것이 무엇을 의미하는지 시각적으로 멋지게 보여 준다. 나는 몇 년 전 코칭 수련회에서 그 휠을 접한 적이 있었지만, 이 책을 읽고 나서야 충분히 완성 단계에 이른 결과물을 자세히 살펴볼 수 있었다. 나는 애자일 코칭 그로스 휠에 깊은 인상을 받아 이 글을 쓰는 현재 화이자에서 이끌고 있는 애자일 코칭에 즉시 도입했다. 모든 애자일 코치가 이 휠에 익숙해져야 한다.

2부에 함께 포함되어 있는 코칭 스토리는 앞에서 살펴본 휠의 개념을 친숙하게 풀어내는 데 탁월한 역할을 한다. 코치라면 스토리 속에서 묘사하고 있는 가상의 설정과 상황이 우리가 흔히 마주치는 전형적인 상황이기 때문에 쉽게 공감할 수 있을 것이다.

또한 밥은 휠 외에도 리더십과 같은 중요한 영역에서 함께 고려해 볼 만한 메타스킬을 알려 준다. 애자일 코치라면 누구나 매일 리더를 상대한다. 우리는 코칭 도구함에 애자일 리더십과 리더를 코칭하는 능력을 반드시 포함시켜야 한다.

'3부 좀 더 미묘한 애자일 코칭 속으로'에서 밥은 언어의 중요성, 다른 코치와 함께하는 짝 코칭의 가치, 특정 역할과 맥락에 따른 코칭, 상황 인식, 다양성에 초점을 맞춘다. 현실에서는 짝 코칭이 충분히 활용되지 못하고 있다. 몇몇 성공적인 애자일 컨설팅 회사에서는 일상적으로 짝 코칭을 한다. 이는 단지 코칭을 처음 접하는 이들에 대한 멘토링만을 일컫는 것이 아니다. 두 쌍의 눈과 귀 그리고 두 사람의 경험이 있다면 주변의 모든 이에게 애자일 코칭의 가치를 크게 높일 수 있으며, 심지어 더 재미있게 만들 수도 있다!

밥은 책을 마무리하면서 코칭 도장의 가치, 실천 공동체 만들기와 지속적인 학습의 중요성을 일깨우고 애자일 코치로서 의식적으로 하루를 시작하는 데 도움이 되는 방법을 제안한다.

이 책은 정말 많은 내용을 다루고 있다. 그러나 우리가 선택한 분야가 원래 복잡한 분야이다. 애자일 코칭을 처음 접하는 초보자이든, 새벽 5시 45분에 일어나 이메일을 보내는 베테랑이든, 이 책은 도구함에 더 많은 도구를 보태 줌으로써 좀 더 균형 잡힌 다재다능한 코치가 되는 일이 여러분과 고객 모두에게 얼마나 더 큰 보람인지 알려 줄 것이다.

여러분은 그 도구함을 열었다. 이제 우리의 애자일 코칭을 발전시키러 가 보자.

돈 매킨타이어(Don MacIntyre)

패디 코리의 추천사

이 책을 읽은 소감을 생각해 보면 정말 마음에 와 닿는 점은 세 가지이다.

첫 번째는 커뮤니티에 관한 것으로 커뮤니티가 애자일 코칭 업계 발전에 얼마나 중요한지에 대한 내용이다. 우리 애자일 코칭 '업계'는 담론과 대화, 경험, 실험을 통해 실시간으로 진화 중이다. 다양한 관점은 애자일 코칭이 형태를 갖추고 지금 버전으로 발전하는 데 도움을 주었다. 이 책의 2부에서 마크 서머스가 설명하는 애자일 코칭 그로스 휠 자체도 커뮤니티 환경에서 많은 애자일 코치의 참여와 관심을 통해 진화하고 구체화되어 왔다. 우리 모두는 거인의 어깨 위에 서 있다.

밥은 '엄청나게 끝내주는 애자일 코칭'과 그 가능성에 대한 이야기를 들려주기 위해 다양한 의견을 소개할 수 있는 유능한 필자들로 커뮤니티를 만들었다. 이 팀은 말한 대로 실천하는 이들이며, 애자일 코칭의 발전과 직업화에 커뮤니티가 어떤 역할을 하는지 보여 주는 동시에, 한목소리로 자신들의 이야기를 들려주고 있다.

때로는 애자일 코칭이 모호하고 외로운 직업으로 느껴질 수 있다. 이 책이 쓰인 방식을 살펴보면 우리 모두가 전문가 커뮤니티의 일원이라는 사실을 꽤 구체적으로 떠올릴 수 있으며 이는 매우 뿌듯한 일이다. 또한 함께 일할 때 얼마나 더 많은 성취를 이룰 수 있는지 생생하게 보여 준다. 내게 정말로 끝내주는 일이다.

이 멋진 책에서 기억에 남는 두 번째는 풍부한 경험을 매우 능숙하게 전달하고 있다는 점이다. 이야기를 들려주는 방식이 경쾌하기 때문에 책을 읽기가 아주 쉽다. 개별 주제를 자세히 '깊이' 파고들기보다 경험 측면에서 '넓게' 다루려는 의도가 분명히 드러나 있다.

매 장마다 어렵게 얻은 지식을 독자에게 경쾌하게 제공하고 있고, 코치에게 필요한 지혜가 꾸준히 쌓여 가는 과정을 보면서 멋진 속도감을 느낄 수 있다.

경험이 많은 애자일 코치라도 이 책에서 새롭고 유용하며 실용적인 무언가를 발견할 수 있을 것이라고 장담한다. 이 책은 경험과 탄탄한 아이디어로 가득하다. 그것 또한 끝내준다.

세 번째로 기억에 남는 것은 제목의 선택인데, 이 제목은 다른 애자일 코치들에게 우리가 어떻게 코칭하고 있는지 한번 살펴봐 달라는 장난스러운 초대 또는 정중한 도전처럼 보인다.

내가 살고 있는 더블린에서는 '끝내주는(badass)'이라는 단어를 흔히 쓰지는 않는다. 비슷한 단어가 있기는 하지만 완전히 같은 뜻은 아니라서 그 의미가 제대로 전달되지 않을지도 모르겠다! 하지만 제목에 '끝내주는'이라는 단어를 넣음으로써 밥은 코치들의 코치로서 어떻게 하면 여러분이 더 앞서 나가는 애자일 코치가 될 수 있을지 고민해 보라고 권유하고 있다.

경험에 비추어 볼 때 태생적으로 내향적인 나는 서번트 리더십(servant leadership)을 기본 자세 또는 존재 방식으로 삼으며 스크럼 마스터 경력을 시작했는데, 그런 방식이 항상 나와 잘 맞았다고 생각하지는 않는다. 또한 전문 코칭 스탠스를 너무 엄격하게 고수하는 것은 위험하며, 항상 적절하지는 않을 수도 있다. 이 책에서 설명하는 좀 더 끝내주는 애자일 코칭 방식을 살펴보면, 적절한 경우에 의식적으로 다른 스탠스를 실천할 수 있고, 진정성 있으면서도 일치적인 방식으로 효과적인 코칭 방법을 성찰할 수 있다. 정말로 끝내준다!

나는 이 책을 통해 여러분이 공동체 의식, 폭넓은 경험의 재치 있는 공유 그리고 자신의 실천을 성찰하는 도전을 경험하기 바란다. 현명한 안내자인 밥과 함께라면 안전하다.

즐거우면서도 엄청나게 끝내주는 애자일 코칭 여정이 되기를 바란다!

패디 코리(Paddy Corry)

감사의 글

우선 애자일 코칭 여정을 나보다 먼저 시작한 사람들에게 감사의 말을 전하고 싶다. 가장 먼저 떠오르는 사람은 Lyssa Adkins이다. 그렇다. 바로 그 Lyssa이다. Lyssa는 《애자일 팀 코칭》(용환성 외 옮김, 에이콘출판, 2022)의 저자이기도 하다. 그 밖에도 Lyssa는 10년 넘게 이 분야에서 리더십의 등대 역할을 해왔으며 나는 Lyssa의 아이디어, 에너지, 정신에 감사할 수밖에 없다.

　다음으로는 시간을 내어 이 책의 초고를 읽고 사려 깊은 추천사를 써 준 Paddy Corry와 Don MacIntyre에게 감사의 말을 전하고 싶다. 이 두 사람에게 연락한 이유는 동료 컨설턴트, 저자, 권위자 대신에 현장에서 실제로 활동하는 애자일 코치에게 추천사를 부탁하고 싶었기 때문이다. 그렇게 하는 것이 이 책의 실용적 의도를 드러내는 데 도움이 될 것이라고 생각했다. 두 사람이 책 내용에서 가치를 발견하고 솔직한 생각과 반응을 공유해 준 것은 내게 큰 의미가있다.

　또한 CEC 여정을 함께한 모든 애자일 코치에게도 감사 인사를 전하고 싶다. 내가 정말 소중하게 여기는 것 중 하나가 스크럼 얼라이언스가 조성한 공동체 의식이다. Lyssa Adkins, Roger Brown, Pete Behrens, Don MacIntyre, Michael Sahota는 그들이 알든 모르든 내게 초기 역할 모델이었으며 나는 영원히 그들에게 빚을 지고 있다.

　다음으로, 나와 함께 이 책을 쓴 Mark Summers, Rhiannon Galen-Personick, Jennifer Fields에게 감사를 표하고 싶다. 함께할 수 있어서 즐거웠고 우리의 협력 덕분에 더 괜찮은 내(그리고 책)가 될 수 있었다. 아이디어를 나눠 주어서 고마운 마음이다.

　Stuart Young은 이 책에 멋진 삽화를 그려 주었다. 각 장의 첫 쪽에서 Stuart의 삽화를 볼 수 있다. Stuart는 삽화뿐 아니라 내 글에도 영감을 주었다. Stuart의 도움에 정말 감사할 따름이다. 각 삽화의 순수한 창의성 말고도, Stuart와 그가 그린 삽화는 이 책에 담긴 아이디어의 흐름에 많은 영감을 주었다.

Kimberly Andrikaitis는 이 책에 있는 많은 그림에 일관성, 질서, 창의성을 부여하는 데 도움을 주었다. 전에도 함께 일한 적이 있었는데, Kimberly는 파워포인트에 관해서는 창의적인 마법사이다. 나는 그 마법을 활용했고 그녀는 내 기대를 뛰어넘었다. 그 덕분에 더 좋은 책이 되었다.

이 책을 기술적 측면에서 훌륭하게 검토해 준 이들에게도 정말 고맙다고 말하고 싶다. Joel Bancroft-Connors, Paddy Corry, Peter Fischbach, Michael Huynh, Dana Pylayeva, Art Pittman, Mauricio Robles, Leon Sabarsky가 이 책의 아이디어를 다듬고 초점을 맞추고 정리하는 데 도움이 된 지속적인 통찰, 의견, 제안을 제공했다.

특히 DNA(Dublin North Agile) 코칭 그룹과 함께 이 책의 도구와 기법을 실험하는 데 도움을 준 Paddy에게 감사의 말을 전하고 싶다.

DeAnna Burghart는 그동안 내 책을 여러 권 편집해 주었으며 함께 일하기 즐거운 사람이다. DeAnna는 놀랍도록 노련하고 열정적이며 세심하고 경험이 풍부하며 친절하다. DeAnna만큼 책을 함께 만들고 싶은 사람이 또 있을까 싶을 정도이다. 이 책에 대한 DeAnna의 기여와 조언은 아무리 추천하고 감사해도 부족하다. 정말 즐거운 여정이었다!

또한 코칭 인증 분야에서 지칠 줄 모르는 노력을 기울여 온 스크럼 얼라이언스에도 감사의 말을 전하고 싶다. 평소에 내 글을 읽어 왔다면, 내가 스크럼 얼라이언스가 해내지 못한 일에 실망한 때도 많다는 사실을 알고 있을 것이다. 하지만 그렇다고 해서 스크럼 얼라이언스의 행보에 전혀 감사하지 않는다는 의미는 아니다. 여기에는 인증 활동에 자발적으로 도움을 준 많은 사람을 포함한다.

그 연장선에서 나는 몇 년 동안 자원하여 스크럼 얼라이언스의 코칭 수련회에서 활동했다. 그곳에서 많은 코치를 만났고, Mark Summers를 만났으며, 처음 애자일 코칭 그로스 휠을 접했고, 애자일 코칭 세계에 명확한 초점과 도움을 주고 싶다는 영감을 받았다. 그 영감 덕분에 나는 코칭 캠프, 코칭 도장, 수련회 등 커뮤니티에 계속 참여하게 되었다. 또한 이 책을 쓰고 나누고자 하는 열정으로 이어졌다.

가장 중요한 감사를 마지막으로 남겨 두었다. 컨설팅, 코칭, 저술 활동을 꾸준히 지원해 준 아내 Diane에게 감사의 말을 전하고 싶다. 저술 활동은 가족과 함께할 시간을 줄여야 가능한 일인데, 아내의 인내와 지원 덕분에 이 모든 것이 가능했다. 고마워, 내 사랑!

그리고 내 삶에 기쁨, 활력, 설렘을 더해 준 옛 반려견과 현재 반려견인 포스터, 벤틀리, 조, 우디에게 고마움을 느낀다. 반려견들이 없었다면 내가 지금 어디에 있을지 모르겠다.

분명히 깜박 잊은 사람이 더 있을 텐데, 내 여정과 작업 그리고 이 책에서 그들이 해 준 역할에 감사의 마음을 전한다.

여러분 모두에게 진심으로 감사드린다!

1장

애자일 코칭에서 '끝내줌'이란

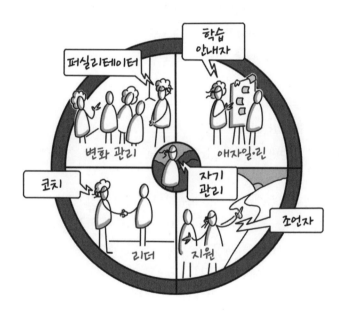

우선 무엇보다 먼저 이 책을 펼친 것을 환영한다. 만나서 영광이고 여러분의 애자일 코칭 여정을 안내할 수 있게 되어 기쁘다.

이 책이 여러분의 코칭 여정에서 '끝내줌'의 발판을 마련해 주고, 그 가치 있는 노력에서 탁월함을 추구할 수 있도록 영감을 주길 바란다. 또한 애자일 코치란 무엇일까, 도대체 애 자일 코치는 무슨 일을 하는 사람인가 그리고 어떻게 하면 이 역할을 훌륭하게 해낼 수 있을까 등과 같은 몇 가지 중요한 질문에 답을 함으로써, 애자일 맥락에서 엄청나게 모호한 역할이 될 수도 있는 애자일 코치 역할의 기준선을 세울 수 있기를 바란다.

초대장

친애하는 애자일 코치에게,

여러분은 개인과 조직이 스스로 일하는 방식을 돌아볼 수 있도록 돕는 데 혼신의 힘을 다하고 있다. 이는 엄청나게 어려운 일이지만 훌륭한 일이기도 하다. 여러분은 고객이 개인으로서, 팀으로서, 조직으로서 성장하고 학습할 수 있도록 돕는다.

공식적인 권한은 거의 없을 것이다. 그러나 애자일 코치에게는 비공식적인 권한이 있으며 그 권한을 어떻게 행사할지는 여러분의 결정에 달려 있다.

애자일 원칙에 따라 사람들에게 진정으로 관심을 갖고 그들과 소통하며 그들이 성찰하도록 돕고 다음 목표를 찾아 줌으로써 선한 영향력을 미치고 싶은가?

자신이 일하는 방식을 다시 생각해 볼 의향이 있는가? 여러분은 코칭을 주고받을 준비가 되어 있는가?

사람들에게 진정한 관심이 있는가? 여러분이 관심을 갖는다면 고객도 그럴 것이다.

사람들이 열린 마음으로 판단을 보류하며 자신의 가정, 인지 편향, 과신의 반복을 극복할 수 있도록 도와야 한다. 그렇게 하려면 여러분 자신이 먼저 판단을 보류하고 모든 이에게서 배우려는 열린 마음을 가져야 한다.

여러분을 이 책에 초대한다. 열린 마음으로 입장하기 바란다. 우리에게 효과가 있었던 도구, 전술, 전략, 방식, 사례, 경험을 함께 나눌 텐데 여러분은 자신과 고객에게 적합하도록 이를 상황에 맞게 조정해야 할 것이다.

이런 도전에 열려 있는가? 기꺼이 변화하고 학습하고 성장할 마음이 있는가?

그렇다면 엄청나게 끝내주는 애자일 코치가 되는 길에 온 것을 환영한다.

만나서 반갑다!

왜 '엄청나게 끝내주는'인가?

어떤 유명한 애자일 컨설턴트이자 저자인 코치에게 이 책의 추천사를 써 달라고 부탁했었다. 그 부탁은 거절당했는데 내가 사용한 '끝내주는(badass)'이라는 단어가 불편하다는 것이 주된 이유였다. 그 코치는 온라인 사전에서 '끝내주는'의 정의를 찾아 답장을 보내 주기도 했다. 그 내용을 읽어 보니 추천사를 거절한 이유를 분명히 알 수 있었다. 그중 어떤 것도 내가 생각하는 '엄청나게 끝내주는 애자일 코치'의 역량과 스킬을 칭찬하지도, 긍정적으로 표현하지도 않고 있었다.

그 답장에 연연하지는 않지만 내가 선택한 이 단어를 더 잘 설명해야겠다고 생각한 계기가 되었다. 내가 '끝내주는'이라는 단어의 포괄적 정의나 개인의 반응을 바꿀 수는 없겠지만, 내게 '끝내줌'이 어떤 의미인지 그리고 이 책에서 그 단어를 사용한 의도가 무엇인지는 설명할 수 있다.

우선 나는 '끝내주는'을 형용사로 사용한다. 온라인 유의어 사전을 찾아보면 "특정 분야에서 뛰어난 스킬, 지식, 경험을 드러내는"이라는 설명과 함께 다음과 같은 긴 유의어 목록을 볼 수 있다.

> 전문적인, 노련한, 능수능란한, 능숙한, 숙달된, 영리한, 기량이 뛰어난, 경험이 풍부한, 기교가 완벽한, 솜씨 좋은, 능란한, 근사한, 필요한 모든 것을 갖춘, 기교적인, 정말 멋진, 어마어마한, 민첩한, 기민한, 두드러진, 일류의, 거장다운, 세계 일류의, 효과적인, 감탄스러운, 눈부신, 완성된, 특출한, 정예의, 놀라운, 경험 많은, 정통한, 전문가다운, 걸출한, 뛰어난, 기발한, 재능 있는, 만족할 만한

여기에 몇 가지 형용사를 보태고 싶다.

> 겸손한, 회복이 빠른, 사려 깊은, 호기심이 있는, 재주가 좋은, 쾌활한, 생동감이 넘치는, 기쁨을 주는, 헌신적인, 용감한, 끈질긴, 마음이 열려 있는

너무 많은 단어를 나열한 것 같은데 내가 '끝내주는'이라는 단어를 얼마나 넓고 깊게 사용하고 해석하는지 알려 주고 싶어서다. 이 모든 단어는 각각 나(그리고 바라건대 여러분)의 끝내주는 애자일 코칭 여정에서 내가 생각하는 코칭 태도와 자세가 어떠한지 나타낸다.

동료나 다른 이들로부터 피드백을 받다 보니 제목을 바꿔야 하나 심각하게 고민이 됐다. 하지만 곰곰이 생각한 결과, 이 책 전반에서 다루는 '끝내줌'이라는 주제가 독자이자 애자일 코치인 여러분을 향한 내 비전과 열망을 충분히 표현하고 있다는 결론에 이르렀다.

알다시피 애자일 코칭은 쉬운 일도 아니고 심지가 굳지 못한 이에게 어울리는 일도 아니다. 애자일 코칭은 좌절, 오해, 편견 그리고 변화에 대한 순수한 저항을 끝없이 마주한다. 코칭이 무엇인지 (그리고 무엇이 아닌지) 완전히 잘못 알고 있으면서도 기대치는 한없이 높은 고객도 많다. 또한 이름만 코치일 뿐 고객을 섬기기보다 돈, 직함, 명성을 추구하는 오만한 자와 사기꾼도 수두룩하다. 한마디로 애자일 코칭은 도전적이다. 사람을 다루는 일이기 때문이다. 사람을 다루는 일은 대부분 까다롭다.

이러한 도전 속에서 두드러지게 눈에 띄고 본보기가 되는 빼어난 코치가 되기란 어려운 일이다.

나는 '끝내줌'을 갖춰야만 애자일 코칭을 성공적으로 해낼 수 있다고 믿는다. 끝내주는 스킬을 폭넓게 연습하고 균형 있게 활용함으로써 애자일 코칭을 평생에 걸친 학습과 성장 그리고 고객에게 영향을 미치는 여정으로 여기는 장인이 될 수 있다.

따라서 헌신적인 애자일 코치와 끝내줌을 꿈꾸는 사람이라면 부디 이 책을 계속 읽어 나가기를 바란다. 이 책이 여러분의 끝내줌을 성장시키는 데 도움이 됐으면 좋겠다. 그리고 애자일이든 아니든 분명히 이 세상에는 끝내주는 애자일 코치가 더 많이 필요하다.

그렇지 않은 사람이라면 잠시나마 이 여정을 고민해 준 데에 감사드린다. 지금이 이 비행기에서 내리기에 좋은 타이밍일 수도 있다.

왜 우리인가?

가장 먼저 여러분이 왜 나 그리고 이 책에 도움을 준 기고자들의 조언을 믿어야 하는가 하는 질문에 답하고 싶다.

우선 경험이다. 우리는 모두 애자일 환경에서 실제로 사람들(개인, 팀, 그룹, 역할, 조직)을 수십 년간 코칭한 실전 경험이 있다. 학술 연구와 참고 자료를 찾는 중이라면 안타깝게도 다른 곳을 살펴보는 것이 좋겠다. 이 책에서는 우리가 시도했던 진짜 경험을 공유하고자 한다.

우리는 모델, 캔버스, 도구, 기법, 스탠스, 방식, 마인드셋, 학습 모드 등 실제로 효과가 있었던 요소에 초점을 맞출 것이다. 겸손한 동료애의 자세로 이 모든 것을 나눌 테니, 여러분도 끝내주는 애자일 코치 커뮤니티에 함께하기를 바란다.

나는 약 20년 동안 애자일 코치로 일해 왔으며 2012년부터는 스크럼 얼라이언스의 CEC로 활동 중이다. 이 글을 쓰는 현재 CEC는 전 세계에 약 140명밖에 없는 정예 그룹이다. 나는 동료 코치들이 친근하게 다가갈 수 있고 언제든 쉽게 도움을 요청할 수 있는 사람이 되고자 애쓰고 있으며, 부탁을 받았을 때에는 대부분 도움이 되고자 노력해 왔다. 수년간 많은 애자일 코치를 코칭하고 교육하고 멘토링하는 특권을 누려왔기에 나 자신을 흔히 코치들의 코치라고 표현하곤 한다.

또한 나는 스스로를 다방면으로 균형 잡힌 코치라고 생각한다. 상대적으로 고위 리더 역할을 했던 경험 덕분에 하급자를 코칭하는 방법, 동료를 코칭하는 방법을 알고 있고 더 중요한 사항을 언급하자면 상급자를 코칭하는 방법에 대해 통찰을 얻게 되었다는 점이 내 한 가지 차별점이다.

내 소개는 충분한 듯하다. 이 책은 공동의 노력으로 탄생했기에 다른 기고자들의 배경도 이야기해 보려고 한다.

기고자

이 책을 쓰는 데 여러 기고자가 도움을 주었다. 재능 있는 이들과 이 프로젝트를 함께할 기회를 얻게 되어 감사한 마음이고 영광일 따름이다.

마크 서머스(Mark Summers)[1]

마크 서머스는 행복이 항상 최우선이라고 믿는다. 마크는 사람들이 즐거워하면 뭐든지 가능하다는 것을 경험을 통해 배웠다.

영국 최초의 애자일 코치 중 한 명인 마크는 현재도 진행 중인 애자일 코칭에 대한 논의를 이끌고 있는 주요 인물이자 콘퍼런스 연사이며 수련회 리더이고 끊임없이 성찰하고 발전하는 코치이다. 그는 변화의 주체가 되려면 스스로 지속적인 학습 여정에 있어야 한다고 생각한다.

스스로에게 타협하지 않고 솔직하며 활력이 넘치고 생각을 자극하는 코치인 마크는 개인으로서 그리고 팀으로서 사람들이 더 행복해지고 열린 마음을 지니며 좀 더 자율적으로 성공할 수 있도록 온 힘을 다해 돕고 있다.

마크의 한마디: 아내 멜라니와 우리 아이들 루이스와 노라에게 이 책을 바친다.

제니퍼 필즈(Jennifer Fields)[2]

제니퍼는 개발자로 애자일 여정을 시작했고 지금까지 숨가쁘게 달려왔다. 그 과정에서 프로젝트 관리자, 스크럼 마스터, 제품 책임자, 애자일 리더 등 다양한 역할을 맡으면서 자신의 애자일 도구함을 늘려 왔고, 이 모든 역할이 저마다 애자일 마인드셋과 코칭 역량을 다지고 강화하는 데 도움을 주었다. 제니퍼는 다양한 경험과 고위 리더로 보낸 시간 덕분에, 조직 전반의 구성원과 함께 일하고 그들의 입장에서 그들이 원하는 목표를 달성할 수 있도록 도울 수 있는 탁월한 역량을 얻게 되었다.

제니퍼의 한마디: 내 여정에 도움과 지원을 아끼지 않은 밥에게 감사한다.

---

1 *https://www.linkedin.com/in/markwsummers/*
2 *https://www.linkedin.com/in/jennifer-fields-0b40aa4/*

리아논 갤런-퍼소닉(Rhiannon Galen-Personick)[3]

리아논의 배경은 좀 특이한데, 지난 18년 동안 아동 복지 분야에서 사회 복지사로 일해 왔다. 리아논은 여러 조직에서 직접 고객을 상대하기도 하고 리더 역할을 맡기도 했다. 최근에는 실무 및 전문성 개발 책임자로서, 코칭으로 고위 리더나 중간 관리자의 성장을 지원하고 있으며 가끔은 우리 모두에게 필요한 활기찬 응원자가 되기도 한다.

리아논은 다양성 및 인종 분야에서 폭넓게 일해 왔으며, 사회 복지사들에게 인종 의식 교육 과정을 만들고 가르치면서, 많은 백인 사회 복지사가 백인의 특권을 의식적으로 인식하도록 돕고 있다. 리아논은 성 소수자 옹호에도 깊은 열정이 있으며, 몸담고 있는 조직이 포용성 있는 구성원을 육성할 수 있도록 돕고 있다.

리아논의 한마디: 이 책을 내 가족(멋진 반려자 벤 그리고 두 자녀 바라와 미카)과 지금의 내가 되는 데 도움을 준 멋진 팀(페르키다, 케이티, 조, 찬텔)에게 바치고 싶다!

마크는 7장, 8장, 9장을 썼다. 마크는 애자일 코칭 그로스 휠 개발에 직접 참여한 경험 그리고 휠 내의 다양한 스탠스 탐색 방법을 보여 주는 놀랍도록 자세하고 미묘한 코칭 대화 몇 가지를 들려준다.

제니퍼는 14장과 15장을 썼다. 여기에서 제니퍼의 코칭 대화를 엿볼 수 있는데, 책에서 사용하는 코칭 아크라는 비유를 활용한 맥락 기반 코칭 사례들이다. 이 대화를 통해 제니퍼의 코칭 프레즌스와 경험을 느낄 수 있다.

마지막으로, 리아논은 16장을 썼는데, 여기에서는 고객의 내면 그리고 주변의 다양성에 대한 상황적 사고와 맥락적 사고를 주로 다룬다. 리아논의 독특한 관점을 이 책에 담을 수 있게 되어 정말로 감사하게 생각한다.

각 기고자는 이 프로젝트와 우리가 하고자 하는 이야기에 많은 것을 보태 주었다. 이들이 없었다면 우리가 바라던 풍부한 가이드를 제공할 수 없었을 것이다.

---

3   *https://www.linkedin.com/in/rhiannon-she-her-galen-personick-13aa99a/*

이 책의 목표

이 책은 네 부류의 독자를 대상으로 한다.

1. **코치가 되고자 하는 이들:** 애자일 코칭을 시작하고 싶고 개발, 학습, 성장 방법을 찾고 있는 사람들. 나는 스크럼 마스터(Scrum Master)[4]를 이 범주에 포함시키고 싶다. 코칭 능력은 스크럼 마스터 역할을 훌륭하게 수행하는 데 본질적인 부분이기 때문이다.

2. **코칭을 실천 중인 이들:** 자신의 스킬과 역량을 넓히고자 하는 사람들. 나는 스크럼 얼라이언스의 인증 팀 코치(Certified Team Coach, CTC) 및 CEC를 취득하고자 하는 이들 그리고 비슷한 코칭 경로[5]를 추구하는 이들을 이 범주에 포함시키고 싶다. 특히 이 인증은 실용적 스킬에 초점을 맞춘 고루 균형 잡힌 인증이기 때문이다.

3. **마스터 코치:** 여정에는 결코 끝이 없으며 항상 새롭게 배울 것이 있음을 깨달은 사람들. 여기에는 자신의 내면을 들여다보고 자기 인식을 높이려는 호기심이 있으며 코칭 능력을 계속 성장시키고 발전시키고자 하는 겸손함이 있는 모든 이를 포함한다.

4. **고객:** 그렇다. 고객이다! 본질적으로 애자일 코칭은 이를 실천 중인 이들에게도 혼란스러운데, 하물며 고객에게는 어떻겠는가? 이 범주에는 애자일 코치를 채용하거나 계약을 맺으려는 고객 그리고 무엇을 기대해야 할지 또는 코칭이 어떻게 이루어지는지 잘 모르는 고객을 포함한다.

나도 안다. 목표는 광범위한데 책은 짧다는 것을. 그래서 자연스럽게 이야기를 이 책의 다른 목표 중 하나로 이어 가 보려 한다.

어떤 책이든 저자는 초기에 몇 가지 중요한 결정을 내려야 한다. 책의 범위

---

4 (옮긴이) 스크럼은 가장 널리 알려진 애자일 방법론으로, 스프린트라는 짧은 주기를 반복하며 고객에게 가치를 제공하고 그 피드백을 통해 지속적으로 개선한다. 스크럼 마스터는 스크럼 팀의 세 가지 역할 중 하나로서 스크럼 팀과 조직의 모든 구성원이 스크럼 이론과 실천법을 이해하고 실천할 수 있도록 지원한다.
5 (옮긴이) 널리 알려진 비슷한 애자일 코칭 인증으로는 ICAgile의 애자일 팀 코칭 트랙(ICP-ATF, ICP-ACC, ICE-AC) 및 엔터프라이즈 애자일 코칭 트랙(ICP-ENT, ICP-CAT, ICE-EC)이 있다.

를 좁힐 것인가, 아니면 넓힐 것인가? 얕게 다룰 것인가, 아니면 깊게 다룰 것인가? 책의 전체 길이와 접근성도 고려해야 한다.

나는 이 책에서 그물을 넓게 던져 '엄청나게 끝내줌'을 달성하는 데 관련이 있는 애자일 코칭의 모든 측면을 다루기로 마음먹었다. 그런 점에서 이 책은 깊이보다는 너비를 선택했으며, 내용 면에서 깊이 파고들지는 않을 것이다. 그런 부분은 여러분이 원할 때 찾아볼 수 있도록 남겨 두려 한다. 각 장의 마지막에서는 여정을 이어 갈 때 활용할 만한 책, 글, 동영상, 팟캐스트 등 몇 가지 관련 탐색 지점을 공유할 것이다.

그럼 이제 애자일 코칭이 무엇인지 알아보자.

애자일 코칭이란 무엇인가?

이 책에서 '코치' 또는 '코칭'이라는 단어를 많이 보게 될 것이다. 이 책은 '애자일 코칭' 책이기 때문에 코치나 코칭이라는 단어를 본다면 애자일 코칭을 가리키고 있다고 생각하면 된다. 애자일 코칭이 아니라 일반적인 코칭이나 그 코칭 스킬은 가급적 '전문 코칭(professional coaching)'이라고 썼다. 따라서 특별히 명시하지 않는 한 일반적으로는 애자일 코칭을 의미한다고 생각하면 된다.

자, 무엇이 애자일 코칭이 아닌지 명확히 하는 것부터 시작해 보자. 다음은 전문성 있고 끝내주는 애자일 코칭이라고 할 수 없다.

- 가족 코칭
- 비즈니스 코칭
- 개인 코칭
- 모든 유형의 상담
- 순수한 전문 코칭
- 순수한 컨설팅
- 불만을 제기하거나 감정을 드러내는 자리
- 스포츠 코칭

이와는 달리 애자일 코칭은 변수가 많고 다양한 스킬이 필요한 활동이며, 이 중 몇 가지를 포함하면서도 코칭 세계에서 독특한 위치에 있다. 그래서 아마 많은 이가 애자일 코칭을 혼란스러워하고 정의하기 어려워하는 것일 수도 있다.

애자일 코치에게는 여러 분야의 전문성이 필요하며 이는 상황에 따라 매우 유동적이다. 고객을 대할 때 필요에 따라 다음과 같은 스탠스를 선택할 수 있다.

- 멘토
- 교육자
- 컨설턴트 또는 조언자
- 본보기 또는 모범
- 코치(전문 코칭의 의미에서)
- 퍼실리테이터
- 전도사(evangelist: 고객에게 동기를 부여하거나 영감을 불어넣는 사람)

애자일 코치는 단 하나의 코칭 세션에서도 이러한 스탠스 사이를 수시로 오간다. 이것이 바로 애자일 코치와 전문 코치 간의 가장 중요한 차이점 중 하나이다. 전문 코치는 대체로 코치 스탠스에 머물지만, 애자일 코치는 고객의 목표를 더 잘 달성하기 위해 상황을 더욱 민감하게 인식하면서 스탠스 사이를 오갈 수 있다.

애자일 코칭 기술에는 이런 식의 감지-반응(sense-and-respond) 특성이 있다. 아마도 다음 이야기가 그 차이를 설명하는 데 도움이 될 것 같다. 얼마 전 나는 고객사 임원 한 명을 코칭하고 있었다. 이미 여러 번 만난 적이 있었지만 코칭 세션은 처음이었다. 나는 질문부터 시작했다. 잠시 후 그 임원은 조금 납답한 표정으로 내 말을 멈추고 이렇게 말했다.

> 지난번 애자일 코치는 내게 질문만 했어요. 6개월의 코칭 기간 동안 그 코치가 한 일은 그게 전부였습니다. 내 문제를 도와주지도 않았고 조언을 해 준 적도 없었어요. 같이 선택지를 살펴본 적도 없었고 애자일이나 내가 해야 할 역할을 더 잘 이해할 수 있게 도와주지도 않았습니다. 그냥 계속 질문만

해 댔을 뿐이에요!

당신도 그렇게 할 건가요?

그렇다면 잘 안 될 것 같아요. 나는 도움을 받으려고 당신을 만났습니다. 바로 당신의 도움이요. 우리는 애자일을 성공적으로 실행하기 위해 고군분투하고 있습니다. 정말로 발버둥 치고 있어요! 결국 내가 스스로 문제를 해결해야 한다는 점을 이해는 하지만, 빌어먹을, 이 분야의 전문가는 당신이잖아요.

그래서 질문이 있습니다. 당신은 나를 도와줄 수 있나요?

아주 흔한 일이다. 이런 상황을 보면 '고객이 문제'라거나 쉬운 답을 찾는 리더라고 생각할 수도 있지만 이는 고객의 문제가 아니다. 오히려 코칭 문제라고 할 수 있다. 이전 애자일 코치는 자신의 도구함에 전문 코칭이라는 한 가지 도구(또는 스탠스)만 있었던 것이 분명하다. 전문 코칭 스탠스 안에서 고객에게 강력한 질문을 던지고 스스로 해결책, 접근 방식, 대안을 발견할 수 있도록 집중한 것이다.

여러분의 유일한 스탠스가 전문 코칭뿐이라면, 나는 여러분이 이런 고객들을 방치하고 있다고 주장하고 싶다. 고객을 제대로 지원하지도, 그들의 입장에서 만나지도, 도움을 주지도 못하고 있는 것이다. 나는 우리가 그것보다는 더 잘해야 하고, 더 잘할 수 있다고 굳게 믿는다!

그러나 이 독특한 형태의 코칭에는 훨씬 더 큰 미묘함이 있다. 전문성 있는 애자일 코치는 반드시 린 실천법, 애자일 실천법, 도구, 기법, 확장 모델, 조직 모델, 그 밖의 여러 가지에 대해 폭넓고 깊은 지식 또한 갖추고 있어야 한다.

도전적으로 느껴지지 않는가? 아마 그럴 것이다. 여러분이 잘하고 싶다면 말이다. 그리고 그냥 잘하는 것이 이 책의 목표는 아니다. 이 책의 목표는 여러분이 다음과 같이 되는 것이다.

엄청나게 끝내주는 애자일 코치!

그렇다. 이왕 무언가를 할 거라면 끝내주게 하자.

내부 코치 대 외부 코치

이 책에서는 역할이나 직책과 무관한 애자일 코칭 방법과 기술에 초점을 맞추려고 한다. 여러분이 애자일 코치로 활동하는 컨설턴트인지, 계약직인지, 직원인지는 상관없다.

그러나 직원으로서 내부에서 하는 코칭과 컨설팅 코치로서 외부에서 하는 코칭에는 그 상황에 커다란 차이가 있다. 이러한 차이점을 무시하고 싶지는 않다.

여기에는 한 가지 분명한 차이점이 있는데 나는 이것을 '직접적 이해관계'라고 부른다. 내부 코치는 대개 더 많은 이해관계에 얽혀 있다. 이러한 이해관계에 개인적으로 더 많은 노력을 기울이며 애자일 코칭의 미묘함을 헤쳐 나가다 보면, 조직 문화 내의 정치 및 권력 상황을 인식하게 된다. 또한 내부 코치들은 대부분의 외부 코치보다 훨씬 더 오랫동안 코칭 결과가 자신의 삶에 영향을 미친다.

내부 코치와 외부 코치의 또 다른 차이점은 코치의 특권에 있다. 고객이 자신의 제안을 진지하게 받아들이지 않아서 6개월에서 1년 동안 같은 의견을 반복하는 내부 코치의 이야기를 들어 본 적이 있을 것이다. 그러던 어느 날 외부 컨설팅 코치가 방문해서 똑같은 제안을 하면 모두들 세상에서 가장 좋은 아이디어라고 생각하는 것이다.

여기에서 말하고자 하는 요점은, 이 책을 읽고 학습한 내용을 적용할 때 자신이 조직에서 어떤 위치에 있는지(내부에 있는지 외부에 있는지) 항상 염두에 두어야 한다는 것이다. 외부 코치가 2주 만에 시도할 수 있는 일을 내부 코치는 1년 동안 천천히 진행하기로 결정할 수도 있다. 상황에 따라 다른 전략적 결정을 과감히 내릴 수도 있지만 각자의 조직 상황에 기반을 두어야 한다.[6]

물론 나는 여러분이 엄청나게 끝내주는 애자일 코치가 되기를 바라지만 그러면서도 각자가 처한 맥락, 역할, 특권, 위험, 보상에 대해서도 잘 인식하기를 바란다. 다시 말하자면 나는 여러분이 계속 안전할 수 있기를 바란다.

---

6 내부 코치의 역할과 외부 코치의 역할에 대한 모든 측면을 좀 더 자세히 다룬 내용은 끝내주는 애자일 코칭 저장소(맺음말에서 링크를 찾을 수 있다)에서 찾아볼 수 있다.

고객

누가 코칭을 받는지 정의하는 것 또한 중요하다. 코칭을 받는 사람이 누구인지에 따라, 즉 그들의 역할·상황·맥락에 따라 코칭은 크게 달라질 수 있다. 그림 1은 애자일 코칭에서 고객이 인식하는 '나'를 정의한 것이다. 애자일 코치인 나는 코칭 관계의 일부이기 때문에 고객의 이해와 지원이 필요하다.

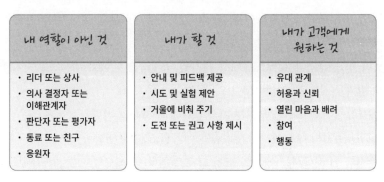

내 역할이 아닌 것
- 리더 또는 상사
- 의사 결정자 또는 이해관계자
- 판단자 또는 평가자
- 동료 또는 친구
- 응원자

내가 할 것
- 안내 및 피드백 제공
- 시도 및 실험 제안
- 거울에 비춰 주기
- 도전 또는 권고 사항 제시

내가 고객에게 원하는 것
- 유대 관계
- 허용과 신뢰
- 열린 마음과 배려
- 참여
- 행동

그림 1 애자일 코칭에서 고객이 인식하는 '나'

고객과 코치의 역할을 명확히 하는 것은 코칭 관계 형성에서 매우 중요하다.

이 책에서는 코칭을 받는 사람 또는 그룹을 가리킬 때 고객(client)이라는 용어를 사용할 것이다. 고객이란 다음을 의미한다.

- 개인
- 팀
- 그룹
- 부서 또는 직군
- 리더십 팀 전체
- 특정 역할(스크럼 마스터, 리더, 이해관계자, 제품 관리자 등)
- 스폰서
- 여러분이 지원하고 있는 누구나

애자일 코칭은 그 대상이 개인일 수도 있고 그룹일 수도 있다. 다시 말하지만 우리에게는 역할을 명확히 인식하고, 그에 따라 자신의 접근 방식과 스탠스를 조정하면서도, 다양한 고객 맥락에 빠르게 반응할 수 있는 민첩성이 필요하다.

애자일 코치에게 '끝내줌'이란

이 책을 쓰게 된 또 다른 동기는 애자일 코칭 세계에 그저 그런 수준의 코치가 지나치게 많다는 근원적인 믿음 때문이다. 날마다 새로 쏟아져 나오는 엄청난 수의 애자일 코치를 보면 알 수 있다. 교육 몇 번 받고 명함에 몇 가지 인증 타이틀을 새기는 것만으로도 애자일 코치라는 간판을 걸기에 충분해 보인다. 어쨌든 애자일 열풍에 편승하여 돈을 벌고 싶어 하는 사람이 점점 많아지면서 시간이 지날수록 문제가 커지고 있다.

얼마 전 누군가가 링크드인에서 애자일 코치라는 단어로 검색해 보니 24만 개의 결과를 찾을 수 있었다고 알려 준 적이 있다.

나는 그중에 끝내주는 코치는 거의 없다고 주장하고 싶다.

이러한 추세의 주요 원인 중 하나는 애자일 코칭에 명확한 정의가 부족하기 때문이다. 이 책에서는 애자일 코칭 그로스 휠을 중심 모델로 활용하여 이렇게 부족한 명확성을 채워 보려 한다. 이에 대해서는 2부에서 자세히 살펴볼 예정이다. 또한 휠의 모든 측면에서 필요한 스킬의 너비 그리고 각 스탠스에서 스킬을 심화하는 방법도 강조할 것이다.

이 책을 쓴 마지막 동기는 애자일 코칭에서 잘한다는 것, 즉 끝내준다는 것이 어떤 모습인지에 대한 기준을 더 높이고 싶어서다. 예를 들어 나는 한두 가지 스탠스에서만 잘하거나 전문가가 되는 것만으로는 충분하지 않다고 생각한다. 폭넓고 균형 잡히고 노련하고 끝내주는 코치가 되기 위해서는 너비에 중점을 두고 열심히 노력해야 한다.

끝내준다는 것이 무엇인지 그 이미지를 그려볼 수 있도록, 우리가 전문성 있고 엄청나게 끝내주는 애자일 코치라고 생각하는 몇 가지 주요 특징을 소개한다.

- 압박을 받거나 아무도 보지 않을 때일지라도 말한 대로 실천한다.
- 존중과 섬김, 기회에 감사하는 마음으로 고객을 만난다.
- 권력에 맞서 진실을 말할 수 있는 용기가 있다.(그 권력에게서 대가를 받고 있더라도)

- 코치로서 학습하고 성장하기 위해 지속적으로 노력하며, 모든 코칭 스탠스에 걸쳐 역량을 강화한다.
- 코칭을 주고받을 준비가 되어 있다.(그리고 최소한 한 명 이상에게 지속적으로 코칭을 받고 있다.)
- 멘토링을 하거나 받으며 멘토링의 가치를 근본적 수준에서 이해한다.
- 스토리텔링을 포함하여 의사소통 역량을 지속적으로 개선하기 위해 노력한다.
- 윤리 강령이 있고 이를 준수하며 코칭 여정의 모든 측면에서 이러한 윤리를 지킨다.
- 전문 코칭이 매우 중요하기는 하지만 특정 맥락에서 적절할 때에만 사용하는 스탠스 중 하나일 뿐이라는 점을 알고 있다.
- 고객을 존중하고 우리 입장이 아닌 고객 입장에서 그들을 만난다.
- 리더와 리더십을 존중하고 흔한 애자일 안티 패턴인 남을 판단하고 비난하는 데 빠지지 않는다.
- 개인을 코칭할 뿐 아니라 시스템을 생각하고 인식하며, 적절한 경우 시스템을 코칭하기 위해 노력한다.
- 외부를 바라보기(그리고 코칭하기) 전에 먼저 내면을 바라보고 자기 인식과 스스로의 행동에 초점을 맞추려는 노력으로 코칭에 접근한다.
- 겸손함을 유지하고 약점을 편하게 드러내며 조력자 역할을 깨닫는다.
- 개인 성찰과 자기 돌봄의 시간을 만들고 갖는다.
- 언급되지 않은 것에도 호기심을 갖고 귀를 기울이는 강력한 경청자가 된다.

이 목록이 마음에 와 닿는가? 흥미로운가? 당연히 그렇기를 바란다. 이 책을 통해 이러한 모든 아이디어는 물론 더 많은 내용을 살펴볼 것이다. 책을 읽으면서 마음 한구석에 이 끝내줌의 이미지를 계속해서 간직하기 바란다.

끝내주는 캐릭터

또한 이 책에 등장하는 중요한 캐릭터(그림 2)를 소개하고 싶다. 책 곳곳의 삽화에서 이들을 볼 수 있다. 삽화 안에서 닌자 또는 스승의 모습으로 등장하는 데(머리띠를 보면 알 수 있다) 이는 그들이 엄청나게 끝내주는 애자일 코치임을 나타낸다.

그림 2 끝내주는 코칭 캐릭터

나는 이들을 통해 애자일 코칭에서 어떻게 전문성과 끝내줌을 키울 수 있는지 시각적으로 계속 일깨우고자(그리고 동기를 부여하고자) 한다.

이 책을 읽는 방법

이 책은 크게 4부로 구성되어 있다.

1. 애자일 코칭의 기본
2. 애자일 코칭 모델 및 실천법
3. 좀 더 미묘한 애자일 코칭 속으로
4. 지속적인 학습

여러분이 코치가 되고자 하는 이라면 처음부터 끝까지 순서대로 읽기를 추천한다. 아마도 순서대로 읽었을 때 가장 큰 가치를 발견할 수 있을 것이다.

코칭을 실천 중이라면 마인드셋을 다룬 2장을 읽고 바로 2부로 넘어가기를 추천한다. 또한 컴패러티브 어질러티(Comparative Agility)의 애자일 코칭 퍼스널 임프루브먼트(Personal Improvement, PI) 설문으로 스킬을 꼼꼼하게 평가해 보고 휠 전반에서 자신의 균형을 파악해서, 찾아낸 불균형을 바탕으로 자신만의 여정을 설계해 볼 것을 추천한다. 자세한 정보와 접속 주소는 맺음말에서 볼 수 있다.

여러분이 마스터 코치라면 먼저 목차를 살펴보고 마음이 끌리는 아이디어를 찾아보기를 추천한다. 각 장의 제목을 읽어 보면 거기에서 다루는 주제를 파악할 수 있다. 그리고 휠, 코칭 도장, 코칭 대화 아크 자료를 검토해 보는 것도 분명히 추천할 만하다. 그러나 스스로를 마스터라고 생각하더라도 엄청나게 끝내주는 애자일 코치가 되는 여정에서 우리 모두는 항상 무언가 배울 점이 있음을 명심하자.

마지막으로, 호기심 충만한 고객이라면 3장, 4장, 5장, 12장, 18장을 읽어 보기를 추천한다. 이를 통해 코칭에서 고객의 역할이 얼마나 중요한지 그리고 애자일 코치에게 있어 탁월함이란 어떤 모습인지 확실히 이해할 수 있을 것이다. 계속 애자일하고 계속 끝내주도록 하자, 친구들.

밥 갤런
2021년 11월

애자일 코칭의
기본

Agile Coaching Basics

2장

끝내주는 애자일 코치 마인드셋

애자일 코치는 데브옵스(DevOps),[1] 프레임워크, 민첩성(agility), 비즈니스 어질러티,[2] 애자일 전환(agile transformation)이 전부 마인드셋에 달려 있다고 자주 이야기한다. 좋은 소식이 있다. 애자일 코칭도 결국 마인드셋에 달려 있다. 우리는 스스로를 더 잘 알아차리고 성찰하면서 어떤 영역을 개선해야 할지에 대해 자기 인식을 높여야 한다.

---

1 (옮긴이) 기술, 마인드셋, 실천법 등에서 개발과 운영 간의 격차를 해소하고자 하는 조직 개념. 개발자와 운영자는 일상 업무에서 서로에게 미치는 영향을 인식하고 고려한다.
2 (옮긴이) 기업의 경쟁 우위를 확보하고 유지하는 데 필요한 신속하고 지속적이며 체계적인 진화적 적응과 혁신을 의미한다.

> 이러한 마인드셋에서는 겸손함, 고객 지원, 호기심, 발견 등 내면에 초점을 맞추는 것이 큰 부분을 차지한다. 또한 모두가 서로의 역할 모델이며 우리의 모든 말과 행동이 중요하다는 사실을 깨달아야 한다.
>
> 따라서 겸손하고 함께하며 의도적인 태도는 끝내주는 애자일 코칭과 떼려야 뗄 수 없다.

들어가기

많은 애자일 코치가 자신은 올바른 마인드셋을 갖추고 있다고 말하지만, 말만으로 그렇게 되지는 않는다. 마인드셋을 증명해 주는 유일한 척도는 행동, 즉 말한 대로 일관성 있게 실천하는지 여부이다.

이번 장에서는 효과적인 애자일 코칭 마인드셋의 구체적인 측면 몇 가지를 살펴보고자 한다. 여기에서 전제는 여러분이 이러한 측면을 알아차리고 이를 드러내 보이고 지속적으로 갈고닦고 개선하는 것이다.

고객에 대한 섬김

애자일 코칭 마인드셋의 첫 번째이자 아마도 가장 중요한 요소는 고객을 지원, 즉 섬김(serving)의 대상으로 보는지 아닌지일 것이다. 이 경우 고객이란 코칭을 받고 있는 개인, 팀, 그룹, 조직을 의미한다.

다시 말해 이는 서번트 리더(servant leader)[3]로서 코칭에 접근한다는 개념이며, 각 코칭에 섬김의 마음가짐으로 임하는 것을 말한다. 이때 가장 중요한 부분은 자기 마음 안에 있는 짐을 내려놓는 것이다. 마음의 짐이란 이전에 만났던 특정 고객과의 경험, 가정, 정신적 혼란, 편견 등을 말한다.

나는 고객과 처음 만나기 전 그리고 각 코칭 세션을 시작하기 직전에 하는 나만의 의식이 있다. 그 의식은 다음과 같다.

* 눈을 감는다.
* 고객을 지원하는 내 모습과 세션을 시작하기 전에 편견을 버려야 하는 내 모습을 상상한다.

---

3 (옮긴이) 구성원들에게 목표를 공유하고 그들의 성장을 도모하면서 리더와 구성원 간의 신뢰를 형성해 궁극적으로 조직 성과를 달성하도록 하는 리더십

- 두 팔을 뻗고 양손에 서류 가방을 들고 있다고 상상한다.(짐의 양이 많다면 여행 가방일 수도 있다.)
- 그런 다음 짐을 최소화한 상태로 고객과 만날 수 있도록 마음의 짐들을 가방에 옮겨 넣는다.
- 가방이 가득 차면 내려놓고 전부 버린다.
- 자, 이제 눈을 뜨고 고객을 만나러 간다.

나는 이 활동이 서비스를 제공한다는 마인드셋으로 고객을 만나는 데 도움이 된다는 사실을 알게 되었다. 또한 덜 혼란스러운 마음으로 고객과 함께하면서 좀 더 집중할 수 있기 때문에 고객이 더 좋은 결과를 만들어 낼 수 있다는 것도 알게 되었다.

고객을 고치려 하지 말자

1부의 핵심을 잘 보여 주는 시 한 편을 소개하고자 한다.

고치려는 사람(A Fixer)

고치려는 사람은 문제가 있다고 착각하지만,
섬기려는 사람은 본질적으로 알려지지 않은
더 큰 무언가를 섬기기 위해
자신이 쓰이고 있음을 안다.

우리가 고치는 것은 특정한 무언가이지만,
우리가 섬기는 것은 항상
온전함과 삶의 신비이다.

고치고 돕는 일은 자신을 위한 일이지만
섬기는 일은 영혼을 위한 일이다.
돕는 일은 삶을 나약한 것으로 보고,
고치는 일은 삶을 망가진 것으로 보지만,
섬기는 일은 삶을 온전한 것으로 본다.

고치고 돕는 일은 치료이지만
섬기는 일은 치유이다.

나는 도울 때 만족을 느끼지만
나는 섬길 때 감사함을 느낀다.

고치는 일은 판단이지만
섬기는 일은 연결이다.[4]

한 가지 고백할 일이 있다. 내 이름은 밥 갤런이고 한때 '고치려는 사람'이었으며 지금은 과거를 회개하고 있다. 나는 소프트웨어 개발자로서, 상사이자 리더로서, 프로젝트 관리자로서 그리고 지금은 애자일 코치로서 지금까지 '고치려는 사람'이었다. 성향상 나는 자연스럽게 다음과 같은 생각을 하면서 코칭이나 컨설팅에 임해 왔다.

- 당신들에게는 문제가 많고 내가 그 문제를 고칠 수 있다.
- 당신들은 애자일을 잘 모르기 때문에 내가 알려 주고 가르쳐 주어야 한다.
- 당신들은 팀을 애자일 방식으로 이끌고 있지 않으며 내가 현재 방식을 버릴 수 있도록 도울 수 있다.
- 당신들은…

내가 무슨 말을 하고 싶은 건지 알겠는가?

오해하지는 말자. 내 마음은 진심이다. 항상 고객을 돕고 지원하고 싶다. 그러나 모든 문제를 내가 해결해 준다면, 그것은 도움이 아니라 오히려 지속적인 학습과 성장에 방해라는 사실을 깨달았다.

또한 이런 방식은 무례하기도 하다. 이렇게 할 때 고객과 소통하는 내 관점은 다음과 같아진다.

---

4 이 작자 미상의 시는 애자일 커뮤니티에 널리 알려져 있다. 1996년 봄 《Noetic Science Review》에 실린 레이철 나오미 레먼(Rachel Naomi Remen)이 쓴 〈In the Service of Life〉라는 원작을 바탕으로 하고 있다.

- 당신들은 엉망이고 아는 것도 없고 스킬도 없다.
- 내게는 모든 스킬이 있고 전부 알고 있으며 당신들을 고치고 바꾸고 바로잡는 방법을 알고 있다.

이 얼마나 주제넘고 자기중심적이며 불쾌한 생각인가?

끝내주는 애자일 코치로서 우리는 내면에 존재하는 '고치려는 사람'을 가능한 한 버려야 한다. 물론 아주 가끔은 그런 무례한 모습을 조금 드러낼 수도 있겠지만, 가급적 신중해야 하고 드물어야 한다.

'고치려는 사람'의 사고방식에는 우리의 자아가 강력한 역할을 하기 때문에 코칭, 리더십, 삶을 대하는 방식을 좀 더 겸손하고 이타적으로 하는 것도 우리 자아가 해야 할 역할이라고 믿는다. 바로 여기에서 로버트 K. 그린리프(Robert K. Greenleaf)의 서번트 리더십이 우리 여정에 유용한 안내서이자 나침반이 될 수 있다.(자세한 내용은 이번 장 끝부분에 있는 링크를 참고하자.)

애자일 코칭 최상위 지침

다음에 설명하는 마인드셋으로 모든 고객 접점에 다가가기를 바란다. 국제 코칭 연맹(International Coaching Federation, 이하 ICF)에 따르면 코칭은 다음과 같이 정의할 수 있다.

> 고객이 자신의 삶과 일에 대한 전문가인 점을 존중하며, 모든 고객은 창의적이고 잠재력이 풍부하며 전인적이라고 믿는다. 이 기반 위에서 코치의 책임은 다음과 같다.
>
> - 고객이 달성하고자 하는 목표를 발견하고 명확히 하고 일치시킨다.
> - 고객의 자기 발견을 촉진한다.
> - 고객으로부터 해결책과 전략을 이끌어 낸다.
> - 고객에게 책임감을 부여하고 책임 의식을 갖도록 한다.[5]

---

5   *https://www.icfhoustoncoaches.org/what-is-coaching*

"모든 고객(개인, 팀, 그룹, 조직)은 창의적이고 잠재력이 풍부하며 전인적이다."라는 핵심 전제를 명심한다.

앞 문장을 다섯 번 반복해서 말해 보자.

이제 이 문장을 사실이라고 믿는다.

자, 이제 이 문장을 믿는 것처럼 행동한다.

이것이 애자일 코치로서 우리가 가져야 할 마인드셋의 최상위 지침(Prime Directive)이며, 이 책을 읽는 내내 꼭 명심하자.

마음챙김과 현재에 머무르기

마음챙김과 프레즌스의 개념을 이야기하지 않고는 마인드셋을 이야기할 수 없다.

마음챙김(mindfulness)이란 우선 자신의 마음부터 가다듬기라고 할 수 있다. 즉, 과거(실수, 문제, 개인적 이슈)나 미래(기대, 목표, 열망)가 아니라 현재에 초점을 맞춘다. 코칭의 모든 측면에서 각 순간에 머무르고 고객과 함께하며 지금에 온전히 주의를 기울이는 것이다. 즉, 우리 내면의 지금과 고객 내면의 지금에 집중한다.

이 책 여기저기에서 내가 참여했던 조직 및 관계 시스템 코칭(Organization and Relationship Systems Coaching, 이하 ORSC)[6] 교육에 대해 이야기할 텐데, 그 이유는 내가 그 교육에서 깊은 인상을 받았기 때문이다. ORSC는 개인 코칭보다는 다양한 규모의 그룹, 팀, 조직 등 시스템을 코칭하는 데 중점을 둔다.

내가 ORSC에서 배운 것 중 하나는 코칭할 때 '순간을 춤추기(dancing in the moment)'라고 부르는 개념이다. 여기에서 춤이란 의식적으로 온전히 현재에 머무르며 대화의 흐름이나 여정에 반응하면서 그 흐름이 이끄는 대로 나아가는 것을 말한다.

가능한 한 모든 소통 채널(언어적 채널 및 비언어적 채널)에 귀를 기울이는 것도 춤이라고 할 수 있다. 또한 흐름으로부터 얻는 자신의 경험을 신뢰하는

---

6 https://www.crrglobalusa.com/welcome.html

것, 즉 어디로 가고 있는지 꼭 알 필요는 없는 모호함에 익숙해지고 코칭이 자연스럽게 이뤄지도록 하는 것도 춤이다.

프레즌스와 특권

이번에는 애자일 코칭의 두 가지 측면, 즉 코치의 프레즌스(presence)와 특권(privilege)에 대해 이야기하고자 한다. 애자일 코치의 프레즌스를 설명하는 데는 여러 단어를 사용할 수 있다.

- 자신감
- 카리스마
- 진중함·무게감
- 독특한 분위기·기운
- 성격
- 신비로운 매력
- 헌신

나는 이런 것들을 그냥 프레즌스라고 부른다. 여러분은 자신의 프레즌스를 인식할 뿐 아니라 각 고객 코칭 세션에 그 프레즌스를 의도적으로 불러와야 한다. 여기에서 끝내주는 애자일 코치의 전문성이 드러나며, 다른 스킬과 마찬가지로 의도적으로 개발해야 한다. 고객은 코칭에서 이러한 프레즌스를 일정 부분 알아채고 기대할 것이다.

그러나 프레즌스뿐 아니라 특권도 함께 인식해야 한다. 즉, 애자일 코치로 활동할 때에는 세심함을 보여 주어야 하며, 코치에게는 고객에게 없는 특권이 있음을 항상 이해해야 한다는 뜻이다.

예를 들어 나는 상급자를 어떻게 코칭할 수 있느냐는 질문을 자주 받는다. 애자일 환경에서 제 역할을 하지 못할 것 같은 리더를 어떻게 하면 애자일 코치로서 코칭할 수 있을까? 이런 질문을 하는 코치들에게 나는 도전 의식을 심어 주려는 경우가 많다. 권력 앞에서 진실을 말해야 하는 용기와 책임에 대해 이야기해 주는 것이다. 팀을 지나치게 간섭하는 CEO나 CTO를 만났을 때 내가 어떻게 그들에게 조금만 물러나 달라고 했었는지 한두 가지 사례를 들려준다.

솔직히 내가 너무 쉽게 말하고 있다는 생각이 들기도 한다. 그런 다음 잘될 거라는 듯 그냥 손짓을 하며 다음에 비슷한 상황이 생기면 나처럼 해 보라고 말한다.

이렇게 코칭할 때 문제는, 내 마인드셋이 다음과 같은 내 특권을 인정하지 않고 있다는 점이다.

- 내가 능숙하고 경험이 풍부한 코치라는 점
- 내가 외부 컨설턴트라는 점
- 내가 이러한 고객들에게 전문가로 인정받고 있다는 점
- 고객이 나 같은 전문가가 되기 위해 내게 상당한 비용을 지불하고 있다는 점
- 고객에게 솔직한 말을 해도 나는 안전하다는 점

요점은 내게는 다른 코치에게는 없는 특권이 있고, 그들을 코칭할 때 이를 더 잘 알고 있어야 한다는 점이다. 나는 그 차이를 이해하고 내 입장이 아니라 그들의 입장을 이해하고 가까이 다가갔어야 했다.

프레즌스와 특권은 직접 통제할 수 있는 것이 아니라 그냥 갖고 있는 것이다. 따라서 내가 이 이야기를 꺼낸 이유는, 여러분이 이에 대한 인식을 높이고 그런 이해를 갖춘 상태로 코칭에 임하도록 하기 위해서이다.

메타스킬

메타스킬(Metaskill)은 내가 ORSC 교육에서 배운 개념 중 하나인데, 에이미 민델(Amy Mindell)이 쓴 같은 제목의 책에서 그 기원을 찾을 수 있다.

정의

다음은 ORSC 워크북에서 가져온 메타스킬의 정의이다.

> 메타스킬이란 코치가 코칭을 할 때 취하는 태도, 자세, 철학 또는 의견이나 주장의 '근원'을 말한다.[7]

---

7 https://www.crrglobalusa.com/store/p7/ORSC-Dojo-Workbook.html

또한 나는 메타스킬을 코치로서의 내 마인드셋에 일치시키거나 포함시키기도 한다. 마치 모자처럼 메타스킬을 내 마음에 쓰는 것이다.

예시

다음은 ORSC 모델에서 정의하는 7가지 핵심 기본 메타스킬이다.

1. 헌신
2. 정: 연민의 마음
3. 깊은 민주주의: 모두의 목소리를 들을 수 있는 여지 확보
4. 장난기
5. 존중
6. 협력
7. 질문·인식: 호기심을 드러내고 다음에 일어날 일에 주의를 기울이며 말하기

이 모든 것이 대체로 자명하다.

내가 다소 과하게 사용하는 메타스킬 중 하나는 '장난기'이다. 나는 모든 코칭에 경쾌함과 장난기를 보태려고 노력한다. 유머를 활용하면 친밀감을 형성하거나 저항과 갈등을 완화할 수 있는 점에서 내 성격을 어느 정도 보완해 준다.

애자일 코칭에 적용하는 메타스킬

나는 애자일 코칭 상황에 들어갈 때마다 사전에 준비할 시간을 좀 더 마련함으로써 코칭에 훨씬 더 의도적으로 임하게 되었다.

코칭을 준비할 때 코칭 시스템에 어떤 메타스킬을 불러와야 할지 생각해 본다. 즉, ORSC 핵심 목록 그리고 내 인식과 경험에는 활용할 수 있는 무수히 많은 메타스킬이 있다. 나는 그중에서 어떤 메타스킬을 사용할 계획인가? 내가 자주 사용하는 몇 가지 메타스킬을 소개한다.

- 호기심: 어린아이 같은 마음
- 깊은 민주주의: 시스템의 목소리를 포함한 모두의 목소리
- 용기 또는 사자후(獅子吼)

- 장난기: 스스로를 낮춤, 농담, 가벼운 마음가짐
- 거울: 모습을 비춰 주기

대개는 코칭 세션 전과 도중에 강조할 한두 가지 메타스킬에 집중한다. 너무 많은 메타스킬을 시도하면 메타스킬 활용의 효율성이 떨어진다는 사실을 알게 되었기 때문이다.

내가 알게 된 놀라운 점은 내가 코칭 대상 시스템에 들어가는 방식(마인드셋, 의도, 메타스킬)이 고객이나 시스템 자체에 영향을 미친다는 점이다. 즉, 시스템이 이러한 메타스킬을 내게 되비춰 주는 경우가 많다. 내가 호기심과 장난기라는 메타스킬을 갖고 그룹 회고에 참여하면, 팀 전체가 지속적인 개선 기회 탐색에 좀 더 호기심을 갖고 장난기 넘치는 모습을 보인다. 그리고 이 모든 것이 이 두 가지 메타스킬을 쓰는 것 이외에 '아무것도 하지 않아도' 저절로 이루어진다.

경영진과 코칭 세션을 할 때에는 대개 용기, 호기심, 도전자라는 메타스킬을 활용한다. 대부분의 경우 이들은 내가 정답을 알려 주기를 원하며(조언자 스탠스), 나는 보통 그런 생각에 이의를 제기한다. 즉, 그들이 직접 해결책을 모색하도록 하고, 주인의식을 갖게 하며, 파트너 관계를 맺도록 노력하는 것이다. 그러나 이는 실제로는 쉽지 않은 일인데, 메타스킬을 활용하면 초점을 유지하는 데 도움이 된다.

추가 고려 사항

메타스킬을 활용할 때에는 두 가지가 매우 중요하다. 우선 고객(시스템) 입장에서 그들을 만나야 한다. 예를 들어 기업 합병이 진행 중이라 분위기가 험악해서 아무도 유쾌한 기분이 아닌데, 고객을 장난스럽게 대한다면 무척 짜증스러워할 것이다.

또한 시스템에 무엇이 필요한지도 고려해야 한다. 때로는 받아들여지지 않거나 환영받지 못할 수도 있지만, 그럼에도 필요한 메타스킬을 보여 주겠다는 용기 있는 결정을 내려야 할 때도 있다. 이때는 스스로를 믿는 것이 중요하며 용기와 인내 또한 꼭 필요하다. 그러나 고객에게 명확히 도움이 되지 않는 메타스킬에 집착하지는 말자.

마지막으로, 메타스킬의 강도를 고려한다. 완전히 엉뚱한 장난을 칠 수도 있지만 장난기를 살짝만 드러낼 수도 있다. 시스템의 온도(이번 장 후반에 설명하는 정서적 장)를 염두에 두고 그에 따라 메타스킬을 조정한다.

내부에서 외부로 향하는 호기심: 일지 작성과 개인 성찰

성찰이라는 아이디어를 확장해 보자. 나는 일지 작성 광팬이다. 일지는 학습하고 성장하는 방법을 찾는 애자일 전문가에게 훌륭한 도구이기 때문이다. 일지를 쓰다 보면 자신이 걷고 있는 여정의 본질을 포착할 수 있다. 나는 일지가 본질적으로 일종의 여행기라고 생각한다. 여기에 자신의 여행, 학습, 관찰, 실험, 결과, 아이디어, 발견 등을 기록한다. 지나치게 사소하다고 해서 일지에 넣지 못할 것은 거의 없으며, 이 기록은 무언가를 발견할 수 있는 풍요로운 풍경이 된다.

예를 들어 나는 가장 중요한 소통은 말로 언급되지 않은 것에 있다는 내용의 블로그 게시물을 작성한 적이 있다. 어떻게 하면 언급되지 않은 것을 들을 수 있을까? 대화를 관찰하고 기록하지 않는다면 불가능한 일이다. 하지만 그렇게 한다면 대화를 다시 살펴보면서 자신의 사각지대를 줄이는 데 도움이 될 만한 힌트를 찾아볼 수 있다.

가치를 포착하라

일지 작성의 또 다른 중요한 측면은 자신이 코칭에서 어떤 가치를 제공했는지 포착하는 것이다. 오늘, 이번 주, 이번 달, 이번 분기 그리고 장기적 관점에서 어떤 가치를 제공했는지 생각해 보자. 이는 마케팅이나 현황 파악의 도구보다는 개인 성찰에 더 적합하며, 그 과정에서 자기 자신과 자신의 성공을 긍정적으로 생각하는 데 도움이 된다.

알다시피 눈앞에 과제가 놓여 있으면, 앞만 보고 달려가느라 우리가 어떤 영향을 미쳤는지 돌아보지 못하는 경우가 많다. 코칭은 매우 어려운 일이기 때문에 자신의 성공을 돌아보는 시간을 갖는 것이 중요하며, 일지 작성이 바로 이를 위한 시간이다. 자신, 자신의 영향, 자신의 학습, 자신의 가치를 감사히 여기는 시간을 보내 보자.

애자일 마인드셋을 갖추려면 호기심을 높이고 가용한 모든 출처의 정보를 활용하는 것이 중요하다. 이는 감성 지능(emotional intelligence, EQ)으로 이어진다.

감성 지능

대니얼 골먼(Daniel Goleman)은 감성 지능의 다섯 가지 핵심 요소를 다음과 같이 정의한다.

1. 자기 인식
2. 자기 통제
3. 동기 부여
4. 공감
5. 사회적 스킬

꽤나 평범한 내용이지만, 애자일 코치로서의 스킬 또는 초점 관점에서 각각을 차례로 살펴보자.[8]

자기 인식

자기 인식이란 자신의 느낌과 감정뿐 아니라 주변 사람들의 감정을 알아차리는 것을 의미한다. 또한 자신의 강점과 약점을 알고 겸손함을 갖는다는 의미이기도 하다.

자기 인식을 강화하는 방법으로는 일지 작성, 성찰, 마음챙김 연습 등이 있다. 또한 고객 및 동료를 대상으로 설문 조사를 해서 직접 또는 익명으로 피드백을 받는 것도 좋다.

자기 통제

자기 통제는 자제력을 유지하는 것이다. 살면서 이성을 잃고 갑자기 감정적으로 반응하거나 누군가를 언어적으로 공격하는 일은 드물다. 또한 색안경을 쓰

---

8 참고: *https://www.mindtools.com/pages/article/newLDR_45.htm*

고 사람들을 바라보거나 성급하고 감정적인 결정을 내리는 일도 많지는 않다. 모두가 어느 정도는 개인적 책임감을 유지한다.

자기 통제를 강화하는 방법으로는 핵심 가치를 설정하고 이에 집중하는 것, 스스로에게 더 많은 책임을 부여하는 것, 침착함을 유지하는 연습을 하는 것 등을 포함할 수 있다. 스트레스를 다스리는 방법과 그 과정에 적용하는 메커니즘은 자기 통제 능력에서 중요한 부분을 차지한다.

동기 부여

스스로에게 하는 동기 부여가 여기에서 핵심이다. 무엇이 자신을 움직이게 하는지 알고 스스로의 목표와 비전을 설정하는 것이 매우 중요하며, 이러한 목표를 자주 재검토하는 것 또한 마찬가지이다. 애자일 커뮤니티에서는 개인, 팀, 조직, 리더십 등 다양한 수준에서 스스로 이유를 정하는 것이 얼마나 중요한지 자주 이야기한다. 아마도 이유를 찾는 일이 자기 동기 부여의 첫 번째 단계일 것이다.

동기 부여를 강화하는 방법으로는 이유를 동기와 일치시키고, 명확한 목표를 설정하고, 현재 상황을 되돌아보고, 미래에 대한 희망과 낙관적인 태도를 유지하는 것 등이 있다.

공감

공감과 동정은 다르다. 공감은 다른 이의 입장이 되어 그들의 관점에서 세상을 바라보는 것이다. 효과적으로 공감하려면 상대방과 함께 탐색하고 효과적으로 경청함으로써 그들의 세계를 이해할 필요가 있다. 다른 사람을 발전시키는 데 초점을 맞추는 것 또한 공감인데, 이를 위해서는 그들에게 도전 의식을 불어넣어야 할 수도 있다.

공감 능력을 강화하는 방법으로는 다른 이의 감정과 느낌을 알아차리고 반응하기, 몸짓에 세심한 주의를 기울이기, 좀 더 강력하고 적극적인 경청자가 되기, 다른 이를 더 잘 이해하기 위해 호기심을 높이기 등이 있다.

사회적 스킬

사회적 스킬은 다른 이들과 상호 작용하는 방법에 중점을 둔다. 한 가지 핵심은 소통 스킬과 역량이다. 나쁜 소식도 좋은 소식처럼 똑같이 능숙하게 주고받을 수 있는가? 갈등과 감정적 이슈는 어떻게 처리하는가? 역할 모델이 되어 다른 이에게 동기를 부여할 수 있는가?

내향적이냐 외향적이냐가 중요한 요소이기는 하지만, 그것이 대단히 결정적이지는 않다. 오히려 타고난 능력 안에서 주변을 얼마나 인식하며 살고 있는지가 더 중요하다.

사회적 스킬을 강화하는 방법은 우선 일대일, 소규모 그룹, 대규모 그룹 등 다양한 상황에서 소통 스킬의 질을 높이는 데 중점을 두는 것이다. 구두 소통이 핵심이지만 소통은 한 채널만으로 이루어지지 않는 특성이 있으므로 서면 소통 또한 중요하다. 여기에서는 연습이 중요하다고 말하고 싶다.

정서적 장

나는 ORSC 교육에서 코칭 대화에서의 정서적 장(emotional field)이라는 개념을 알게 되었다. 코칭에서 정서적 장을 인식하는 데 중점을 두어야 하는데, 현재에 머무르며 시스템에 대한 또 다른 정보 채널인 정서적 장을 경청해야 한다.

ORSC 교육을 받기 전에 나는 단순히 코칭하기만 했다. 때로는 감정이 느껴질 때도 있었지만, 무시하거나 그 감정을 이용해 코칭하려고 시도하는 경우가 많았다. 솔직히 말해서 감정은 어렵게 느껴지는 경우가 많고 보통은 나를 불편하게 만들 뿐이었다. ORSC 교육 덕분에 개인뿐 아니라 시스템 전체의 정서적 장을 훨씬 더 잘 알아차리는 방향으로 내 코칭 마인드셋을 바꿀 수 있었다.

예를 들어 소규모 리더 그룹을 코칭하는 도중에 그룹이 무시하고 있는 문제에 대해 한 리더가 화를 내는 상황을 가정해 보자. 나는 다음을 깨달았다.

- 흥분이나 무시에 감정적으로 반응하지 않는다.
- 개인의 분노를 인정하고 자연스러운 것으로 받아들인다.
- 가장 중요한 것은, 그 흥분이 시스템에 어떤 영향을 미치는지 확인하기 위해 나머지 다른 이들(정서적 장)을 관찰하는 것이다.

- 마지막으로, 모든 이들이 그 흥분을 어떻게 처리하고 있는지 확인하기 위해 이를 언급한다.

언급하기

정서적 장에서 무슨 일이 일어나고 있는지 알아차리는 것 말고도, 단순한 언급만으로도 강력한 정서적 장 코칭을 할 수 있다. 예를 들어 방금 설명했던 그룹에게 다음과 같은 질문을 할 수 있다.

- 빌이 흥분한 이후 모두가 조용해진 모습을 보았습니다.
- 여러분 모두 지금 기분이 어떤가요?
- 그 정서적 장을 지금 어떻게 바꿀 수 있을까요?
- 원래 모습으로 돌아갈 수 있는 방법이 있을까요?

코치로서 나는 정서적 장에 직접 반응하지 않는다. 그저 감정 변화를 주시하고 그룹이라는 시스템이 이를 인식할 수 있도록 해 주는 것뿐이다.

그리고 코치인 여러분도 시스템의 일부이자 정서적 장의 일부라는 사실을 기억하자. 따라서 이를 관찰한다는 것은 정서적 장 내에서 자신이 어떤 모습으로 보이고 어떻게 반응하고 변화하는지 계속 주시한다는 의미이기도 하다.

재구성

이번 장에서 살펴보고자 하는 애자일 코치 마인드셋의 마지막 측면은 재구성(reframing)이다.

내가 떠올릴 수 있는 재구성의 가장 좋은 예시 중 하나는 데일 에머리(Dale Emory)의 글 'Resistance as a Resource'[9]에서 찾을 수 있는데, 이 글은 코치뿐 아니라 누구든지, 용어를 재구성해 사물을 바라보는 방법을 완전히 바꿀 수 있음을 설명하고 있다.

---

9 데일의 웹사이트: *https://dhemery.com/articles/resistance_as_a_resource/* 그리고 애자일 얼라이언스 웹사이트의 프레젠테이션: *https://www.agilealliance.org/wp-content/uploads/2016/01/Resistance-as-a-Resource-presentation.pdf*

이 글에서 에머리는 감정적 반응을 이끌어 내는 단어로 저항(resistance)을 사용했다. 애자일 코칭 관점에서 볼 때 우리가 제안하는 애자일 전환의 탁월함에 사람들이 '저항'한다고 말하는 경우가 많은데, 이는 저항이라는 단어를 부정적으로 해석하고 있는 것이다. 우리는 저항을 차단, 닫힌 마음, 소극적 공격, 비협조와 같은 말로 생각하는 경우가 많다.

우리가 저항을 부정적 용어로 생각한다면, 코칭을 받는 사람들은 우리에게서 그런 느낌을 받게 되고, 애초에 없던 저항이 생기기도 한다. 그러나 저항을 바라보는 관점을 재구성해 단순한 데이터 또는 가치 있는 정보로 간주한다면, 그 후에는 코칭의 전체 맥락이 달라질 것이다.

나는 재구성의 예시로 저항을 들었지만, 이 재구성이라는 전술은 감정을 강렬하게 자극하는 모든 대상에 대한 관점과 편견을 바꾸면서 동시에 코칭 마인드셋을 전반적으로 바꾸는 수단으로 활용해야 한다.

더 읽어 보기

- 다음 기사에서는 애자일 마인드셋을 자세히 살펴본다: *https://www.infoq. com/articles/what-agile-mindset/*

- 애자일 선언뿐 아니라 12가지 원칙과 애자일 선언의 역사에 대해서도 자세히 읽어 볼 것을 추천한다. 전부 다음 링크에서 찾아볼 수 있다: *https://agile manifesto.org/*

- 로버트 그린리프의 업적을 깊이 살펴보는 것도 의미 있는 활동이 될 수 있다. 그의 웹사이트에서 일반적인 정보를 찾을 수 있다. 다음 링크에서 시작해 보자: *http://www.greenleaf.org/what-is-servant-leadership/*

- 코치의 특권을 더 잘 이해하기 위한 두 가지 추천 자료가 있다.
  - 다음은 이 주제에 대한 블로그 게시물이다: *https://www.agile-moose. com/blog/2020/12/19/the-privilege-of-my-agile-coaching*
  - 다음은 이 주제에 대한 메타캐스트 팟캐스트이다: *https://player.captivate. fm/episode/65b0368d-a8fa-4bd3-baa4-8461e534a97b*

■ 다음은 일지를 쓰기 시작하는 방법에 초점을 맞춘 글이다. 다른 많은 일과 마찬가지로 일지 쓰는 습관을 들이는 데는 시간이 걸리지만 발전시킬 가치가 있다: *https://www.agile-moose.com/blog/2019/6/23/journaling -how-to-get-started*

모든 직업이나 기술에는 진정한 숙달이 무엇인지 알려 주는 명확한 기준이 필요하다. 유동적이고 상황에 따라 달라지는 활동을 지나치게 규범화해서는 안 된다는 이유로, 애자일 커뮤니티는 우리 직업을 명확히 정의하기를 기피해 왔다. 이 때문에 사람들은 애자일 코치가 무슨 일을 하는지 터무니없을 정도로 중구난방으로 이해하기에 이르렀다.

이로 인해 애자일 코치라는 직업의 색깔이 희미해지고, 한 가지 도구 또는 한 가지 스탠스만 가능한 고만고만한 코치들이 생겨났을 뿐 아니라, 애자일 코치가 무엇이고 어떤 일을 하며 어떤 가치를 제공하는지 고객이 이해하기도 어려워졌다.

아름다움의 경지에 이른 건물의 목재 골조가 엄청난 기술과 정교함을 보여 주듯이, 우리도 전문성 있고 끝내주는 애자일 코칭의 가치를 누구나 이해할 수 있도록 놀랍도록 미묘한 우리 기술의 정교함, 명확성, 아름다움을 보여 줄 수 있어야 한다.

들어가기

내 생각에 지금까지는 애자일 코칭 프레임워크를 정의하거나 명확히 정리하려는 시도가 별로 없었던 것 같다. 다시 말해 애자일 코칭의 모든 측면을 하나의 틀 안에서 설명하려는 노력이 부족했다는 뜻이다. 그렇게 할 수만 있다면 애자일 코칭이라는 기술을 정리해서 더 좋은 모습으로 강화할 수 있을 것이다.

물론 그런 의지를 살짝 비춘 이들도 있었는데, 예를 들어 애자일 코칭 연구소(Agile Coaching Institute, ACI)에서는 애자일 코칭 역량 프레임워크를 제시했다. 그러나 이 프레임워크는 애자일 코칭과 그에 필요 역량을 그다지 강력하게 연계하지 못했다.

이 책에서 그리고 이번 장에서 다루는 주제 중 하나는, 전문성 있고 끝내주는 애자일 코칭에는 우리 기술의 모든 측면(스탠스)을 포괄하는 프레임워크가 필요하다는 사실을 널리 알리는 것이다. 우리가 제안하는 핵심 프레임워크는 바로 애자일 코칭 그로스 휠이다. 7장에서 이 모델을 자세히 살펴보고 8장과 9장에서 그 휠의 예시를 다룰 것이다.

그러나 프레임워크에 대한 일반적인 사고의 폭을 넓히고 애자일 코칭 그로스 휠을 무대에 올리기 전에 우선 몇 가지 기존 프레임워크를 살펴볼 것이다. 구체적으로 이번 장에서는 다음과 같은 내용을 다룬다.

- 코칭 모델 또는 프레임워크의 예시
- 애자일 코치가 프레임워크를 활용하는 방법
- 애자일 마인드셋과 모델 사고의 진화

자, 이제 몇 가지 프레임워크를 살펴보자.

기준이 되는 코칭 모델

모든 코칭 모델이나 프레임워크에는 역할 또는 스탠스라는 개념이 내재되어 있다. 그림 3은 9가지 코칭 역할을 포함하는 모델을 보여 준다. 이는 애자일 코치가 다양한 코칭 상황에서 적용하는 일반적인 역할을 모아 놓은 것이다.

그림 3 에스더 더비(Esther Derby)와 돈 그레이(Don Gray)가 만든 9가지 코칭 역할(출처: *https://www.growingagile.co/the-9-coaching-roles/*에서 재인용. 원 문헌은 더글러스 챔피언(Douglas Champion), 데이비 킬(Davie Kiel), 진 매클렌든(Jean McLendon)의 'Choosing a Consulting Role')

'상담사', '퍼실리테이터', '코치' 역할은 가장 덜 지시적이다. 이 역할은 유연하고 탐색적이며 고객의 경험을 활용해 고객이 스스로 문제를 해결하거나 자기개선을 할 수 있도록 돕는다. 다른 관점에서 보면 고객이 내면으로부터 변화하도록 일깨워 주기 때문에 '그 결과가 좀 더 지속적인' 스탠스라고 할 수 있다.

'기술 조언자'(전문 애자일·린 실천가라고 생각하면 된다), '본보기', '실무 전문가'는 가장 지시적인 역할이다. 이 경우 코치는 자신의 전문성을 활용하고 좀 더 컨설팅에 가까운 지침을 제공한다. 이러한 스탠스에서 고객은 무엇을 해야 하는지를 대부분 지시받기 때문에 아마 그 결과가 가장 지속되기 어려울 것이다.

나는 '반영해 주는 관찰자' 스탠스를 코치 스탠스에 보조적으로 활용하는 경우가 많은데, 이는 내가 현재에 머무르고 관찰하며, 관찰한 내용을 고객 시스템과 공유하는 데 도움이 되기 때문이다. '파트너' 스탠스는 내가 보조적으로 활용하는 또 다른 스탠스인데 다른 모든 스탠스와 잘 어울린다. 내가 가장 좋아하는 코칭 메타스킬 중 하나는 고객과 함께 파트너 관계를 맺는다는 마인드셋, 즉 함께하는 모습을 마음속에 상상하는 것이다.

나는 '교육자' 스탠스가 이 모델의 가운데에 있다는 점이 마음에 든다. 교육자 스탠스가 내 기본이자 기준 스탠스인데, 나는 고객을 가르치는 방식으로 지원하기를 특히 좋아하기 때문이다.

기준 모델을 활용한 코칭 아크 계획 수립 및 방향 전환

나는 코칭할 때 이 3×3 모델을 항상 활용한다. 고객 코칭 아크(5장에서 자세히 설명한다.)를 준비하고 계획을 세울 때 유용하다. 나는 무엇이 필요할지 정신을 집중하기 위해 특정 코칭 대화에서 어떤 스탠스를 취하고 싶은지 상상하며 적어 보곤 한다. 그림 4는 내가 코칭 아크에 적용한 기록을 예시로 보여 준다.

코칭 아크		
전반전	중반전	종반전
코치: 호기심을 갖고 질문하기	교육자 및 본보기	조언자 및 코치: 마무리 질문

그림 4 체스에 비유한 코칭 아크 흐름의 예시

물론 계획에 집착하지 않고 코칭 내내 감지하고 반응한다. 그래서 중반전에 교육자 및 본보기 역할이 아니라 초반전의 코칭을 계속하는 쪽으로 방향을 전환할 수도 있다.

요점은 이 모델을 활용하면 내가 어떤 스탠스를 취하고 있는지 명확히 하고 그 스탠스에 집중하는 데 도움이 된다는 것이다. 또한 전환 가능성이 있는 스탠스를 머릿속에 명확히 그려봄으로써 각 아크 안에서 스탠스를 분명하고 명확히 하는 데에도 도움이 된다.

애자일 코칭 역량 프레임워크

그림 5에서 볼 수 있는 애자일 코칭 역량 프레임워크(Agile Coaching Competency Framework, 이하 ACCF)[1]는 모든 애자일 코칭 프레임워크의 조상이며, 여전히 가장 널리 알려져 있고 활용되고 있다. 이 프레임워크는 2010년 리사 앳킨스(Lyssa Adkins)와 마이클 스페이드(Michael Spayd)가 설립한 애자일 코칭 연구소에서 만들었다. 엑스윙(X-wing) 모델이라고도 부르는데 그 독특한 생김새 때문이기도 하고 스타워즈를 빗대어 설명하면 애자일 고객이 더 쉽게 받아들이기 때문이기도 하다.

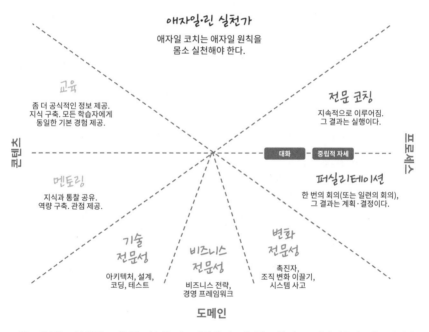

그림 5 애자일 코칭 역량 프레임워크(출처: 이 프레임워크는 애자일 코칭 연구소에서 만들었으며 크리에이티브 커먼스 라이선스에 따라 공개되어 있다. 이 그림은 해당 프레임워크를 새로 그린 것이다.)

---

1 (옮긴이) 다음 링크에서 애자일 코칭 역량 프레임워크를 살펴볼 수 있다: *https://lyssaadkins.com/blog-1/2023/06/22/agile-coaching-competencies/*(영어), *https://congruentagile.com/agile-coaching-competencies/*(한국어)

ACCF에는 네 가지 주요 영역이 있다.

1. 애자일·린 실천가 스킬 역량
2. 콘텐츠(교육 및 멘토링) 역량
3. 프로세스(전문 코칭 및 퍼실리테이션) 역량
4. 도메인(기술, 비즈니스, 변화 전문성) 역량

실천가 영역과 도메인 영역은 직접적인 애자일 코칭 스킬 영역 바깥의 경험을 나타낸다고 볼 수 있다. 이 두 영역은 경력을 거쳐 오며 습득한 애자일 지식과 도메인 여정에서의 지식을 반영한다.

예를 들어 나는 경력을 쌓아 오며 여러 차례 고위 리더와 애자일 전도사 및 코치 역할을 수행해 왔다. 리더로서의 경험은 비즈니스 및 변화 전문성 역량 영역과 잘 연결된다. 또한 그 덕분에 고위 리더에게 더 좋은 코치이자 퍼실리테이터가 될 수 있는 프로세스 역량을 갖출 수 있었다.

균형 잡힌 다재다능

ACCF는 애자일 코칭을 다음과 같이 정의한다.

• 애자일 코칭은 다면적인 분야이며,
• 하위 역량으로 전문 코칭을 포함하고 있고,
• 애자일·린 전문성이 필요한 동시에,
• 기술 및 비즈니스 부문 전반에서 폭넓은 직업적 전문성이 있어야 하고,
• 도메인 역량으로 변화 전문성(변화 기술, 변화 관리, 변화의 옹호자, 변화의 본보기)을 요구한다.

이 모델의 주요 목적·중 하나는 모든 애자일 코치가 각 역량 영역에서 자신의 강점과 약점을 스스로 평가하고 성찰하도록 하기 위함이다. 이러한 성찰은 자신의 역량을 임의로 평가하는 목적으로 사용해서는 안 된다. 오히려 균형 잡힌 다재다능한 코치가 될 수 있도록 부족한 역량을 채우는 데 필요한 지속적인 개

선 계획을 수립하는 동기로 활용해야 한다.

무엇이 빠져 있을까?

ACCF는 10년 넘게 활용되어 온 견고한 모델이지만 몇 가지 빠져 있는 부분이 있다고 주장하고 싶다. 지금부터 그 빠진 부분을 살펴보고자 한다.

코치 개인에 대한 부분

가장 먼저 떠오르는 영역은 코치 개인에 대한 부분, 즉 자기 돌봄, 자기 평가, 자기 개선을 포함하는 내면 관점에 대한 초점이다. 생각나는 영역으로는 다음이 있다.

- 모델을 활용하여 스스로를 평가한다.
- 부족한 부분을 찾아 개인 발전 계획을 수립한다.
- 일지를 쓰고 개인적으로 성찰한다.
- 개인 멘토링을 받고 코치를 찾는다.
- 코칭을 주고받을 준비를 갖추고 자기 인식을 높이며 감성 지능을 발전시킨다.
- 커뮤니티에 참여한다.
- 코칭을 반복하면서 자신의 기술을 연습한다.

나는 훌륭한 애자일 코칭 프레임워크는 모두 자신을 돌보고 성장시키는 데 중점을 두어야 한다고 생각한다.

그러나 내가 보기에 ACCF에는 코치 개인에 대한 부분 외에도 빠진 부분이 있고, 많은 이들이 이 모델을 확장하고 싶어 했다.

애자일·린 실천가에 대한 명확성

조너선 케셀-펠(Jonathan Kessel-Fell)은 2019년 몇 가지 ACCF 확장안을 제안하는

그림 6 케셀-펠이 확장한 ACCF(허락을 받아 사용)

글을 링크드인에 올렸다.(그림 6)² 우선 조너선은 애자일·린 실천가 영역을 확
장하여 세 가지 새로운 영역을 포함시켰다.

1. **애자일·린:** 이 영역은 ACCF의 원래 의도와 직접적으로 연결되며, 애자일 및
   린 접근법에 대한 직접적인 스킬과 경험에 초점을 맞춘다.

2. **마인드셋·행동:** 여기에서 조너선은 애자일 코치는 애자일 마인드셋을 말한
   대로 실천하고 이를 뒷받침하는 일관된 행동을 보여 줌으로써 모범이 되어
   야 한다고 강조한다. 여기에서 중요한 부분은, 꾸며 낸 치어리더 방식이 아
   니라 진정한 마인드셋의 확장을 통해 긍정과 가능성을 모색하는 방법으로
   모델이 되는 것이다. 또한 코치로서 매일 어떤 모습을 보여 주느냐에 따라
   그 결과가 달라진다는 점을 강조한다.

3. **사람·영향:** 유명한 코칭 모델에서 항상 부족하다고 느꼈던 것 중 하나는 전
   도사로서 코치의 역할이다. 전도사에게는 열망, 열정, 옹호하고 영감을 주

---

2 *https://www.linkedin.com/pulse/new-perspective-agile-coaching-competency-framework-kessel-fell/*

고자 하는 우리의 동기와 같은 속성이 있다. 애자일 전환은 변화이며 변화는 어려운 일이다. 코치가 고객에게 주는 에너지가 고객이 스스로의 여정을 탐색하는 방식에 큰 차이를 만들 수 있으며 조너선은 이를 잘 알고 있었다.

다음은 조너선의 글 중 '사람·영향' 역할 부분에서 가져온 멋진 인용문이다.

> 사람들이 성장하고 변화할 수 있도록 활력을 불어넣는 방식으로 지식과 정보를 공유할 수 없다면, 애자일 및 린 세계에서는 그런 정보를 얼마나 많이 알고 있는지는 중요하지 않다. 애자일 코치는 어떻게 사람들과 대화해야 하는지, 어떻게 집중해야 하는지, 언제 입을 다물고 사람들이 직접 시도해 볼 수 있도록 해야 하는지 등 이른바 '소프트 스킬'에 능숙해야 한다. 이러한 스킬을 통해서만 진정으로 사람·상황에 영향을 미치고 지속적인 변화를 불러올 수 있다.

또한 조너선은 퍼실리테이션과 멘토링의 위치를 바꿔서 사람 및 문화 기반 활동을 모델 오른쪽에 한데 위치시켰다. 일반적으로 나는 사람 및 문화 중심으로 바꾼 조너선의 선택이 전체 모델과 잘 어울린다고 생각한다. 조너선이 만든 버전은 내가 다른 이들보다 더 중요하다고 느끼는 측면을 강조하고 있다.

모델의 핵심은 어디에 있는가?

제이크 캘러브레스(Jake Calabrese)는 콜로라도에서 활동하는 애자일 코치이며 애자일 및 전문 코칭 분야에서 탄탄한 경력을 갖추고 있다. 제이크가 쓴 3부작 블로그 게시물을 보면 알 수 있겠지만(링크는 이번 장 마지막 참고), 제이크와 나는 ACCF에 대한 견해가 많은 부분에서 다르다.

제이크는 ACCF가 그 모습 그대로 여전히 적절하고 유용한 도구라고 생각한다. 물론 틀린 말은 아니다. 블로그에서 그는 ACCF에 빠진 부분이 있다고 생각하는 사람이 있다면, 그것은 모델에 대한 이해와 해석의 깊이가 부족하기 때문이라고 주장했다.

제이크의 의견도 존중하지만 나는 ACCF에 분명히 빠진 부분이 있다고 생각한다. ACCF의 가치를 평가 절하하는 건 아니다. 그러나 이 빠진 부분 때문에 조너선 케셀-펠처럼 모델을 명확하게 바꾸거나 확장하고 싶다는 마음을 먹는 사람들이 생기는 것이다.

내가 동의하지 않는 한 가지 주요 지점은 제이크가 전문 코칭 스탠스를 모델의 중심 스탠스라고 언급한 부분이다. 다음은 제이크의 블로그 글 1부에서 인용한 내용이다.

> 전문 코칭 스탠스는 애자일 코칭 연구소의 애자일 코칭 역량 프레임워크에서 '핵심'이라고 할 수 있다. 전문 코칭 스탠스는 코칭이 시작되는 지점이자 돌아와서 마무리하는 지점이어야 한다. ACCF에서 강조하고 있는 요소는 중립성 유지, 고객 어젠다 지원, 고객의 의존성 감소, 비타협, 고유한 프레즌스[3]이다. 고유한 프레즌스는 '자신을 불러오는 것'과 비슷하다. … 나는 전문 코칭 스탠스를 이륙하는 곳이자 착륙하는 곳인 '코칭 본부'라고 생각한다.

나는 제이크의 관점을 활용해서 모든 애자일 코칭 역량 프레임워크의 '핵심'에 대한 내 견해를 좀 더 포괄적으로 제시하고자 한다.

나는 전문 코칭 스탠스가 애자일 코칭 모델의 핵심이 되어야 한다는 데 강력히 반대한다. 그 이유는 무엇일까? 나는 전문 코칭 스탠스가 너무 수동적인 스탠스라고 생각하는데, 많은 코치가 전문 코칭 스탠스에만 머물거나 전문 코칭 스탠스를 필요 이상으로 많이 활용하는 모습을 수없이 보아 왔기 때문이다.

나는 전문 코칭 스탠스가 매우 유용하다고 믿는다. 그리고 이 책 후반부에서 보게 되겠지만, 코칭 아크를 시작하고 끝내는 훌륭한 방법이기도 하다. 그러나 나는 컨설팅·조언자 스탠스가 코칭 마인드셋의 핵심이 되어야 한다고 생각한다.

내게는 전문성 있고 끝내주는 애자일 코치로서 전문 코칭 스탠스일 때 고객을 더 잘 지원할 수 있는지, 아니면 컨설팅·조언자 스탠스일 때 더 잘 지원할 수 있는지가 중요하다. 나는 후자일 때 좀 더 능동적이고 적극적이며, 필요에 따라 다른 스탠스로 기꺼이 전환할 수 있다고 생각한다. 감지-반응의 성격이 더 강하다.

3　(옮긴이) 코치 고유의 목소리, 코칭을 표현하는 방법, 필요할 때 태도를 취하는 방법, 자신의 역할에서 진정성을 보이는 방법 등 저마다 다른 각 코치의 고유한 코칭 프레즌스를 말한다.

전문 코칭 스탠스에 대한 가장 큰 불만은, 그 정의상 다른 스탠스로 전환할 수 있도록 만들어져 있지 않다는 점이다. 전문 코칭은 질문을 던지고 고객이 스스로 방향과 해결책을 찾도록 도전을 제시하는 데에 주로 머물러 있다. 여러분이 전문 코치라면 좋은 방법이겠지만 애자일 코치에게는 지나치게 제한적이다.

마인드셋 모델

이번 장을 마무리하기 전에 방향을 조금 바꿔서 몇 가지 마인드셋 모델을 살펴보려고 한다. 애자일 코칭과 직접 관련이 있지는 않지만, 각기 애자일 마인드셋에 대해 다른 관점을 보여 준다. 이 모델들은 애자일 코칭과 전문 코칭의 가장 중요한 차이점 중 하나인, 코칭을 할 때 어떤 마인드셋을 '마음속'에 간직해야 하는지를 강조한다.

다음 세 가지 모델을 차례로 살펴볼 것이다.

1. 앨리스터 코번(Alistair Cockburn)의 하트 오브 애자일(Heart of Agile)
2. 데이비드 앤더슨(David Anderson)의 칸반(Kanban) 변화 관리 원칙
3. 조슈아 케리엡스키(Joshua Kerievsky)의 모던 애자일(Modern Agile)

이러한 각 모델에는 애자일 코치로서 고려해 볼 만한 몇 가지 흥미로운 아이디어가 있다.

하트 오브 애자일

앨리스터 코번의 하트 오브 애자일은 애자일 선언과 거기에서 확립하고자 했던 마인드셋의 기본으로 돌아간다. 여기에서 강조하는 네 가지 영역은 코치로서 자신과 고객을 성장시킬 수 있는 기회를 찾아야 한다는 점을 일깨워 준다.

1. **제공(Deliver):** 이 사분면은 모든 것이 고객 가치 제공에 맞춰져 있음을 나와 코칭 고객에게 일깨워 준다. 이 점을 놓친다면 우리가 집중하는 다른 모든

것이 무의미하다. 애자일은 고객을 위한 것이다. 이를 애자일 코칭이라는 직업에 대입해 보면, 고객을 섬기고 고객 입장에서 그들을 만나며 고객이 스스로 개선할 수 있도록 돕는 것이 애자일 코칭의 전부라고 할 수 있다.

2. **협력(Collaborate):** 나는 코칭에서 모든 고객과 빠짐없이 파트너 관계를 맺어야 한다고 강조한다. 이는 고객과 어느 정도 거리를 유지하면서 고객의 질문자 또는 거울이 되고자 하는 전문 코칭 스탠스를 거스르는 것일 수도 있다. 나는 어느 정도 거리 두기를 이해하고 동의하지만, 파트너 스탠스를 취하는 것 또한 고객에게 매우 큰 힘이 될 수 있다고 생각한다. 그렇게 하면 고객은 자신의 여정에서 혼자가 아니라는 느낌을 받을 수 있다. 다시 강조하지만 여기에는 미묘한 균형이 필요하다.

3. **성찰(Reflect):** 성찰, 회고, 반성, 검토를 충분히 자주 언급(하고 실행)할 수 있는가? 아마 그렇게 하지 못하고 있을 것이다. 성찰은 실험, 학습, 지속적 개선의 중심 중 하나이다. 애자일 코칭 관점에서 보면 나는 자기 성찰과 시스템 성찰을 여러분의 슈퍼파워 중 하나로 발전시켜야 한다고 생각한다.

4. **개선(Improve):** '성찰'과 긴밀하게 연결되어 있는 이 영역은 구체적 방법을 학습하고 이를 바탕으로 무언가를 실행하는 영역이다. 행동으로 옮기는 것이다. 애자일 코칭 관점에서 우리 자신의 도구를 연마하기 위한 투자라고 할 수 있다. 그래서 나는 전문성 있고 끝내주는 애자일 코칭 기술의 개선이라는 주제에 한 개 장(20장) 전체를 투자했다. 바로 이 책이 존재하는 이유이기도 하다!

칸반의 변화 관리 원칙

지난 몇 년간 나는 몇 가지 칸반[4] 원칙을 코칭 마인드셋에 접목하려고 노력해 왔다. 내가 초점을 맞추고 있는 세 가지 원칙과 그 이유는 다음과 같다.

1. **지금 상태 그대로 시작한다:** 다시 말해 고객의 입장에서 그들을 만나는 것이

---

4 (옮긴이) 칸반은 널리 알려진 애자일 방법론 중 하나이며 칸반 보드를 이용한 시각화, 진행 중 업무 제한, 리드 타임 최소화, 예측성 높은 흐름 관리 등이 특징인 협업 방식이다.

다. 나는 가끔 내 입장을 우선시하며 고객을 만나는 경향이 있기 때문에 이 원칙이 내게 도움이 된다. 그런 태도는 매우 주제넘는 행동이고 고객에게도 도움이 되지 않는다. 물론 나는 좋은 의도로 그렇게 한 것이다. 그러나 절대로 코칭이 코치의 어젠다를 다루는 것이어서는 안 된다.

2. **모든 계층의 리더십 행동을 촉진한다:** 우리는 흔히 리더십을 직함, 역할 또는 조직 내 직위와 연관된 위계적인 것으로 생각한다. 그러나 리더십의 실체는 그렇지 않다. 내 경험에 따르면 리더십은 창발적 자산이며, 조직 내 어디에 있든 거의 모든 이가 '리더'가 될 수 있다. 애자일 코치로서 우리는 고객과 함께 어디에서나 리더십을 보여 주고, 영감을 불러일으키고, 촉진하도록 도울 수 있다.

3. **개선은 점진적 변화를 통해 추구한다는 데에 합의한다:** 스크럼의 검토 및 조정(inspect-adapt) 원칙과 마찬가지로 이 원칙은 진정한 점진적 변화를 이끄는 성찰, 조정, 실험의 힘을 다시 한번 일깨워 준다. 이 원칙은 단계적 변화를 말하는 것이 아니라는 점을 기억하자. 그 대신 애자일 코치로서 우리는 조직의 모든 이들이 새로운 관점으로 볼 수 있도록 권한을 부여하고 영감을 불어넣어서, 이러한 실험에 필요한 안전감을 만드는 데 도움을 주고자 한다.

아마 지금까지는 칸반을 마인드셋 모델이라고 생각해 본 적이 없었을 것이다. 이제 그런 생각을 바꾸고 칸반이 제공하는 많은 것들을 내재화해 보자.

모던 애자일

공유하고자 하는 마지막 모델은 조슈아 케리엡스키의 모던 애자일 휠이다.[5] 조슈아는 이 모델을 2016년에 공개했다. 나는 그에게 애자일 마인드셋과 방식에서 '기본으로 돌아가자'는 커뮤니티 중심 운동에 영감을 불어넣으려는 의도가 있었다고 생각한다. 이 모델은 경험이 풍부한 애자일 전문가들 사이에서는 인기를 얻었지만, 안타깝게도 커뮤니티에 강력한 영향을 널리 미쳤는지는 잘 모르겠다.

---

5 다음은 모던 애자일을 소개하는 글이다: *https://www.infoq.com/articles/modern-agile-intro/*

나는 다시 애자일 코칭이라는 모자를 쓰고 그 관점을 통해 이 모델을 바라보고자 한다.

1. **사람들을 멋지게 만든다:** 당연히 여기서부터 시작해야 한다. 사람이 최우선이며 이는 모든 고객 코칭의 핵심이다. 여기에서 나는 이것이 팀뿐 아니라 모든 사람을 의미한다는 점을 강조하고 싶다. 애자일 코치로서 우리는 모든 사람의 멋진 능력을 활성화해야 한다.

2. **안전을 전제 조건으로 만든다:** 나에게 이 원칙은 '사람들을 멋지게 만들기'와 밀접하게 연관되어 있다. 즉, 실험하고 학습하고 성장하는 것이 안전하지 않다면 사람들을 멋지게 만들 수 없다.

3. **빠르게 실험하고 학습한다:** 멘로 이노베이션(Menlo Innovations)의 리처드 셰리던(Richard Sheridan)이 만든 멋진 동영상이 있다. 리처드는 이 동영상에서 가능한 한 빨리 '나쁜 소식'을 받아들이고 리더로서 학습하고 조정하고 방향을 전환하고 반응해야 한다고 말한다.[6] 그는 나쁜 소식을 공유한다는 개념을 안전감과 결합했다. 나는 여기에 실험과 학습이라는 개념을 더했다.

4. **지속적으로 가치를 제공한다:** 이 원칙을 하트 오브 애자일의 '제공'과 연결해 볼 수 있다. 여기에도 똑같은 고객 중심 반응이 적용된다. 코치로서 우리는 고객을 지원하고 가치를 제공하기 위해 존재한다.

이 세 가지 마인드셋 모델과 애자일 코칭 마인드셋 사이의 연관성을 알아차렸기를 바란다. 애자일 코칭은 스탠스, 관점, 스킬 면에서도 매우 광범위하고 미묘한 부분이 많지만 그럼에도 불구하고 애자일 마인드셋의 발전과 성장도 매우 중요한 일이다.

더 읽어 보기

■ 다음은 2011년경에 애자일 코칭 연구소가 ACCF의 개별 역량 영역을 검토

---

6 *https://youtu.be/Oe8VTi3m8U8*

했던 원본 글이다: *http://web.archive.org/web/20210917220705/https://agile coachinginstitute.com/agile-competency-whitepaper/*

■ 또한 애자일 코칭 연구소는 각 역량 영역에서 자기 주도 학습에 매우 유용한 자료 목록을 제공한다: *http://web.archive.org/web/20210917221826/https:// agilecoachinginstitute.com/agile-coaching-resources/*

■ 다음은 ACCF에 대한 제이크 캘러브레스의 블로그 게시물 3부작이다. 여기에는 모델을 해석하고 행동하고 더 깊이 이해하는 방법에 대한 좋은 내용이 많다.

  □ *https://jakecalabrese.com/understanding-acis-agile-coach-competency-framework/*

  □ *https://jakecalabrese.com/learning-from-acis-agile-coach-competency-framework/*

  □ *https://jakecalabrese.com/agile-coaching-framework-visual-walk-through/*

■ 다음은 하트 오브 애자일과 모던 애자일을 비교하는 좋은 글이다: *https:// medium.com/agile-insights/heart-of-agile-vs-modern-agile-3c47d34e8c6*

■ 이 동영상에서 토드 리틀(Todd Little)은 칸반 마인드셋을 설명한다: *https:// youtu.be/AtPlUrTaivk*

4장

끝내주는 애자일 코칭 합의

여러분은 대규모 전환 업무를 책임지고 있는 애자일 코치이다. 팀, 개인, 고위 리더, 핵심 이해관계자가 매일 실시간으로 위기감을 느끼면서 간결하고 가치 있는 코칭 조언을 기대하며 여러분을 찾아온다.

일상의 흐름 속으로 그냥 뛰어들어 그때그때 상황에 따라 '코칭'을 시작하고 싶은 유혹이 강렬하다. 조언을 구하는 모든 이들에게 적절한 계획도 없이 출시일을 약속하는 것과 비슷하다. 그렇게 하면 안 된다!

언뜻 납득이 안 될 수도 있지만 누군가를 코칭하기 전에는 속도를 늦추고 합의를 도출해야 한다. 코칭 합의(coaching agreement)는 경계 범위를 정하고 코치 및 고객이 코칭에 접근하는 방식에 가드레일을 제공한다. 또한 코칭 합의에서는 코치와 고객의 역할에 기대 수준을 설정하게 되는데 이는 매우 중요한 일이다. 내가 말하고 싶은 요점은 절대로 합의 없이 코칭해서는 안 된다는 것이다.

들어가기

ORSC 코칭 교육을 받을 때 트레이너 중 한 명에게 자신은 종일 쉬지 않고 코 칭한다는 이야기를 들었던 기억이 난다. 한 시간짜리 코칭 세션을 쉬는 시간도 없이 6시간 정도 연달아 진행한다는 것이다. 이 트레이너는 경험이 많은 전문 코치(애자일 코치는 아님)였다는 점을 명심하자.

나는 이 코치가 세션과 세션 사이에 준비나 마무리 활동 시간을 전혀 확보하 지 않고 있다고 생각할 수밖에 없었다. 서로 다른 고객 맥락 사이에서 도대체 어떻게 자신의 지속성을 유지할 수 있었을까? 그래서 나는 질문을 던졌다.

그 트레이너의 대답을 요약하자면 다음과 같았다.

- 나는 10년 이상 코치로 활동해 왔고 경험이 풍부하다.
- 나는 이전에 해당 고객들과 함께 일한 적이 있다.
- 결과에 대한 책임은 고객에게 있으므로 코칭 관계에서 내가 '책임'질 일은 거의 없다.

이런 방식이 이 코치에게는 효과적인 것 같았지만 내게도 그렇다고 할 수는 없 다. 아무리 경험이 풍부하더라도 이런 방식은 피하는 것이 좋다.

이런 코칭 전략의 대안으로서 이번 장에서는 코칭 합의를 도출하는 데 초점 을 맞춘다. 코칭 합의는 코칭 조건 설정, 코칭 준비, 코칭 종료 등을 포함한다. 즉, 우리는 먼저 초기 합의를 살펴보고 그다음으로 준비, 기록, 마무리, 다음 세 션 준비로 이어지는 '반복 절차'를 다룰 것이다.

전문 코칭에서의 합의

전문 코칭의 기본 중 하나는 코칭 시작 전에 고객과 코칭 합의를 도출하는 것 이다. 나는 이 방식이 애자일 코칭에도 잘 어울린다고 생각한다. 일관성 있고 엄격하게 합의를 이루고 유지하는 것은 끝내주는 애자일 코치가 되는 데 중요한 부분이다.

합의는 핵심 역량이다

코칭 합의 도출은 ICF의 핵심 역량 중 하나이며 '관계의 공동 구축' 역량 중 첫 번째 역량이다. ICF 웹사이트에서는 코칭 합의를 다음과 같이 정의(2021년 10월 기준)하고 있다.

> 고객 및 이해관계자와 협력하여 코칭 관계, 프로세스, 계획, 목표에 대해 명확히 합의한다. 개별 코칭 세션은 물론 전체 코칭 과정에 대한 합의를 도출한다.

ICF의 정의를 애자일 코칭에 맞게 확장해 보면, 코칭 합의에 다음과 같은 사항을 포함시킬 수 있다.

- 코치의 역할 설정: 코치에게 주어진 역할 또는 범위에 포함되는 것과 포함되지 않는 것
- 코칭 목표 및 고객과 맺을 파트너 관계 설정
- 코치가 사용할 다양한 코칭 스탠스에 대한 설명(3장 참고)
- 전술적 역동 탐색: 얼마나 자주, 언제, 얼마나 오랫동안 만날 것인가
- 독립 코치라면 당연한 비용, 청구 방식, 성과를 기대할 수 있는 시기와 같은 현실적 주제

ORSC: 상호 협력적 코칭 관계의 설계

나는 ORSC 교육을 통해 상호 협력적 코칭 관계 설계(designed coaching alliance, 이하 DCA)와 코칭 파트너 관계 설계(designed coaching partnership, 이하 DCP)라는 개념을 알게 되었다.

코치로서 여러분이 해야 할 첫 번째 단계는 고객 또는 시스템과 코칭 파트너 관계를 구축(설계)하는 것이며, 여기에는 고객을 지원할 수 있는 고객 어젠다 정의·탐색·이해를 포함해야 한다. 전체 코칭 관계를 시작할 때뿐 아니라 각 코

칭 세션을 시작할 때에도 이를 수행해야 한다. 쉽지 않아 보이겠지만 업무 합의 (working agreement)를 도출하고 시스템 그리고 코칭과 시스템 간의 관계를 명확히 하는 것이 DCA의 본질적 개념이다. 그러니까 처음부터 잘 시작하는 것이 중요하다는 뜻이다.

이러한 합의는 고객에게 묻는 상당히 정형화된 질문을 바탕으로 한다. 예를 들어 코칭 관계를 시작할 때 "이 코칭을 통해 달성하고자 하는 전반적인 결과는 무엇인가요?"라거나 "전반적 목표는 무엇인가요?"라고 질문할 수 있다.

그런 다음 각 코칭 세션에서 "오늘 무슨 주제를 다뤄 볼까요?", "어떤 결과를 얻고 싶은가요?", "그 결과를 달성했는지 어떻게 알 수 있을까요?" 등의 후속 질문을 할 수 있다.

각 세션을 마칠 때 그리고 마지막 코칭 세션을 끝낼 때에는 "원하는 결과를 얻었나요?"라고 물어볼 수 있다.

DCA와 DCP의 핵심 아이디어는 상호 협력적 관계를 고객과 함께 설계하는 것이다. 이는 협력하고 대화하고 프로세스를 함께 만드는 과정이다. 질문은 고객이 코칭 목표와 열망을 더 깊이 생각해 볼 수 있는 열린 질문으로 되어 있다.

이 과정을 서두르거나 단축해서는 안 된다. 그리고 DCA 또는 DCP를 수립하는 전반적 목적은 대화의 촉진이지만, 합의의 본질을 문서에 담아 여러분과 고객 사이의 이해를 확인해야 한다는 점을 잊지 말자.

합의의 확장 또는 변경

비즈니스 계약과 달리 코칭 합의는 고정불변이 아니다. 여러분과 고객이 성장하고 학습하고 발전함에 따라 아마 합의도 바뀔 것이다. 따라서 합의한 내용을 자주 확인하는 것이 중요하다. 모든 코칭 세션마다 꼭 그럴 필요는 없겠지만 주요 목표를 달성했거나 고객이 기존 목표를 바꾸거나 새로운 목표를 추가했을 때가 합의를 다시 검토하기에 완벽한 시기이다.

나는 목표를 재검토할 때 서클백(circling back)이라는 용어를 즐겨 사용한다. 공식 용어는 아니지만 규칙적인 리듬이라는 의미가 담겨 있다. 고객이 코칭을 통해 점점 더 명확함을 얻게 되면 대부분의 목표는 진화하고 변화하기 때문에, 특히 코칭 관계 초기에는 고객과 함께 자주 서클백하는 것이 좋다.

코칭 경험의 설명 및 개인화

이번 장 앞부분에서 언급했듯이 고객과 합의를 도출할 때 가장 중요한 부분은 코칭이 무엇인지 설명하는 것이다. 책에서 실명하는 코칭이나 ICF에서 말하는 코칭이 아니라 여러분이 생각하는 코칭이 무엇인지 설명해야 한다.

- 전문성 있고 끝내주는 애자일 코치로서 자신의 역할을 어떻게 바라보는가?
- 어떤 코칭 스탠스를 사용할 것인가?
- 언제 또는 어떤 상황에서 스탠스를 바꿀 것인가?
- 코칭에 어떤 윤리를 어떻게 적용할 것인가?(이에 대해서는 이번 장 뒷부분에서 자세히 살펴볼 것이다.)

그리고 이 모든 것을 설명할 때에는 끝내주는 모습을 살짝 섞어 설명하는 것이 좋다.

이따금 나는 먼저 내가 왜 코칭을 시작하게 됐는지, 왜 애자일에 그처럼 열정을 지니고 있는지에 대해 개인적인 이야기를 고객과 나누기도 한다. 나를 주인공으로 만들거나 고객에게 감동을 주거나 여기에 많은 시간을 할애하려고 하지는 않는다. 다만 코칭 경험을 개인화하려고 노력할 뿐이다. 보통 첫 코칭 세션의 합의를 이루는 과정에서 이런 이야기를 한다. 이를 통해 애자일 코치로서 내 스타일과 방식에 대해 토론이 시작된다. 이런 이야기를 하다 보면 고객이 깨달음의 순간을 맞이하는 일이 드물지 않다.

- 코치가 그런 일을 하는 줄 몰랐네요!
- 내 문제를 전부 해결해 주기 바랐는데 그런 분은 아니군요, 그렇죠?
- 생각했던 것보다 이 파트너 관계에 훨씬 적극적으로 참여해야겠군요, 맞나요?
- 당신이 왜 코칭을 하고 있는지 전혀 몰랐어요. 여기에 오기까지 여정이 설득력이 있고, 이제 그 의도를 훨씬 더 잘 이해하게 되었습니다.
- 음, 당신에게는 별로 코칭을 받고 싶지 않네요. 개인적으로는 그렇지 않지만 코칭으로는 잘 안 맞는 것 같아요, 그렇죠?

- 공유해 주셔서 감사합니다만 나는 내 일을 대신해 줄 사람(부하)이 필요했
  는데 당신은 아닌 것 같습니다…

이해했는가? 합의 과정이란 고객과 코치 사이의 명확성과 공감대, 코칭 결과에
대한 합의를 도출하는 과정이다. 제 발로 위험에 빠지고 싶다면 이 과정을 생
략해도 좋다.(하지만 부디 그러지 않길 바란다.)

결과 설정 및 정의

모든 코칭 합의에서 가장 중요한 부분은 아마도 고객 자신이 구상하는 목표와
결과를 설정하는 일일 것이다. 이러한 목표와 결과는 고객이 내놓아야 하지만,
대개 나는 코치로서 고객이 목표를 좁히고 명확히 할 수 있도록 돕는다.

내 애자일 경험에서 가져온 것 중 하나가 사용자 스토리(user story)[1]의 인수 기
준(acceptance criteria)[2]이라는 개념을 여기에 활용하는 것이다. 예를 들어 '팀 내
안전감 그리고 나에게 보고하는 리더들의 안전감을 높이는 것'이 고객 목표라
고 생각해 보자. 이 목표를 어떻게 측정하거나 그 달성 여부를 확인할 수 있을
까? 다음을 초기 지표로 삼을 수 있다.

- 팀원들을 믿고 회의 참석 횟수를 줄인다.
- 팀이 업무에서 더 많은 위험을 감수하고 있음(실패)을 감지한다. 스프린트
  리뷰(sprint review)[3]에서 알 수 있다.
- 또한 팀원이나 부하 직원이 비판적인 피드백 또는 완전히 솔직한 의견을 더
  많이 공유하고 있음을 알아차린다.

코칭 도중 이루어지는 토론과 탐색은 목표와 인수 기준에 따라 (어느 정도) 제
한을 받는다. 그러나 다시 강조하지만 이것은 단지 예시일 뿐이다. 목표 달성

---

1 (옮긴이) 소프트웨어 개발 및 제품 관리에서 고객 요구 사항을 사용자 관점에서 서술하는 애자일 실
   천법. 일반적으로 '~인 나는, ~을(를) 위해, ~을(를) 원한다'의 형태로 되어 있다.
2 (옮긴이) 각 개별 요구 사항, 기능, 사용자 스토리 등에서 고객의 요구를 충족했는지 승인할 수 있는
   조건 또는 조건의 그룹. 승인 기준 또는 만족 기준이라고 부르기도 한다.
3 (옮긴이) 스크럼의 공식 이벤트 중 한 가지로 스크럼 팀과 이해관계자가 결과물을 검토하고 필요한
   조정을 논의한다.

은 고객이 마음속으로 목표를 달성했다고 선언하고 계속 코칭받기를 원하는 것처럼, 간단하고 매끄럽게 이루어질 수도 있다.

애자일 코칭 합의 캔버스

그림 7은 내가 만든 캔버스인데 고객과 합의를 이룰 때 유용하게 사용할 수 있다. 이 캔버스는 고객과 공유하기 위한 것은 아니며, 합의를 도출하기 위한 논

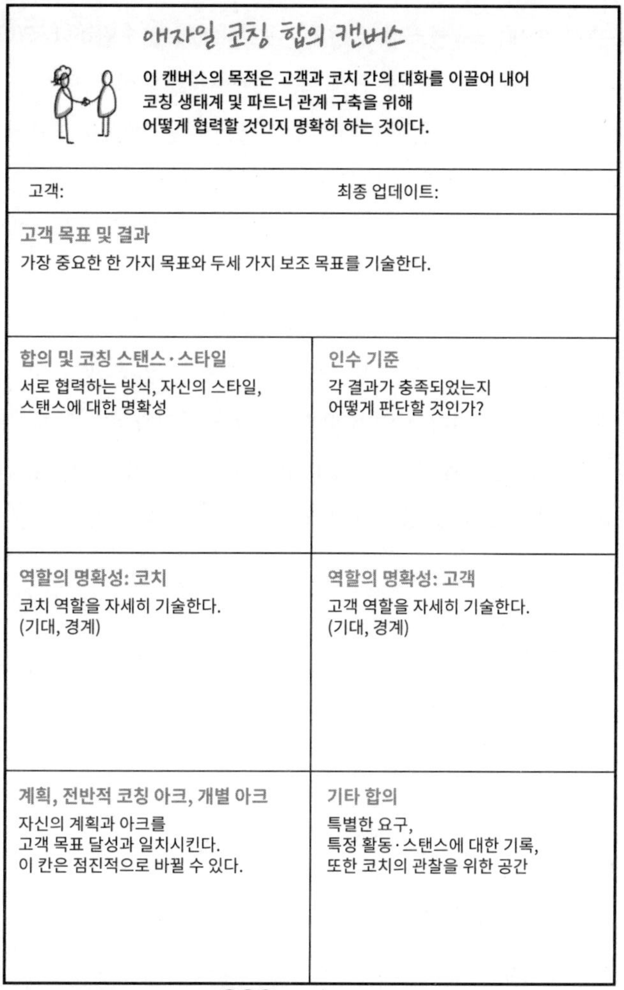

그림 7 애자일 코칭 합의 캔버스 v1.0

의를 계획할 때 좀 더 유용하다. 이 캔버스는 고객과 함께 어떤 활동을 할지 생각해 보고 계획을 정리하는 데 도움이 되며, 코칭 합의에서 언급하거나 정해야 할 내용을 상기시켜 준다.

또한 각 코칭 세션을 시작하기 전에 다시 살펴보면서 예전에 도출했던 합의, 계획, 목표를 다시 생각해 보는 데 유용한 문서이기도 하다.

계획 또는 계획 수립 방법

합의를 도출한 후에는 자연스럽게 명확한 코칭 계획을 수립하게 된다. 내가 계획 수립에서 좋아하는 점 중 하나는, 목표 달성에 코칭이 어떻게 도움이 되는지 고객에게 알려 주기 위해, 전략과 흐름을 설명하는 방법을 고민해야 한다는 점이다. 계획을 적절히 세우고 나면 전반적인 코칭 아크의 흐름, 잠정적 대화 아크, 가능한 코칭 활동 또는 방식, 고객 목표 달성을 위한 전략 등에 대한 기대 수준을 정할 수 있다.

계획을 수립하는 대화는 코치가 완성된 계획을 제시하는 것이 목적이 되어서는 안 된다. 코치가 개념적인 계획을 제시할 수는 있겠지만, 고객이 계획을 함께 만들어 가는 파트너가 되어야 한다. 계획은 코치와 고객에게 기준선이 되는 공통의 비전이다. 그 후에는 이렇게 수립한 초기 계획이 계획을 실행하거나 시간이 지나면서 발견한 변경 사항 또는 전환점을 포착하기 위한 가이드 역할을 할 수 있다.

일지는 계획 도구이다

내 계획에서 최고로 훌륭한 부분은 계획 수립 활동에서 곧바로 나오지 않는다. 계획은 다음을 포함한다.

- 현재 상황과 고객 맥락을 고려한다.
- 다음에 무엇을 하고 싶은지 생각해 본다.
- 가장 효과적으로 활용할 수 있는 메타스킬을 고민한다.
- 지난 코칭 세션을 돌아본다.
- 향후 흐름의 가능성을 브레인스토밍한다.

이런 것들은 걸어 다니면서, 여행하면서, 다른 이를 코칭하면서, 책을 읽으면서, 그냥 일상생활을 하면서 떠오른다. 고객 아이디어와 계획은 끊임없이 튀어나온다. 이는 끝내주는 애자일 코치가 되기 위한 창의적 과정의 일부이다.

코칭을 할 때에는 일지 쓰는 습관을 들이기를 강력히 추천한다. 일지를 쓰면 창의적인 생각을 바로바로 포착할 수 있다. 또한 나는 계획을 수립하거나 코칭 아크 아이디어를 구상할 때도 일지를 활용한다.

합의 대화의 애자일 코칭 아크 예시

합의에 초점을 맞춘 초기 대화가 어떤 모습일지 애자일 코칭 아크 예시를 들어 이야기해 보려 한다. 다음은 얼마나 탄탄하게 시작하느냐에 따라 그 결과가 크게 달라질 수 있음을 보여 주는 다소 어려운 상황에 대한 예시이다.(애자일 코칭 아크에 대해서는 다음 장에서 자세히 설명한다.)

상황

여러분이 코칭하고 있는 여러 팀 중 한 팀장과의 코칭 대화이다. 이 팀장은 자신의 지식과 경험은 지나치게 감추면서 팀원들과는 잘 협력하지 않으려 한다. 다시 말해 이 팀장은 극히 통제적인 성향이다.

이 팀장의 상사가 여러분에게 그 팀장을 코칭해 달라고 요청했고, 팀장에게는 별다른 설명 없이 여러분에게 코칭을 받으라고만 통보했다. 이런 상황은 코칭 관계를 시작하는 최선의 방법은 아니다.

초기 단계에서는 '부드럽게' 다가가서 친밀감, 신뢰, 관계를 구축하려고 노력해야 한다. 그러나 어떻게든 상대방의 행동을 방정식에 포함시켜야 한다. 결과 아크는 그림 8에서 볼 수 있다.

초반전

- 세션을 시작하기 전에 사용할 메타스킬을 정한다. 이번에는 용기, 명확성, 공감이다.
- 이 사전 만남의 코칭 목표를 포함한 캔버스를 완성한다.
- 교육 스탠스로 코칭을 시작한다.
- 고객에게 애자일 코칭(정의, 스탠스, 코치의 역할, 고객의 역할) 및 코칭 합의 도출의 중요성을 소개한다.
- 코치 스탠스로 전환한다.
- 이 코칭 세션의 목표를 설정한다. "우리가 만난 이유는 무엇인가?"

중반전

- 주로 코치 스탠스를 유지한다.
- 탐색:
  - 고객 맥락: 공감대 및 이해 구축
  - 팀을 대하는 행동에 대한 자기 인식
  - 고객의 잠재적 코칭 목표
- 코칭에서 가장 중요한 공통의 목표에 수렴하기 시작한다.
  - 다음 두세 번 코칭 세션의 세션 목표 및 목표 인수 기준을 설정한다.

종반전

- 코치 스탠스와 컨설팅·조언자 스탠스를 오가며 주인의식과 책임감을 굳힌다.
- 도출한 목표와 결과를 검토하고 이에 합의한다.
- 초기 목표의 인수 기준을 명확히 합의한다.
- 고객이 권위적인 상황에서 이룬 노력을 인정하면서 코칭을 긍정적으로 마무리한다.

그림 8 합의 도출 코칭 아크 예시

아크 후 분석

첫 번째 코칭 세션 아크의 전체 과정은 상황을 기반으로 공통의 명확성을 얻고, 측정 가능한 목표를 설정한 다음, 그 목표에 초점을 맞추기로 합의하는 데 중점을 두었다. 또 다른 큰 초점은 자발적이지 않은 코칭이라는 특성을 감안해 코칭 관계를 구축하는 것이었다.

현실에서는 이보다 훨씬 빨리 합의를 도출할 수도 있겠지만, 나는 제대로 합의를 이룰 수 있는 시간을 만들려고 노력했다. 코칭은 기반이 탄탄할 때 훨씬 효과적인 경우가 많다.

그리고 이 경우는 자발적인 코칭이 아니라 지시에 의한 코칭이라는 점을 명심하자. 코칭을 시작하면 긴장감이 돌고 감정이 격해질 수 있다. 조금 천천히 나아가면서 관계를 함께 만들어 감으로써 이러한 긴장감을 해소하는 것이 중요하다.

언제 끝내야 할까

모든 좋은 일에는 반드시 끝이 있어야 하며 코칭 관계 및 합의도 마찬가지이다. 그 비결은 고객이 목표나 결과를 성공적으로 달성했는지 파악하는 것이다. 끝내는 시점을 결정짓는 첫 번째 단계는 합의 도출 단계이다.

예를 들어 고객 목표를 검토해 보니 전부 달성했다면 그때가 끝내야 할 때이다. 또는 고객이 원하는 모든 것을 성취했다고 느꼈을 때 끝낼 수도 있다. 코칭 관계에 주의를 기울이고 있다면 보통은 끝내야 할 시점이 분명히 보인다. 확실치 않은 경우라면 고객에게 어떻게 생각하는지 물어보면 된다.

이런 이벤트 또는 논의는 코칭을 긍정적으로 마무리하는 경우이겠지만, 상황이 그렇게 긍정적이지 않은 경우도 분명히 있다.

긍정적이지 않은 마무리

애자일 코칭 그리고 일반적인 전문 코칭이 모든 사람에게 적합한 것은 아니다. 지극히 당연한 일이다. 또 달리 생각해 보면 역할, 책임, 행동, 결과에 대한 기대 수준이 일치하지 않는 경우도 많다. 코치와 고객도 마찬가지이다.

다음은 긍정적이지 않은 마무리로 볼 수 있는 몇 가지 예시이다.

- 고객과 코치 사이에 스타일, 기대 수준, 윤리적 또는 실천적 차이가 있음을 깨달았을 때
- 고객이 자신의 목표와 결과에 진지한 주인의식을 갖고 있지 않음을 깨달았을 때
- 고객이 목표를 달성하는 데 강력하게 필요한 스탠스에서 코치의 스킬이 부족함을 깨달았을 때
- 코치와 고객 사이에 성격 차이 또는 갈등이 있거나 관계나 공감대가 거의 또

는 전혀 없음을 깨달았을 때

- 코치가 같은 고객을 너무 오랫동안 코칭을 해 왔고 자신이 피클이 되어 버렸음을 깨달았을 때[4]

그러나 고객 지원 관점에서 봤을 때 코칭 활동이 전부 긍정적이지만은 않은 것이 현실이다. 스파이더 센스(Spider-Sense)가 움찔거린다면 코칭 끝내기를 주저하지 말자. 코칭을 시작하기 전이나 도중에도 언제든지 이런 일이 생길 수 있다. 고객과 코치 사이에 의견이 일치하고 합의가 이루어질 때까지 코칭을 중단하는 것이 때로는 최선의 방법일 수 있다.

코치 진입의 개념

코치에게는 코칭 고객과 합의를 이룰 책임이 있지만 여러분을 코치로 영입한 사람에게도 또 다른 책임이 있는데 이 부분을 간과하기 쉽다.

나는 이를 팀 및 조직에 여러분을 코치로 '진입(entering)'시키는 책임이라고 말한다. 대개 나는 코칭의 이해관계자 또는 스폰서가 코치를 소개해 주기를 기대한다.

보통 내부 또는 외부 코치를 영입하기로 결정하는 것은 리더나 스폰서이다. 그들은 코치를 만나서 간단한 문서나 소개만으로 코칭을 시작해 달라고 말할 것이다. 조직 소개도 없고, 코치가 왜 필요한지에 대한 설명도 없으며, 기대하는 초점이나 결과에 대한 설명도 없다.

그러면 코치가 직접 들어가서 자신이 무엇을 하고 있고 그 이유가 무엇인지 설명해야 한다. 코치가 그렇게 하는 경우도 자주 있지만 최선은 아니다. 코칭을 받는 사람들은 이 문제에 대해 발언권이 없다고 생각하면서 코칭에 참여해야 하는 동기, 즉 이유를 이해하지 못하는 경우가 많다. 이런 상황은 코치와 코칭을 받는 사람들 사이에 곧바로 긴장감을 조성한다.

---

4 여기에서는 제럴드 와인버그(Gerald Weinberg)의 《컨설팅의 비밀》에 나오는 프레스콧의 피클 원칙을 인용했다. "소금물이 오이가 되는 것보다 오이가 피클이 되는 게 더 금방이다." 한번 생각해 보자.

이해관계자에게 그림 9의 애자일 코치 진입 준비 캔버스를 작성해 달라고 요청하고, 이를 코칭 받을 사람들과의 미팅 시간을 계획하는 방법으로 활용한다면 훨씬 더 효과적으로 소개를 받을 수 있다.

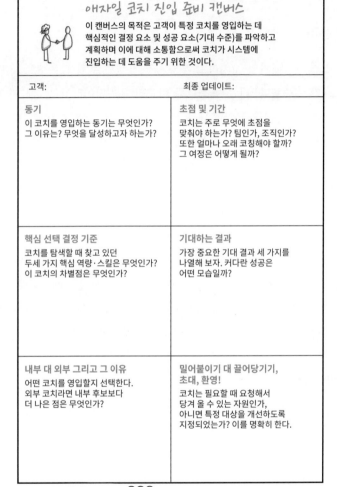

애자일 코치 진입 준비 캔버스

이 캔버스의 목적은 고객이 특정 코치를 영입하는 데 핵심적인 결정 요소 및 성공 요소(기대 수준)를 파악하고 계획하며 이에 대해 소통함으로써 코치가 시스템에 진입하는 데 도움을 주기 위한 것이다.

고객:	최종 업데이트:
동기 이 코치를 영입하는 동기는 무엇인가? 그 이유는? 무엇을 달성하고자 하는가?	**초점 및 기간** 코치는 주로 무엇에 초점을 맞춰야 하는가? 팀인가, 조직인가? 또한 얼마나 오래 코칭해야 할까? 그 여정은 어떻게 될까?
핵심 선택 결정 기준 코치를 탐색할 때 찾고 있던 두세 가지 핵심 역량·스킬은 무엇인가? 이 코치의 차별점은 무엇인가?	**기대하는 결과** 가장 중요한 기대 결과 세 가지를 나열해 보자. 커다란 성공은 어떤 모습일까?
내부 대 외부 그리고 그 이유 어떤 코치를 영입할지 선택한다. 외부 코치라면 내부 후보보다 더 나은 점은 무엇인가?	**밀어붙이기 대 끌어당기기, 초대, 환영!** 코치는 필요할 때 요청해서 당겨 올 수 있는 자원인가, 아니면 특정 대상을 개선하도록 지정되었는가? 이를 명확히 한다.

그림 9 애자일 코치 진입 준비 캔버스

코칭 고객은 개인, 그룹, 팀 또는 조직 전체가 될 수도 있다. 중요한 점은 여러분의 역할과 목적을 명확하게 전달하고, 코칭을 받는 사람들에게 이를 명확히 파악하는 데 필요한 질문을 할 수 있는 기회를 주는 것이다.

이 단계는 아무리 강조해도 지나치지 않다. 여러분이 조직에 떠밀려 들어가느냐, 초대를 받고 허락을 받아 들어가느냐가 성공적인 코칭 진입에 커다란 차이를 만들어 낸다.(나는 항상 후자의 방식이 더 마음에 든다.)

코칭 윤리

내가 스스로를 애자일 코치라고 부르기 시작했을 무렵에는 주로 코칭을 실천하는 데만 집중했다. 나는 스스로를 비교적 윤리적이라고 생각하지만 전에는 윤리, 활동 기준, 고객 책임에 대해 생각해 본 적이 별로 없었다.

시간이 흐르면서 애자일 코칭을 실천할 때 몇 가지 윤리적 기준이 필요하다는 사실을 더 잘 알게 되었다. 사실상 역량이 없거나 능력이 부족한 코치들이 시장에 넘쳐 나고 있는데, 그런 사람들이 여전히 스스로를 '애자일 코치'라고 부르고 있다. 애자일 코치가 무엇인지 그 정의가 분명하지도 않고, 어떻게 활동해야 하는지 윤리적 기준은 더욱 명확하지 않기 때문이다.

1장에서 보았듯이 내가 이 책을 쓰기로 결심한 큰 이유 중 하나가 바로 탁월함(즉, 끝내줌)이 어떤 모습인지 확실히 알려 주고 싶었기 때문이다.

분명히 하자면 엄청나게 끝내주는 애자일 코치는 업계 표준의 투명한 활동 윤리 규정을 인지하고 지지하며 적극적으로 따라야 한다.

윤리의 중요성

기본적으로 나는 애자일 코치가 자신의 스킬과 역량, 지원, 행동에 대한 의지 측면에서 일관성 있는 수준의 탁월함을 고객에게 제공할 책임이 있다고 믿는다. 윤리는 고객과 매일 상호 작용하는 모든 코치의 마인드셋에 기본이 되어야 한다. 이는 의사에게 윤리 기준이 있는 것과 비슷한 맥락으로, 환자는 의사마다 실력 차이가 있음을 알고 있지만, 그럼에도 모든 의사의 역량과 성과에는 최소한의 활동 기준이 있음을 신뢰할 수 있다.

애자일 코칭 세계에는 공식 윤리 강령이 너무 오랫동안 없었는데 이제 변화가 시작되고 있다.

애자일 코칭 윤리의 현황

여기에서는 이미 존재하는 것을 새로 만들지는 않겠다. 그 대신 이 중요한 주제의 중심으로 활용할 수 있는 몇 가지 관련 윤리 모델 또는 프로젝트를 살펴볼 것이다.

ICF 윤리

ICF에는 오래전부터 명확하게 규정된 윤리 기준이 있으며, 모든 회원은 이러한 기준을 지지한다는 서명을 해야 한다. 나는 이 윤리 기준이 우리 모두가 이해하고 활용해야 할 훌륭한 기준선이라고 생각한다.

문제는 이 윤리 기준이 휠 내의 코치 스탠스에만 적용되다 보니, 애자일 코칭의 깊이 및 너비와는 직접 관련이 없다는 것이다. 즉, 우리가 활용하기에는 너비, 명확성, 관련성이 부족하다.

애자일 코칭 그로스 휠

책에서 지금까지 충분히 또는 전혀 강조하지 않았지만, 휠에는 명확한 윤리 지침이 첨부되어 있다. 윤리가 모델의 기본 구성 요소라는 사실이 내가 이 모델을 좋아하는 이유 중 하나이다.

휠의 주요 윤리적 중점 영역은 다음과 같다.

- 고객과의 전문적 활동
- 기밀 유지
- 이해 충돌
- 직업에 대한 전문적 활동

휠 윤리 프레임워크를 살펴본 다음, 애자일 코칭에서 개인적 관행과 직업적 관행을 깊이 생각해 보자. 최소한 마음속으로만이라도 앞으로 이러한 윤리 원칙을 적극적으로 지지하겠다는 다짐을 하기 바란다.

또한 휠 윤리 기준은 ICF 윤리를 기준으로 삼고 있으므로 이를 살펴보고 깊이 생각해 본 후 여기에도 서명하기 바란다.

애자일 얼라이언스

2020년 1월 애자일 얼라이언스(Agile Alliance)는 애자일 코칭 전문가를 위한 윤리 강령 및 행동 강령을 제정하기 위한 프로젝트에 착수했다. 다음은 애자일 얼라이언스 웹사이트에 있는 해당 프로젝트 추진 배경 설명(2021년 10월 기준)이다.

> 애자일 코칭 분야의 일관성 부족과 윤리 프레임워크 또는 행동 강령 부재는 우리에게 중요한 문제가 되고 있다. 이는 애자일 얼라이언스가 중심이 되어 해결해야 할 과제이다.

이 책이 출간된 현재 이 프로젝트는 명확한 완료 목표 없이 계속 진행 중이다. 하지만 나는 이러한 노력의 결과가 우리 직업의 사실상 표준이 되기를 바란다.

자원자들로 이루어진 팀은 윤리 강령을 어떻게 활용할 수 있는지 살펴볼 수 있는 시나리오 모음도 함께 만들었다. 현실 세계의 복잡성으로 인해 때로는 윤리 강령이 가리키는 정확한 방향을 이해하기 어려울 수도 있기 때문에, 이 시나리오는 윤리를 적용하면서 그 미묘함을 다루고자 할 때 상당한 도움이 된다.

애자일 얼라이언스의 애자일 코칭 윤리 페이지로 연결되는 링크는 이번 장 마지막에 소개되어 있다.

나만의 윤리

애자일 코칭 윤리에 이 같은 빈 공간이 있었기 때문에 나는 얼마 전에 나만의 윤리 규범을 작성하여 애자일 무스(Agile Moose) 웹사이트에 게시했다. 그 이후에는 모든 고객에게도 공유하고 있다. 코칭 관계 초기에 합의를 도출하고 계약을 맺을 때 나는 보통 고객에게 내 윤리 선언문을 살펴봐 달라고 요청한다. 나는 고객들이 내가 어떤 모습을 보여 줄 계획인지, 어떻게 활동할 계획인지 그리고 나 자신과 내 직업 그리고 고객에 대한 책임을 어떻게 질 것인지 완전히 이해했으면 좋겠다.

내 윤리 규범을 모범이라고 생각하지는 않지만 내 윤리의 본질을 잘 담고 있다. 여러분도 꼭 읽어 보기를 추천한다. 이번 장 마지막에 링크가 있다.

실제 사례

몇 년 전 한 고객사의 리더십 팀을 코칭하고 있을 때 그 회사의 CEO와 COO가 PMO 및 프로젝트 관리자 팀에 대한 피드백을 요청했다. 어떤 팀이 애자일을 잘하고 있고 어떤 팀이 잘 못하고 있는지 알려 달라는 것이었다. 즉, 경영진은 누구를 해고하고 교체해야 할지 파악하기 위한 성과 피드백을 찾고 있었다.

그 요청이 불편했다고 말하는 정도만으로는 충분하지 않다. 나는 많은 조직에서 애자일 준비 상태와 필요한 마인드셋 변화 역량을 평가해 왔지만, 외부 코치로서 관찰한 내용을 근거로 개인에 대해 피드백을 제공하는 일은 항상 피해 왔다. 그러나 나는 이것이 내 코칭 윤리의 일부라고 명확하게 표현한 적은 없었다.

이 사건은 내 개인 윤리 의식의 기원이자 향후 모든 고객에게 이를 명확히 전달해야겠다고 생각하게 된 동기가 되었다.

당시에는 고객 요청을 거절하기가 쉽지 않았고 고객도 이를 잘 받아들여 주지 않았다. 그들은 내가 성과 관리 업무를 대신 해 주기를 원하고 있었다. 그러나 나를 위해서도 그리고 고객을 위해서도 내 입장이 옳았다고 굳게 믿는다. 우리는 도중에 코칭 계약을 해지했다.

직업에 대한 책임감

행동 촉구로 이번 장을 마무리하고 싶다.

여러 가지 면에서 나는 애자일 코치로서 엄청난 특권을 누리고 있다. 사실 우리 모두는 고객과 함께 멋진 일을 할 수 있다는 특권을 갖고 있다. 그리고 그 특권에는 큰 책임이 따른다. 나는 우리가 엄청나게 끝내주는 애자일 코치로서 이 멋진 직업의 윤리 프레임워크와 행동 강령을 지키는 것이 그 책임의 일부라고 생각한다.

이 책을 읽는 모든 사람이 어떤 것이든 윤리 기준 중 하나를 선택하거나 자신만의 윤리 기준을 만든 다음, 그 기준을 직접 지키겠다는 서명을 해 보기 바란다. 무슨 일이 있더라도 말이다.

더 읽어 보기

- 다음은 ICF 코칭 계약 예시이다. 이 문서는 본질적으로 계약서이며 예시일 뿐이라는 점을 기억하자. 다음 링크에서 계약서 양식을 받을 수 있다: *https://coachfederation.org/app/uploads/2018/01/SampleCoachingAgreement_2018.doc*

- 코칭 합의에 꼭 필요한 8가지 사항: *https://www.performancecoachuniversity.com/8-must-haves-in-a-coaching-agreement/*

- 애자일 코칭 윤리 강령 예시
  - 애자일 코칭 그로스 휠 2.1 윤리 강령: *https://web.archive.org/web/20220927111456/http://whatisagilecoaching.org/code-of-ethics/*[5]
  - ICF 윤리 강령: *https://coachingfederation.org/ethics/code-of-ethics*
  - 애자일 얼라이언스 윤리 강령 위원회 및 페이지: *https://www.agilealliance.org/resources/initiatives/agile-coaching-ethics/*[6]
  - 내가 만든 애자일 무스 윤리 선언문: *https://www.agile-moose.com/moose-ethics*

- 다음은 코치 진입의 역동에 초점을 맞춘 글이다: *https://rgalen.com/agile-training-news/2020/6/2/entering-a-coach-into-a-team-group-or-organization*

---

5 (옮긴이) 현재 애자일 코칭 그로스 휠의 윤리 강령은 애자일 얼라이언스 윤리 강령으로 통합되었다.
6 (옮긴이) 다음 링크에서 애자일 코칭 윤리 행동 강령을 살펴볼 수 있다: *https://www.agilealliance.org/agile-coaching-code-of-ethical-conduct/*(영어), *https://congruentagile.com/agile-coaching-ethics/*(한국어)

애자일 코칭처럼 유기적인 무언가는 조직의 지속적인 상호 작용으로부터 자연스럽게 이뤄지는 것이라고 생각할 수 있다. 일견 맞는 말이지만 애자일 코칭이 전적으로 자연스럽게 이뤄지지만은 않으며 또한 그렇게 되어서도 안 된다.

널리 알려진 것과는 달리 애자일 코치는 명확한 사전 합의와 계획으로 참여를 이끌어 내고, 몇 가지 일반적인 패턴을 적용하며, 시작·중간·마무리로 이루어진 일관성 있는 대화 아크를 따라야 한다. 또한 이 아크는 맥락, 상황, 조직 문화 역동을 신중히 고려한 것이어야 한다.

> 다시 말해 코칭 대화에는 의식적인 리듬과 근거가 있어야 한다. 그리고 많은 것을 고려해
> 야 한다. 여러분이 끝내주는 애자일 코치가 되고 싶다면 말이다.

들어가기

이번 장에서는 세 가지 주제를 다룬다. 먼저, 코칭 세션을 준비하고 실행하는
데 필요한 몇 가지 기본 사항을 설명한다. 그런 다음 전반적인 코칭 대화를 이
끌어 가는 데 꽤 효과적으로 사용하고 있는 대화 아크[1]라는 비유를 함께 살펴
볼 예정이다. 마지막으로는 다양한 그룹 또는 팀 코칭에 적용할 수 있는 렌 라
게스티(Len Lagestee)의 코칭 생애 주기 아크를 알아볼 것이다.

먼저, 코칭 아크가 무엇을 의미하는지 설명하고자 한다. 코칭 아크는 다음과
같이 구성된다.

- **시작:** 즉, 각 대화에 어떻게 진입할 것인가?
- **중간:** 미리 합의한 목표 또는 결과를 향한 대화의 줄다리기를 어떻게 이끌어
  갈 것인가?
- **마무리:** 어떻게 대화를 마치고 다음 대화를 준비할 것인가?

나중에 더 자세히 살펴보겠지만 코칭을 이러한 아크를 따르는 일련의 대화로
생각해 보라고 말하고 싶다.

이번 장에 좀 더 깊이 들어가기 전에 코칭 합의를 다루는 4장을 먼저 살펴보
기 바란다. 코칭 아크 준비는 코칭 합의 단계에서 이루어지기 때문에 이 단계
를 생략해서는 안 된다.

상황 또는 맥락 기반 코칭

코칭 아크를 맥락 기반 코칭으로 생각할 수 있다. 각 아크에 접근할 때에는 자
신이 처한 맥락이나 상황이 어떤지 생각해 보기 바란다. 애자일 관점에서 살펴

---

1 (옮긴이) 아크(arc)는 원래 활 모양(호)을 가리키는 말이지만 여기에서 시작, 중간, 마무리로 이어지
는 내러티브 흐름을 말한다.

봐야 할 측면 중 한 가지는 고객의 경험 또는 성숙도이다.

성숙도 수준을 파악할 때 나는 합기도의 수파리(守破離)를 비유로 활용할 것이다. 가장 간단하게 설명하면 다음과 같다.

- 수(守)는 초보자 또는 초심자, 즉 책을 읽어 본 정도의 경험은 있지만 직접 또는 실전 경험은 거의 없는 사람이다. 이런 사람들에게는 올바른 방향으로 나아갈 수 있도록 좀 더 규범적인 지침이 필요하다. 여기에서는 교육, 멘토링, 컨설팅 스탠스를 활용하는 데 좀 더 집중할 필요가 있다.

- 파(破)는 적당한 경험이 있는 사람이다. 한동안 실천을 해 왔고, 초보자 레시피를 상당히 잘 따르는 중이며, 이제 약간의 실험과 학습으로부터 도움을 얻을 수 있는 위치에 있다. 코치 스탠스를 중심으로 멘토링 및 역할 모델 스탠스를 더 자주 활용하고, 컨설팅·지시적 스탠스 활용은 줄이는 방향으로 덜 규범적인 방식을 취해야 한다.

- 리(離)는 전문가 또는 달인 수준의 경험이 있는 사람이다. 대개 이들의 경험은 여러분과 비슷한 수준이겠지만, 그 다양성과 깊이는 아마 약간 부족할 것이다. 이 경우 여러분은 대개 조언자가 되어 기본기를 일깨워 주고, 전문성을 넓히면서 더 많은 위험을 감수하며, 새로운 학습 영역을 탐색하도록 동기를 부여하는 역할을 할 것이다. 이 단계에서는 주로 멘토링과 역할 모델을 약간 곁들인 전문 코치 스탠스를 적용하게 될 것이다.

단순한 스킬 성숙도나 경험 말고도 고려해 볼 만한 또 다른 상황 맥락이 있다. 예를 들면 다음과 같다.

- 개인적 상황에 대한 공감(사랑하는 이와의 이별, 재정적 어려움, 최근 이루어진 부서 이동 등)
- 직업적 맥락에 대한 공감과 이해(역할, 도전, 압박, 문화 등)
- 개인적 성장(지금까지 얼마나 성장해 왔는가)
- 이전 코칭 계획, 목표, 코칭 아크
- 자기 돌봄 수준
- 환경 요인(코로나-19 또는 원격 근무)

• 스트렝스 파인더(StrengthsFinder) 결과 또는 리더십 서클 프로파일(Leadership Circle Profile) 결과

전부 애자일 코치로서 염두에 두어야 할 맥락 인식 요소의 예시이다. 상황 인식은 하룻밤 사이에 얻을 수 있는 것이 아니라는 점을 기억하자. 시간이 필요하다. 또한 시간이 지남에 따라 세부 사항을 조금씩 늘려 가려면 호기심과 충분한 경청도 필요하다.

잠시 시간을 내어 코칭 아크의 또 다른 측면, 즉 그 안에서 지속적으로 무슨 일이 일어나는지 살펴보고자 한다. 애자일 코치에게는 민첩하게 행동하고 직관을 발휘하며 아크 내에서 고객에게 원활하게 적응해야 할 책임이 있다. 다음 두 가지 개념을 활용하여 내가 말하고자 하는 바를 정확히 담아내고, 코칭 아크 흐름의 좀 더 미묘한 측면을 살펴보려고 한다.

감지 및 반응

첫 번째 개념인 감지-반응의 시작은 코치로서 자신의 경청 레이더를 완전히 활성화하는 것이다. 나는 ORSC 코칭 교육에서 언어적, 비언어적, 정서적 채널 등 다양한 소통 채널에 대한 이야기를 나누었다.

단순히 고객을 감지하고 반응하는 것만을 이야기하는 게 아니다. 예를 들어 자신이 고객의 어떤 발언에 감정적으로 반응하지는 않는지, 코칭 중에 자신의 편견이 작용하지는 않는지 주의 깊게 살피는 것처럼, 여기에는 스스로를 감지하고 반응하는 것도 포함한다. 나는 이것을 스파이더맨이 위험을 감지하는 초능력에 빗대어 스파이더 센스라고 부른다.

감지-반응의 마지막 부분은 코칭하면서 자신의 직관과 본능을 신뢰하는 것이다. 나는 직관이 내 진정한 나침반이 되는 경우가 많다는 사실을 알게 되었다.

순간을 춤추기

이 미묘한 흐름을 설명하는 두 번째는 고객과 '순간을 춤추기'라는 개념이다. 코칭은 반드시 계획을 따라가는 것이 아니라 좀 더 유동적이며, 코칭 경험이

많을수록 춤을 더 잘 추게 될 것이다.

순간을 춤추기에서 가장 중요한 부분은 비유, 도구, 기법 등을 포함해 세웠던 계획을 버리는 것이다. 잊어버리라는 뜻이 아니라 미리 계획하지 말라는 것이다. 그 대신 춤을 추면서 적절한 때에 마음속으로부터 적절한 방식을 유기적으로 끌어낸다. 즉흥적으로 자연스럽게 나오는 것이라 말로 설명하기 어렵지만, 직접 해 보면 알 수 있고 느낄 수 있을 것이다.

감지-반응 프레임워크, 커네빈

감지-반응과 관련하여 또 다른 예시가 있는데, 바로 데이브 스노든(Dave Snowden)의 커네빈 프레임워크(Cynefin Framework)[2]이다. 이 모델이 애자일 코칭의 주요 목표는 아니지만 도움이 될 수 있다. 그림 10에서 볼 수 있듯이, 커네빈은 기본적으로 사분면 모델이며(추가로 가운데에 무질서(Disorder)가 있음), 맥락이 어떻게 우리의 행동에 영향을 미치는지 보여 준다.

그림 10 데이브 스노든의 커네빈 프레임워크(출처: 크리에이티브 커먼즈 리이선스 3.0에 따라 공개된 다양한 커네빈 프레임워크 모델을 참조하여 그림)

2 *https://www.everydaykanban.com/2013/09/29/understanding-the-cynefin-framework/*

커네빈은 조직 리더십 상황 모델로 자주 활용되는데, 맥락(조직, 프로세스, 제품, 기술) 및 그 맥락의 복잡성에 따라 자신의 행동을 조정한다.

- 맥락이 **단순**(Simple)하다면 상황을 감지하고 분류한 후 반응(sense-categorize-respond)한다. 이 영역은 최적의 방법(Best Practice)이 통하는 영역이며, 어떻게 반응해야 할지 대부분 알고 있다.

- 맥락이 **난해**(Complicated)하다면 상황을 감지하고 분석한 후 반응(sense-analyze-respond)한다. 이 영역은 양호한 방법(Good Practice)이 통하는 영역이지만, 상황이 그다지 정확하게 보이지는 않을 것이다.

- 맥락이 **복잡**(Complex)하다면 상황을 조사하고 감지한 후 반응(probe-sense-respond)한다. 이 영역에서는 적절한 선택지가 무엇인지 조사하다 보면, 시간이 흐르면서 창발적 방법(Emerging Practice)이 드러날 수 있다.

- 맥락이 **혼돈**(Chaotic)스러운 경우라면 상황에 대해 행동하고 감지한 후 반응(act-sense-respond)한다. 이 경우 여러 방향으로 행동하고 여러 가지를 시도하는 등, 실험하고 관찰하면 시간이 흐르면서 참신한 방법(Novel Practice)을 발견하게 된다.

끝내주는 애자일 코칭에 이와 같은 유형의 반응이 적용되는 모습을 볼 수 있는가? 나는 볼 수 있다. 코칭 아크에 들어가면 보통은 질문을 통해 감지한다. 그런 다음 답변이나 대화를 근거로 어떤 방향으로 나아가야 할지 빠르게 결정한다. 단순 및 난해 영역은 상대적으로 평범하기 때문에 가벼운 안내만으로도 고객이 스스로 문제를 해결할 수 있을 것이다.

하지만 복잡하고 혼돈스러운 상황이라면 나는 코치가 고객을 돕는 데 좀 더 적극적으로 개입해야 한다고 생각한다. 이 영역에서는 코치 스탠스만으로는 충분하지 않을 수도 있다. 물론 고객이 스스로 무언가를 발견하기도 해야겠지만, 코치의 관여 수준 또한 더 높아야 할 수도 있다.

상황이 복잡해질수록 순수한 코치 스탠스에 오래 머무를 경우 고객은 더 쉽게 좌절을 느낄 수 있다는 점을 명심하자. 커네빈은 고객을 지원할 때 복잡성 정도에 따라 어떤 스탠스가 적합한지 다양하게 살펴볼 수 있는 프레임워크를 제공한다.

코칭 대화의 아크

아크 전 계획 수립

우선 코칭 대화를 계획하는 이유를 결정한다. 핵심 요소는 무엇인가? 이를 통해 초점을 유지할 수 있다. 즉, 코칭에는 명확한 이유가 있어야 한다.

이유에는 우선순위와 동기를 반영한다. 예를 들어 이 대화가 시급히 필요한 긴급 대화인가, 아니면 진행 중인 일련의 대화 중 하나인가? 이 코칭이 여러분이 맡고 있는 역할 및 책임의 일부인가, 아니면 개인 사이의 까다로운 사적 대화인가?

그다음으로는 맥락을 고려한다. 여기가 바로 준비 과정에서 공감을 해 보는 부분이다. 고객 입장이 되어 본다. 고객이 어떤 외부 사건으로 인해 스트레스를 받거나 어려움을 겪고 있는가? 지난번에 비슷한 대화를 나눴을 때 무슨 일이 있었는가? 정서적 장은 어땠으며 대화는 어떻게 진행되었는가? 최소한 몇 분 정도는 고객의 마음속을 들여다보는 시간을 가져야 한다.

마지막으로, 자신의 코칭 고객과 어떤 공통의 결과를 만들기 위해 노력하고 있는지 생각해 본다. 다시 한번 범위를 좁히는 것이다. 결과가 다면적이거나 지나치게 복잡해서는 안 된다. 하나의 결과를 염두에 둔다. 이것이 여러분의 목표임을 명심하자. 일단 대화를 시작하고 나면 목표는 고객과 함께 만들어야 한다.

코칭 아크

나는 수년간 코칭 대화를 체스에 비유해 왔다. 그림 11과 그림 12에서 볼 수 있듯이 아크는 다음과 같이 구성된다.

- 초반전(Opening Moves)
- 중반전(Middle Game)
- 종반전(Endgame)

대화의 세 가지 주요 부분 각각에는 고유한 초점과 의도가 있지만, 아크는 처음부터 끝까지 매끄럽게 흘러가게 된다.

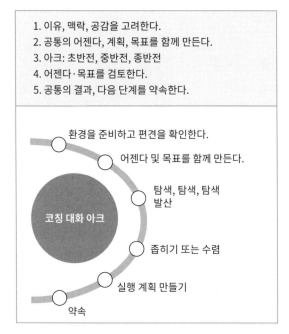

1. 이유, 맥락, 공감을 고려한다.
2. 공통의 어젠다, 계획, 목표를 함께 만든다.
3. 아크: 초반전, 중반전, 종반전
4. 어젠다·목표를 검토한다.
5. 공통의 결과, 다음 단계를 약속한다.

환경을 준비하고 편견을 확인한다.

어젠다 및 목표를 함께 만든다.

탐색, 탐색, 탐색
발산

코칭 대화 아크

좁히기 또는 수렴

실행 계획 만들기

약속

그림 11 코칭 대화 아크

코 칭 아 크

초반전

· 허락 구하기
· 목표 설정
· 무대 준비
· 열린 질문
· 의도적 경청
· 방향 탐색

중반전

· 대화 확장,
  브레인스토밍
· 선택지 제안
· 전략 결정
· 좁히기 및 계획 수립
· 좀 더 탐색하기
· 들은 것을 명확히
  하기

종반전

· 마무리에 도달
· 책임에 대한 합의:
  누가 무엇을 할 것인가?
· 실행 계획 및
  다음 단계 결정
· 반복 및 확인
· 다음 세션 일정 잡기

그림 12 체스에 비유한 코칭 대화

초반전

초반전에는 코칭 대화의 친밀감을 형성한다. 무대를 준비하는 순간이다. 나는 항상 허락을 구하면서 대화를 시작한다. 이것은 "시간 있으신가요?"를 넘어 고객이 코칭을 받을 수 있는 올바른 마인드셋을 갖고 있는지 살펴보는 행위이다. 나는 허락을 구하는 것이 상대방을 존중하는 첫 번째 단계라는 사실을 알게 되었다.

물론 미리 구상했던 계획과 목표를 탐색한 다음 이를 고객과 함께 만들 것이다. 나는 대개 전문 코치 스탠스를 적용하면서 초반전을 시작하고, 초기 발견의 일환으로 질문을 던진다. 그리고 질문에서 가장 큰 부분은 경청이기 때문에 내 감지 레이더가 즉시 활성화된다.

또한 상대방의 기분과 정서적 장을 주의 깊게 감지해야 한다. 상황을 인식하는 단계에 있으므로 필요한 경우 원래 계획에서 방향을 전환할 수 있도록 미리 준비한다. 이 과정에서 방향 감각을 증폭한다.

코칭 세션이 1시간이라면 초반전에는 10분 정도를 할애해야 한다.

중반전

코칭 활동의 대부분은 중반전에서 이루어진다. 여기에서는 고객이 코칭 목표를 탐색할 수 있는 여지를 만든다. 나는 이것을 발산-수렴 대화(divergent-then-convergent conversation)라고 부르기도 하는데, 처음에는 무작위성을 어느 정도 허용하지만 중간에는 고객이 원래 목표에 집중할 수 있도록 도와주어야 한다.

중반전에서는 초점을 유지하는 동시에 탐색할 수 있도록 해 주는 것이 가장 중요한 부분이다. 여기에서는 균형이 중요하다. 나는 초점을 다시 맞추고 싶을 때에는 서로 함께 정한 결과를 언급하기를 좋아한다. 탐색 단계에서 감정이나 의견을 표현할 수 있게 해 주면 모든 소통 채널(언어적, 비언어적)을 통해 엄청난 양의 정보를 얻게 된다. 초반전에서와 마찬가지로 정서적 장에도 세심한 주의를 기울여야 한다.

중반전에서는 고객이 목표를 달성할 수 있도록 때로는 코치 스탠스를 다른 스탠스로 바꿀 필요가 있음을 깨닫게 될 것이다. 계획에서 벗어나 새로운 경로로 방향을 전환하는 것이다. 이는 코칭을 하면서 감지하고 반응하는 것이므로 대개는 고객이 어색함을 느끼지 않는다. 체스에 비유하면 체스 게임의 중반전과 비슷하다. 마음속으로는 포괄적인 계획을 갖고 중반전에 들어가지만 상대방의 움직임에 적절하게 반응한다. 코칭 여정에서 중반전도 마찬가지이다. 고객의 움직임에 따라 적절히 반응해야 한다.

중반전에서 또 다른 부분은 선택지를 탐색해 전략을 발전시키는 것이다. 이역시 창의적 과정이며 코칭은 문제를 해결하기보다 고객의 비전을 확장하는 데집중해야 한다. 중반전이 끝날 무렵에는 고객과 함께 접근 방식이나 선택지에대한 수렴으로 전환하는 것이 좋다. 이때 명확화 질문을 하는 것이 도움이 된다.

코칭 세션이 1시간이라면 여기에는 대개 40분 정도를 할애해야 한다.

종반전

종반전은 여러분이 안착하는 곳이다. 여기에서 모든 일을 마무리하고 검토한다. 원하는 결과 또는 목표로 시작해 그 목표가 어떻게 달성되었는지(또는 달성되지 않았는지) 검토할 수 있다. 고객에게 코칭 세션에서 자신의 여정을 돌아보고 명확하게 표현해 달라고 요청하여, 여정에서 어느 지점에 도달했다고생각하는지 확인한다.

또한 종반전은 목표를 재조정하고 후속 행동을 정하는 등 책임을 다루는 곳이기도 하다.

마지막으로, 종반전이 완전한 마무리가 되는 경우는 거의 없다. 나는 종반전이 다음 코칭 대화의 전초전이라고 생각하기 때문에, 다음 단계에 대해 이야기하는 것이 올바른 마무리 방법이다. 그리고 양쪽이 모두 동의한다면 지금이 다음 코칭 대화 일정을 잡기에 완벽한 시간이다.

코칭 세션이 1시간이라면 여기에는 대개 10분 정도를 할애해야 한다.

애자일 코칭 고객 캔버스

고객은 당연히 코칭 후속 행동을 계획하고 실행 방법을 생각해 낼 수 있겠지만, 나는 다음 코칭 세션 직전까지 정했던 행동의 우선순위가 떨어지는 경우가 많다는 것을 알게 되었다.

나는 고객이 코칭 활동의 결과를 성찰하고 내면화하고 계획하고 실행하는 데 도움을 주고자 애자일 코칭 고객 캔버스(그림 13)를 만들었다. 이 캔버스를 활용하면 코칭 파트너 관계에서 고객의 책임을 최우선으로 생각하는 데 도움이 된다는 것을 알게 되었다. 나는 종반진의 일부로 이 캔버스를 언급하고 그들이 앞으로 나아가기 위한 책임의 일환으로 캔버스를 만들어 보자고(또는 다시 살펴보자고) 상기시키는 경우가 많다. 이 캔버스는 고객이 초점을 유지하고 중심을 잡는 데 도움이 된다. 그 대상이 개인이든 그룹이든 고객과 함께 활용해 보기를 추천하고 싶다.

애자일 코칭 고객 캔버스

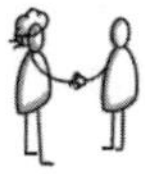

이 캔버스의 목적은 스스로를 성찰하고, 끊임없이 점진적 방식(아기 발걸음)을 추구하며, 자신의 미래 상태를 그려 보고, 자신의 시스템에 도전할 용기를 찾는 것이다.

고객:	최종 업데이트:
목표 코칭의 목표는 무엇인가? 고객은 개인인가, 팀인가, 조직인가?	**결과** 목표를 달성했을 때 어떻게 알 수 있는가? 각 목표의 성공은 어떤 '모습'인가?
단기 행동 코칭 세션을 성찰한 후 실행할 3~5가지 단기 행동은 무엇인가?	**장기 계획** 코칭을 지속적으로 돌아보면서 장기적으로 어떤 계획을 염두에 두고 있는가?
성장 코칭 결과를 통해 얼마나 성장했는가? 다음 성장은 무엇인가?	**코치를 위한 피드백** 코칭은 양방향으로 이루어진다. 결과를 개선하기 위해 코치에게는 어떤 피드백을 제공해야 할까?

그림 13 애자일 코칭 고객 캔버스, v1.0

아크 후 대화

아크 후 대화를 생략하는 코치가 너무 많다. 이 대화는 두 부분으로 이루어진다. 첫 번째 부분은 고객 코칭에서 벗어나 관계를 형성하는 태도로 전환하는 것이다. 고객 관점에서 코칭이 어떻게 진행되었는지 물어볼 수도 있고, 그냥 주말 계획이 무엇인지 물어볼 수도 있다. 아니면 그냥 잡담을 나눌 수도 있다. 요점은 코칭에서 벗어나는 것이 여러분과 고객에게 그리고 시스템 모두에 건강한 활동이 될 수 있다는 점이다.

아크 후 대화의 두 번째 부분은 코치인 여러분을 위한 것이다. 방금 일어난 일을 성찰하는 시간이다. 코칭 세션을 마친 직후에는 일지에 몇 가지 사항을 적어 두는 것이 좋다. 계획했던 것과 얼마나 다르게 어떻게 진행되었는지 생각해 보자. 아크를 성찰하면서 적절한 스탠스 내에서 얼마나 잘 탐색하고 방향을 전환했는지 되돌아본다.

또한 어떻게 다음 아크로 이어 나갈지 생각해 볼 수도 있다. 17장에서는 하루를 시작할 때의 여러 측면을 살펴볼 것이다. 이러한 고려 사항이 계획과 학습을 시작하는 데 도움이 될 수 있다.

코칭 아크 예시

이 시점에서 코칭 아크 대화를 예시로 공유하면 유용할 것 같다. 이 예시는 18장에 있는 코칭 도장 시나리오와 매우 비슷한 상황에서 시작하는 리더십 코칭 대화이다. 조직의 고위 리더 한 명이 팀 구성에 적합한 조직 구조에 대해 조언을 구하고 있다. 이 대화는 아마도 많은 코칭 대화 중 첫 번째 대화일 것이므로 약간의 준비가 필요하다.(그림 14)

해설

이 아크의 핵심 초점은 목표를 이해하고 계획을 수립하는 것이다. 가장 중요한 점은 코치 스탠스에서 조언자·컨설팅 스탠스로 전환하여 고객에게 선택지를 조언하고 의사 결정을 돕는 것이었다. 고객과 파트너 관계를 맺기는 하지만 코치 혼자 전적으로 책임을 지지 않는 것이 스탠스에서 중요한 부분이다.

초반전

- 세션을 시작하기 전에 사용할 메타스킬을 정한다.
- 코칭 합의를 다시 언급한다.
- 강력한(또는 열린) 발견 질문을 한다: "우리가 만난 이유는 무엇인가요?"
- 이 코칭 세션의 목표를 설정한다.
- 코치 스탠스에서 조언자·컨설팅 스탠스로 전환한다.

중반전

- 탐색:
  - 조직 변화의 동기
  - 범위
  - 희망하는 결과, 꿈, 비전
- 조직 구성에 적용할 수 있는 선택지를 살펴본다.
  - 가장 작은 선택지, 중간 선택지, 전부 아우르는 포괄적 선택지 등 최소 세 가지 선택지를 만든다.
- 고객에게 분명한 장단점을 묻는다.
- 선택지를 살펴보기 위해 역장 분석(force field analysis)을 수행해 볼 수도 있다.
- 선택지를 검토해서 좁히기 시작한다.

종반전

- 이 시점에서 더 탐색해 보고 싶은 최선의 선택지는 무엇인가?
- 실행 가능한 실험이 있는가? 그 실험에 팀을 참여시킬 수 있는 방법은 무엇인가?
- 다시 코치 스탠스로 전환한다.
- 고객의 독립성을 높이기 위해 실험과 병행해 무엇을 할 것인가?
- 목표가 달성되었는가? 후속 행동이 필요한지(언제, 어떻게) 결정한다.

참고: 역장 분석은 무언가를 검토해서 좁히고 실험 전략 계획을 수립하는 데 사용할 수 있는 좋은 도구이다.[3]

그림 14 코칭 아크 예시

---

3 역장 분석은 특정 전략이나 상황에 대해 지지하는 힘과 저항하는 힘을 분석하는 기법(참고: *https://asq.org/quality-resources/force-field-analysis*)이다.

주의 사항

나는 코칭 아크가 대화의 흐름을 생각하는 데 유용한 모델 또는 비유라는 점을 알게 되었다. 그러나 사람들이 코칭 아크(또는 다른 대화 흐름 모델)에서 큰 실수를 하는 모습을 보아 왔다. 코칭이 한 번의 대화로 끝나야 한다고 생각하거나 매번 엄청난 결과와 깨달음이 있어야 한다고 생각하는 것이다. 하지만 그런 일은 자주 일어나지 않는다.

일반적으로 코칭 대화는 한 번으로 끝나지 않으며 가장 의미 있는 결과는 여러 차례의 대화 또는 아크에서 나온다. 중요한 성취를 이루는 데에는 시간이 걸린다. 따라서 주요 코칭 목표를 향한 큰 아크가 있고, 그 안에 작은 아크(대화)가 여러 개 있다고 생각하는 것이 더 좋다. 한 번의 대화에 너무 많은 내용을 담으려 하지 않는 것이 중요하다.

스토리텔링 및 예시 들기

이번 장 앞부분에서 코칭 대화의 일부로 고려해야 할 몇 가지 일반적인 패턴을 공유했다. 마지막으로, 여러분의 도구함에 추가했으면 하는 것은, 코칭 중에 스토리를 들려주고 예시(비유, 모델 등)를 공유하는 것이다.

나는 코칭 대화에 스토리와 예시를 더 많이 담아낼수록 아이디어의 뉘앙스를 더 잘 전달할 수 있음을 알게 되었다. 그게 훨씬 더 풍부한 전달 방법이다. 또한 그렇게 하면 대화에 시각적 이미지를 더해 주기 때문에 말의 의미가 확장된다.

이런 방식의 소통이 코치에게만 해당하지는 않는다. 고객에게도 코치를 모델 삼아 대화할 때 똑같이 해 달라고 요청하자. 스토리텔링은 대화의 풍부함을 확장하기 위해 가 고객과 함께 계속해야 하는 일이다.

코칭 생애 주기 아크

일반적인 아크를 살펴보았으니 더 넓은 아크의 일종인 코칭 활동 생애 주기(coaching engagement life cycle)라는 개념을 공유하고자 한다. 이를 위해 나는 렌 라게스티의 생각과 그가 그린 '애자일 코치의 출구 전략'(그림 15)이라는 그림을 모델로 활용할 것이다. 렌의 전략에서 다음과 같은 단계를 볼 수 있다.

1. 도착, 팀과의 만남: 그룹 외부 코치가 시스템 안으로 진입하거나 도착한다.

2. 교육, 팀과의 공유: 코치는 그룹에게 린 및 적용 가능한 애자일 프레임워크를 가르치기 시작한다.

3. 역할 모델, 팀과의 상호 작용: 코치가 그룹 내 개인들과 상호 작용하면서 행동, 방식, 전술의 모델이 된다.

4. 코칭, 팀 관찰: 코치는 그룹이 협업 및 업무 방식을 개선할 수 있도록 격려한다.

5. 연결, 팀과의 유대감 형성: 코치는 한 발 물러서서 팀이 성과를 이룰 수 있도록 한다.

6. 떠남, 팀을 자랑스럽게 여기기: 모든 코치의 궁극적 목표, 즉 고객 여정에서 본질적으로 불필요한 존재가 된다.

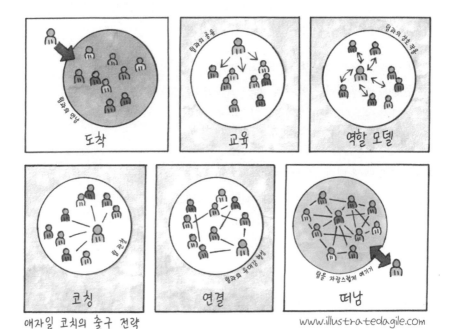

그림 15 코칭 생애 주기 아크(또는 출구 전략), 출처: 렌 라게스티. 허락을 받아 수록.

보다시피 코치는 팀 안팎에 미칠 수 있는 큰 영향력을 지닌 상태로 아크로 진입한다. 시간이 흐르면서 코치는 점점 더 뒤로 물러나고 팀이 근본적으로 스스로를 코칭할 수 있는 여지를 만들어 준다.

렌의 모델에 감사하지만 나는 도착과 교육 사이에 한 단계를 더 추가하고 싶다. 나는 이를 감지 단계라고 부른다. 코칭 환경을 평가하고 교육을 준비하는 단계이다.

나는 개별 코칭 대화, 지속적으로 이어지는 일련의 대화, 전체 코칭 활동 또는 이 모두에 아크라는 개념을 적용할 수 있다고 생각한다. 코칭 흐름을 이러한 방식으로 생각하면 고객의 목표가 무엇이든 점과 점 사이를 항상 연결할 수 있으므로 유용하다.

더 읽어 보기

존 휘트모어(John Whitmore)는 GROW 코칭 모델을 만들었다. 이 모델은 아크 모델과 비교적 잘 어울리는 4단계로 구성되어 있다.

- **목표**(Goal): 무엇을 원하는가?(초반전)
- **현실**(Reality): 지금은 어디에 있는가?(중반전)
- **선택지**(Options): 무엇을 할 수 있을까?(중반전)
- **의지**(Will): 무엇을 할 것인가?(종반전)

GROW 모델에 대한 자세한 내용은 *https://www.performanceconsultants.com/grow-model*에서 확인할 수 있다. GROW 모델을 유용한 확장으로 고려할 수 있다.

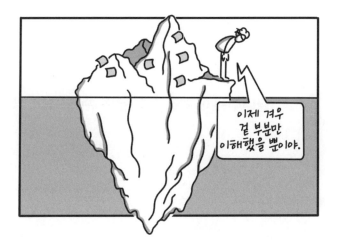

코치 스탠스 외에도 애자일 코칭에 필요한 미묘함을 채워 줄 수 있는 멘탈 모델이 있는 것이 좋다. 코치 스탠스, 즉 전문 코칭은 애자일 코칭을 구성하는 여러 스탠스 중 하나일 뿐이다. 광범위하고 깊이가 있지만 그것이 애자일 코칭은 아니다.

많은 사람이 수년 또는 수십 년 동안 애자일 코칭을 개선해 왔지만, 여전히 애자일 코칭의 겉 부분만 이해하고 있는 건 아닌가 하는 생각이 든다. 그래도 괜찮다. 애자일은 마치 복잡한 운영 체제와 같다. 응용 프로그램 사이에는 여러 계층과 관계가 존재한다. 거기에는 상호 작용이 잦은 영역도 있고 접근이 뜸하거나 후미진 구석도 있다.

그러나 애자일 코칭은 전체론적 관점으로 바라보는 것이 좋다. 애자일 코칭을 운영 체제로 생각해 보면 전문성 있고 끝내주는 애자일 코칭의 상호 연관성과 상황에 따라 달라지는 특성을 최대한 실현하고 개선하는 데 도움이 된다.

들어가기

7장에서는 이 책의 중심 모델 중 하나인 애자일 코칭 그로스 휠을 살펴볼 예정이다. 이 모델은 모든 애자일 코칭 스탠스에서 활용할 수 있는 깊이와 너비를 이해하는 데 기본이 된다.

하지만 그 전에 또 다른 초심자용 모델을 공유하고 싶다. 이 모델은 애자일 코칭을 더 포괄적인 생태계로 요약한 것이며, 이전 장에서 소개한 일반 코칭 모델과 다음 장에서 소개할 휠을 연결하는 다리 역할을 한다. 나는 이 모델을 끝내주는 애자일 코칭 운영 체제(Badass Agile Coaching Operating System)라고 부를 것이다.(그림 16)

끝내주는 애자일 코칭 운영 체제

고객 경험	코칭 계획 및 목표, 실험, 가능성을 모색하는 방법, 긍정적 의도 가정, 헌신, 참여, 열린 마음, 자기 여정에 대한 책임감
5가지 핵심 애자일 코칭 스탠스	1. 조언자 2. 코치 3. 퍼실리테이터 4. 학습 안내자 5. 리더
코칭 마인드셋 (ICF)	시스템에 초점을 맞춘 전문 코칭(ICF, 코액티브, ORSC)의 중요성에 대한 인식. 고객 입장에서 그들을 만나고, 고객은 온전하며 문제가 있는 것이 아니라 믿고, 고객이 자신의 여정에 책임감을 갖도록 한다.
개인 마인드셋 자기 관리	공감, 시스템 인식, 자기 인식, 감성 지능, 마음챙김, 열린 마음, 인내, 긍정, 프레즌스, 호기심, 안내, 기술, 비즈니스, 린·애자일 경험 및 스킬, 원칙 및 윤리 준수, 지속적인 학습 및 개선

그림 16 끝내주는 애자일 코칭 운영 체제

다른 훌륭한 운영 체제와 마찬가지로 끝내주는 애자일 코칭 운영 체제도 다층적이고 다면적이다. 밑에서부터 차례대로 4개의 주요 단계로 구성되어 있다.

1. **개인 마인드셋:** 이 부분은 운영 체제의 하드웨어 계층으로 볼 수 있다. 애자일 코치는 내부 회로(마인드셋)가 중요하다는 뜻이다. 이 단계를 전술적으로 보면 비즈니스, 기술, 확장, 전환·변화 영역에서 코치의 경험이 자원이 된다. 이는 각 코치가 어려운 상황에 처했을 때 도움이 될 수 있는 기반이 된다. 2장과 3장에서 이 측면을 다루었으며 4부에서 다시 논의할 것이다.

2. **코칭 마인드셋:** 이 부분은 운영 체제의 디바이스 드라이버 계층에 해당한다. 이 계층은 전문 코칭 스킬 및 ICF의 원칙, 가치, 역량과 연결되어 있다. 이러한 역량 및 스킬 영역은 상위 계층에 영향을 미치며 코칭의 기본이 되지만, 이 계층 위에 있는 스탠스와 비교하면 그 중요성은 여전히 다소 약하다.

3. **핵심 애자일 코칭 스탠스:** 이 다섯 가지 스탠스 영역은 운영 체제의 응용 프로그램 계층에 해당한다. 아래 계층에 있는 두 가지 마인드셋은 좀 더 기본적이고 변함이 없는 반면에, 이 계층에서 애자일 코치는 고객을 지원하면서 다섯 가지 스탠스(그리고 잠재적으로 더 많은 스탠스) 사이를 유동적이고 민첩하게 전환한다. 상황 인식(감지 및 반응)이 이 계층에서 이루어지며, 그냥 좋은 코칭과 끝내주는 코칭을 구분하는 기준이 된다.

4. **고객 경험:** 마지막으로, 운영 체제에는 윈도우 또는 사용자 인터페이스 계층이 있다. 이 부분은 고객 계층이며 주로 코칭 고객을 지향하고, 코칭 고객을 대상으로 하며, 코칭 고객 내부에 초점을 맞춘다. 애자일 코칭에서는 코치에 대해서만, 즉 코치의 역량과 스킬 그리고 코칭에 대한 코치의 책임만 이야기하는 경우가 많다. 그러나 운영 체제와 코칭의 성공은 고객 그리고 코칭 계획, 목표, 개별 코치에 대한 고객의 참여와 밀접하게 연결되어 있다. 이 계층은 오로지 고객 관점에서 고객 경험에만 초점을 맞춘다. 3장과 4장에서 이 계층을 살펴본 바 있으며, 여기에서는 이 계층을 좀 더 자세히 살펴볼 것이다.

개인 마인드셋은 2장에서 충분히 다루었으므로 여기에서는 다루지 않을 것이다. 이번 장에서 가장 깊이 살펴볼 부분은 코칭 마인드셋 계층이다. 애자일 코칭에서 가장 오해가 많고 잘못 적용되는 스킬 중 하나가 코칭 마인드셋인데, 그것이 어디에 어떻게 적합하고 언제 사용해야 하는지(그리고 언제 사용하지 말아야 하는지) 살펴볼 필요가 있다. 또한 이번 장에서는 고객 경험 계층에 대해서도 자세히 알아볼 것이다.(앞서 언급했듯이 핵심 애자일 코칭 스탠스는 7장에서 다룬다.)

이제 두 번째 계층인 코칭 마인드셋으로 들어가 보자.

코칭 마인드셋 탐색

먼저, 전문 코칭 세계에서 중심 역할을 하는 유서 깊은 조직인 ICF에 대해 알아보자. ICF에는 다음과 같은 핵심 인증이 있다.

- ACC(Associate Certified Coach)
- PCC(Professional Certified Coach)
- MCC(Master Certified Coach)

이러한 인증을 각각 취득하려면 교육, 멘토링, 실제 확인된 고객 코칭 시간이 필요하며 각 인증 획득은 ICF에서 규정한 일련의 윤리 및 역량에 따라 진행된다. ICF는 코칭 기술의 연습을 강조한다. 이를 실천하는 한 가지 방법은 실시간으로 또는 녹음된 코칭 세션의 내용을 전문 코치에게 코칭받는 것이다.

ICF 핵심 역량은 네 가지 영역으로 나뉘어 있으며 전부 고객을 중심에 두고 있다.

1. 기초 세우기
2. 관계의 공동 구축
3. 효과적으로 의사소통하기
4. 학습과 성장 북돋우기

예를 들어 관계의 공동 구축 역량을 살펴보자.

코칭 프레즌스

정의: 개방적이고 유연하며 중심이 잡힌 자신감 있는 태도로 완전히 깨어서

고객과 자발적인 관계를 형성할 수 있는 능력

이것이 모든 역량을 대표한다. 실제로 첫 번째 역량인 '윤리 가이드라인 및 직업 표준 충족'을 제외한 모든 ICF 역량에 '고객'이라는 단어가 암묵적으로 등장한다는 사실을 알 수 있다.

전문 코칭 프로그램

애자일 코치들이 고려하는 대표적인 ICF 인증 코칭 프로그램에는 두 가지가 있다. 하나는 코액티브 코칭(Co-Active Coaching)으로 CTI(Co-Active Training Institute)에서 제공하는 개인 코칭 프로그램이다. 다른 하나는 ORSC로 그룹 또는 시스템 기반 코칭을 위한 것이며 CRR 글로벌(The Center for Right Relationship Global)에서 제공한다.

많은 애자일 코치가 그룹 및 조직 코칭에 중점을 두기 때문에 ORSC를 학습하는 것이 적합하다고 생각하는 듯하다. 그러나 두 프로그램 모두 스킬을 강화하는 데 도움을 주며, 가장 중요한 것은 이 계층에서 매우 중요한 고객 지향 마인드셋을 강화해 준다는 점이다.

전문 코칭의 핵심

애자일 코칭 관점에서 보면 운영 체제 내에서 전문 코칭은 전적으로 코치 스탠스에 초점이 맞춰져 있다. 다른 선택지는 없다. 그 점을 감안하면 꽤 단순한 모델이다.

하지만 이 지점에서 전문 코칭과 애자일 코칭의 구분이 혼란스러워지는데, 애자일 코칭이 상대적으로 범위가 훨씬 넓고 상황 인식을 좀 더 중시한다. 애자일 코치는 고객과의 시간 중 상당 부분을 코치 스탠스에서 머무를 수도 있지만, 고객에 대한 초점을 마음속 깊이 유지하면서 다른 스탠스로 자주 전환한다. 운영 체제의 코치 스탠스 계층은 이런 의미를 담고 있다. 다음 장에서는 이

러한 스탠스 전환에 충분히 익숙하지 않은 코치에게 스탠스의 미묘함이 상당한 어려움을 가중시킨다는 사실을 알게 될 것이다.

이제 주제를 조금 바꿔서 전문 코칭의 핵심 스킬인 질문과 경청을 이야기해 보고자 한다.

강력한 질문

인터넷에서 '강력한 코칭 질문(powerful coaching questions)'이라고 검색해 보면 많은 질문 목록을 찾을 수 있을 것이다. 라이프 코칭 또는 개인 코칭에 초점을 맞춘 질문 목록도 있고, 리더십 코칭에 초점을 맞춘 질문 목록도 있다. 대부분 유용하지만 검색 결과가 너무 많이 나와서 부담스러울 수도 있다. 하지만 다양한 질문 목록과 맥락에 대한 감을 잡기 위해 한 번 검색해 보기를 추천한다.

무엇이 코칭 질문을 강력하게 만들까? 우선 다음과 같은 의도를 달성하기 위한 열린 질문이어야 한다.

- 고객의 호기심을 유발한다.
- 성찰 대화를 자극한다.
- 생각을 촉발시킨다.
- 근본 가정을 드러낸다.
- 창의성과 새로운 가능성을 불러온다.
- 활력을 불러일으키고 앞으로 나아가게 한다.
- 주의를 집중시키고 질문에 주목하게 한다.
- 좀 더 깊은 의미를 건드린다.
- 더 많은 질문을 이끌어 낸다.[1]

또한 강력한 질문은 어떠한 편견 없이 좀 더 중립적인 표현으로 되어 있다. 질문할 때 핵심 중 하나는 그 질문의 이면에 진정한 호기심이 있는지 여부라는 점을 기억하자. 이해를 돕기 위해 표 1에 잘 알려진 몇몇 강력한 질문을 정리했다.

---

1 《두려움 없는 조직》(에이미 에드먼슨 지음, 최윤영 옮김, 오승민 감수, 다산북스, 2019)에 실려 있는 이 목록의 출처는 앤디 클레프(Andy Cleff)의 글(*https://www.andycleff.com/2020/06/stop-giving-answers-ask-powerful-questions/*)이다.

또 뭐가 있을까요?	지금까지 무엇을 시도해 보았나요?
거기에서 무엇이 중요한가요?	가장 안 좋은 부분은 무엇인가요?
더 간단한 방법은 무엇일까요?	어떻게 예측하나요?
실험은 어떻게 이루어지게 될까요?	그것을 해낸다면 무엇을 얻게 될까요?
이미 효과가 있는 건 무엇인가요?	처음에는 어떻게 되기를 원했었나요?
어떻게 생각하나요?	또 어떤 각도에서 생각해 볼 수 있을까요?
무엇이 당신을 가로막고 있나요?	정말로 어떻게 되기를 원하나요?
큰 틀에서 볼 때 이것이 얼마나 중요한가요?	일어날 수 있는 최악/최고의 상황은 무엇인가요?
거기에서 얻을 수 있는 교훈은 무엇인가요?	어떤 부분이 혼란스러운가요? 놀라운가요? 짜증 나나요? 등
행동해야 할 때는 언제인가요?	
어떤 부분이 아직 명확하지 않나요?	위험 요소는 무엇인가요?
이 주제에 대해 누구의 의견이 중요한가요?	'도움'이란 어떤 모습일까요?

출처: 애자일 코칭 연구소 웹사이트에서 발견한 데브라 프레우스(Debra Preuss)의 강력한 질문 카드에서 발췌(*http://web.archive. org/web/20210917221826/https://agilecoachinginstitute.com/agile-coaching-resources/* 중 'Professional Coaching' 항목)

표 1 강력한 질문 예시

또 다른 방법으로, 클린 랭귀지(Clean Language) 커뮤니티에서는 코치의 관점에서는 아무것도 묻지 않고 고객이 사용한 언어만으로 질문을 만들어 사용한다.(그래서 '클린'한 질문이라고 한다.) 이 질문에서는 고객이 한 말을 특유의 문구로 재구성한다. 그렇게 하는 의도는 고객이 자신의 내면과 주변에서 일어나는 일을 어떻게 이해하고 있는지를 자신의 비유를 통해 드러내도록 하기 위함이다. 여기에서는 클린 랭귀지를 충분히 살펴볼 지면이 부족하지만, 흥미롭게 느껴진다면 더 자세히 찾아보기를 추천한다.[2]

흥미진진한 방법을 하나 더 공유하려고 하는데 바로 마이클 번게이 스태니어(Michael Bungay Stanier)의 책인 《좋은 리더가 되고 싶습니까?》에서 소개하는 방법이다. 내 개인적 애자일 코칭 여정에서는 거의 이 방법만 사용해 왔다. 이 책을 우연히 발견했을 당시 나는 '올바른' 코칭 질문을 찾는 데 어려움을 겪고 있었다. 다양한 목록에서 적합한 질문을 고르는 데 너무 집중하다 보니, 코칭

---

2 주디 리스(Judy Rees)는 클린 랭귀지 분야의 최고 전문가 중 한 명이다. 그의 블로그 게시물(*https:// reesmccann.com/2017/08/01/clean-language-about/*)을 참고하자.

의 자연스러운 흐름을 잃고 대화의 질이 낮아져 버린 상황이었다. 마이클의 방식과 7가지 질문의 단순함 덕분에 코칭 아크에서 내가 하는 질문의 기준을 단순하게 되찾을 수 있었다.

좋은 리더가 되고 싶은가?

마이클의 멋진 책《좋은 리더가 되고 싶습니까?》에서는 코칭 상황에서 활용할 수 있는 7가지 질문을 제안한다. 나는 이 질문들이 코칭 아크 대화를 준비할 때 매우 유용하다는 사실을 알게 되었다.

1. **대화를 여는 질문**: 무슨 생각을 하고 있나요?

   이렇게 질문하면 초점을 만들면서도 열린 방식으로 대화를 시작할 수 있다. 때로는 지나치게 열린 질문일 수 있으므로 추가 질문을 통해 응답 범위를 좁힐 준비를 한다. 또한 이 질문을 고객의 코칭 계획 및 목표와 연결하는 것을 잊지 말자.

2. **가능성을 여는 질문**: 또 뭐가 있을까요?

   이 질문은 코치의 자기 관리 도구이자 다른 질문들을 촉진하는 역할을 한다. 호기심에 초점을 맞추면서 발견에 열려 있는 질문이다. 질문이 효과를 발휘할 수 있도록 시간(침묵)을 허용하기를 잊지 말자. 침묵은 어떤 질문을 할 때라도 좋은 방법이다.

3. **핵심을 찌르는 질문**: 여기서 정말 어려운 점은 뭔가요?

   대화에 초점을 형성하여 주제를 좁히기 시작하는 질문이다. 다음 질문과 함께 사용한다. 범위를 좁히고, 집중하고, 수렴하고, 목표를 정한다. 이 질문과 함께 '다섯 가지 왜(5-Why)'[3]와 같은 기법을 사용하면 더 깊이 들어가서 좀 더 많은 것을 발견할 수도 있다.

4. **본질을 파고드는 질문**: 무엇을 원하나요?

   이 질문은 핵심을 파고들기 때문에 중요한 것에 집중할 수 있게 해 준다. 이

---

3 (옮긴이) 문제의 현상이 아니라 근본 원인을 탐색하기 위해 '왜?'라는 질문을 반복해서 되묻는 기법이다.

질문을 가능성이나 꿈을 모색하는 방법으로 활용할 수 있으므로 원하는 것이 크고 대담하며 독창적이 된다. 또한 다음과 같이 재구성할 수도 있다. 시스템이 원하는 것은 무엇인가? 팀이 원하는 것은 무엇인가? 고객·이해관계자가 원하는 것은 무엇인가? 조직·회사가 원하는 것은 무엇인가?

5. **게으른 질문**: 뭘 도와줄까요?

이 질문을 통해 상대방이 원하는 우리의 역할(코치, 교육자, 멘토, 퍼실리테이터, 조언자, 영감을 주는 이, 격려하는 이, 경청자)이 무엇인지 파악할 수 있다. 또한 우리 스스로가 기대하는 역할과 일치하는지 확인할 수 있는 기회도 제공한다. 고객이 스스로 하도록 하는 게 아니라 코치가 지나친 도움을 주고 있지는 않은지 주의해야 한다.

6. **전략적 질문**: 이 건이 '네'라면 어떤 건이 '아니요'인가요?

천천히 '네'라고 말하라는 의도는 확답을 하기 전에 호기심을 계속 가지라는 뜻이다. 이것은 또 다른 탐색 경험이 될 수 있으므로 질문이 효과를 발휘할 수 있는 시간을 주어야 한다. 선택에 저항감이 있다면 고객의 목표와 다시 연결해 본다.

7. **깨달음을 주는 질문**: 뭐가 제일 유익했나요?

깨달음을 주는 질문은 대화를 트는 질문과 짝을 이루고, 스태니어가 말하는 '코칭 북엔드(coaching bookend)'를 만들어 대화가 높은 가치를 갖도록 한다. 북엔드[4]라는 아이디어는 대화를 트는 질문과 깨달음을 주는 질문을 코칭 아크 대화의 양 끝점으로 활용하는 것이라고 생각하면 된다.

여기까지이다. 애자일 코칭 아크 및 고객 대화와 잘 어울리는 간단한 7가지 질문 모음이다. 이 질문을 모두 사용해야 할까, 아니면 특정한 순서대로 사용해야 할까? 당연히 아니다. 그러나 내 방식을 소개하자면 두 가지 북엔드 질문은 대화의 틀을 짜는 데 거의 항상 활용한다.

---

4 (옮긴이) 세워 둔 책이 넘어지지 않도록 양쪽 끝에서 지지해 주는 물건

과잉질문사

경청으로 넘어가기 전에 언급하고 싶은 한 가지 중요한 점 또는 주의 사항이 있다. 1장에서 코치가 질문만 많이 하고 도움은 주지 않는다고 말했던 리더 이야기를 기억할 것이다.

실제로 있었던 일이다. 적어도 내 경험으로는 이런 일이 너무 자주 일어난다. 많은 코치가 내가 '과잉질문사(death by a thousand questions)'라고 부르는 흔한 안티 패턴에 빠진다. 과잉질문사는 코칭 관계를 천천히 고통스럽게 만들고 때로는 치명적인 파멸로 이끈다. 왜 이런 일이 생길까?

- 스탠스 전환을 불편해하거나 불가능한 전문 코치이기 때문이다.
- 한 가지 도구나 스탠스에 너무 익숙해졌기 때문이다. 습관이 되어 버린 것이다.
- 고객 입장에서 그들을 만나지 않았거나 고객을 더 잘 지원하기 위한 다른 스탠스의 필요성을 느끼지 못하기 때문이다.
- 스킬과 경험 그리고 아마도 자기 인식이 부족하기 때문일 수 있다.

이것이 내가 흔히 관찰했던 모습이다. 그러나 진정으로 끝내주는 코치가 되려면 어떤 대가를 치르더라도 과잉질문사는 피해야 한다고 생각하는 것이 다른 무엇보다 중요하다.

이제 경청으로 넘어가 보자.

강력하고 적극적인 경청

나는 항상 경청을 잘하는 편은 아니었고, 지금도 꾸준히 연습하고 있는 스킬 중 하나가 경청이다. 내 개인적인 이야기를 들려주고 싶다.

초보 경영진 시절에 나는 일대일 대화도 많이 했고 코칭도 많이 했다. 나는 내가 기본적으로 경청에 서툴다는 사실을 깨달았다. 나는 항상 세 걸음 앞서 다음에 내뱉을 다섯 가지 질문을 미리 계획하고, 고객이 잠시 멈추거나 숨을 고르기를 초조하게 기다린 후, 내 차례가 오면 고객 또는 그들의 관점을 바꾸려 하거나 고치려는 사람 중 한 명이었다.

자랑스럽지는 않지만 그게 내 방식이었다.

그러던 중 누군가 내게 정말로 도움이 되는 비유를 들려주었다. 내 두뇌를 컴퓨터 CPU에 비유했는데 두뇌에서 말하기와 듣기가 차지하는 비율은 약 40% 뿐이기 때문에 내게는 활용할 수 있는 유휴 시간이 있다는 말이었다. 나는 그 유휴 시간을 적극적이고 깊은 경청보다는 미리 생각하고 답변을 계획하는 데 사용하고 있었다.

깨달음의 순간이었다. 그래서 나는 여분의 두뇌 용량을 활용할 수 있는 해결책을 생각해 냈다. 대화를 할 때마다 메모를 하기 시작했고 억양, 말투, 몸짓 등 대화의 모든 측면에 귀를 기울이기 시작했다. 더 깊이 경청하고 기록을 남기다 보니 두뇌 속도에 여유가 생겨서 더는 헤매지 않게 되었다. 그 덕분에 대화할 때마다 현재에 머무를 수 있었다. 지금도 나는 집중을 유지하기 위해 이 방법을 다양하게 연습하고 있다.

적극적 경청의 6단계

창의 리더십 센터(The Center for Creative Leadership, CCL)에는 내가 애자일 코칭을 할 때 유용하게 활용하는 6단계 모델이 있다. 경청에 어려움을 겪고 있다면 다음 단계에 따라 경청 스킬을 연마하기를 추천한다.

주의 집중: 앞에서 말했듯이 주의를 집중하고 온전히 현재에 머무르는 것은 내 개인적 과제 중 하나이다. 이는 경청의 기본이기도 하므로 집중하는 데 어려움을 느낀다면 반드시 노력해야 할 부분이다. 그리고 내 해결 방법을 따라 하기를 부끄럽게 생각하지 말자.

판단 보류: 경청할 때에는 열린 마음을 유지하는 것이 중요하다. 듣고 있는 내용을 판단하거나 들리는 말에 감정적으로 반응하지 말자. 판단이 보기보다 위험한 이유는 대화의 맥락을 잃어버리고 중요한 것을 놓치는 경우가 많아지기 때문이다.

반영: 이것은 기본적으로 고객이 했던 표현을 다시 사용함으로써 들은 내용을 확인하는 것이다. "제가 듣기로, 밥은 경험이 부족한 스크럼 마스터지만 잠재력이 있습니다. 맞나요?" 같은 예를 들 수 있다. 고객이 사용했던 단

어를 그대로 다시 사용해야 한다는 점을 기억하자. 자신만의 단어로 바꾸지 말자.

명확화: 반영도 명확화에 도움이 되기는 하지만 미묘한 차이가 있다. 명확화는 좀 더 직접적으로 명확히 하는 것이다. "팀원들이 스크럼을 잘하지 못하고 자기 조직화에 어려움을 겪고 있다고 들었습니다. 제가 이해한 것이 맞나요?" 같은 예가 있다. 강력한 질문(또는 열린 질문)도 여기에 잘 어울리는 경우가 많다. 따라서 더 자세히 알아보고 탐색하는 것도 명확화이다.

요약: 반드시 대화를 마무리할 때에만 요약이 필요한 것은 아니다. 한 주제를 끝내거나 다른 주제로 전환할 때에도 언제든지 요약할 수 있다. "좋습니다. 제가 제대로 이해한 거죠? 밥은 스크럼 마스터로서 퍼실리테이션, 경청, 열린 마음, 용기, 존중과 같은 강점을 갖고 있습니다. 제가 놓친 부분이 있나요?"가 그런 예다. 이렇게 하면 명확성이 더해지는 것을 볼 수 있다.

공유: 공유는 자기 경험과 관점을 나눔으로써 대화에 자신을 연결하는 것이다. 나는 이번 절 시작 부분에서도 그렇게 했고, 고객을 코칭할 때도 그 스토리를 여러 번 활용했다. 공유를 시작하기 전에 고객과 관계를 어느 정도 쌓아야 하는 경우가 많은데, 이는 경청과의 연결을 유지하는 강력한 방법이다.

이러한 방법 외에도 코칭 대화를 할 때 염두에 두어야 할 다른 고려 사항도 있다. 이 중 상당수는 상황에 따라 달라지기 때문에 모든 것을 한꺼번에 적용할 필요는 없지만 유용한 고려 사항들이다.

- 선택한 특정 단어, 몸짓, 말투, 정서적 장 등 모든 채널에 귀를 기울인다.
- 침묵을 편안하게 받아들인다.
- 대화를 인정하고 정상화한다. 즉, 고객의 반응과 감정이 얼마나 자연스러운 것인지 이야기하는 일을 잊지 말자.
- 관계 구축 및 유대감 형성에 집중한다.
- 공감과 이해를 넓힌다.
- 70:30의 비율(듣기 70%와 말하기 30%)을 염두에 둔다.

말하지 않는 것을 경청하기

경청의 특별한 경우를 이야기하면서 이 내용을 마무리하고자 한다. 이상하게 들릴지도 모르지만, 무엇을 말하지 않는지 귀 기울이는 것이 가장 중요한 경청 스킬일 수 있다.

다음과 같은 이야기를 통해 설명해 보려고 한다. 여러분은 애자일 전환을 이끌고 있는 코치이고, 애자일 리더들에게 그들의 역할을 코칭하고 있다. 여러 코칭 세션에서 고객은 내내 아무런 질문을 하지 않고 있다. 애자일 방법, 전략, 전술에 대한 질문은 물론이고 성공을 위해 무슨 역할을 해야 하는지 또는 어떤 태도가 필요한지 대한 질문도 전무하다.

코치로서 이러한 여백을 계속 주시하고 인식해야 하지만 그 이면의 이유도 조금은 살펴보는 것이 좋다. 가면 증후군,[5] 자기 인식 부족, 안전감 부족, 일반적인 무관심 등이 원인일 수도 있다. 그러나 그 외에도 여러 가지 이유가 있을 수 있으므로 고객과 함께 그 이유를 알아보는 것이 좋다.

이 경청이 얼마나 강력한지 알 수 있겠는가?

고객 경험 계층

이번 장 마지막 부분에서 마침내 운영 체제의 최상위 계층에 도달했다. 이번 장에서 가장 중점을 둔 부분은 코칭 계층이었지만, 고객 경험 계층이 마지막에 등장했거나 짧다고 해서 중요하지 않다고 생각하지는 말자. 그렇지 않다.

이 책 전반에서 강조하는 바와 같이 애자일 코칭의 성공에는 고객 경험이 가장 중요하다. 코칭은 단순히 코치에 대한 이야기만은 아니다. 고객에 대한 이야기이기도 하고 고객이 코칭을 받으면서 보여 주는 모습에 대한 이야기이기도 하다.

4장에서 애자일 코칭 합의를 살펴보았는데 고객 경험은 여기에서 시작되고 끝난다. 그러나 고객에게 코칭에 대한 책임감을 심어 주는 것이 얼마나 중요한지 강조하고 싶다. 물론 여러분이 안내자이자 파트너 역할을 할 수도 있지만 결과에 대한 책임은 전적으로 고객에게 있다.

---

5 (옮긴이) 자신의 성공을 노력이 아닌 운의 탓으로 돌리고 자신의 실력이 드러나는 것을 꺼리는 심리

또한 고객도 자신만의 메타스킬을 보여 줄 수 있다. 메타스킬은 여러분만 사용할 수 있는 것이 아니다. 고객도 사용할 수 있다.

각 코칭 활동 초기에 나는 고객에게 메타스킬의 개념을 알려 주고 코칭을 받으면서 활용할 수 있는 몇 가지를 함께 살펴본다. 예를 들면 다음과 같다.

- 헌신
- 참여
- 함께하고 현재에 머무르기
- 열린 마음 유지
- 가능성을 모색하는 방법 고려
- 책임과 의무

이것은 내가 고객의 책임에 대한 기대 수준을 정할 때 자주 공유하고 강조하는 메타스킬들이다. 따라서 고객이 창의적이고 잠재력이 풍부하며 전인적이라고 가정하되(우리의 최상위 지침), 책임은 고객에게 있다는 점을 잊지 말자!

더 읽어 보기

- 마이클 번게이 스태니어의 《좋은 리더가 되고 싶습니까?》(김잔디 옮김, 나무바다, 2019)를 처음부터 끝까지 읽어 보기를 적극 추천한다. 간단하고 유용하며 좋은 책이다!
- 토니 스톨츠푸스(Tony Stolzfus)의 《코칭 퀘스천》(이시은 외 옮김, 스토리나인, 2016)은 유용한 질문에 대한 훌륭한 참고서이다.

돌아보기

각 부가 끝날 때마다 잠시 멈추고 성찰의 시간을 갖기를 추천하고 싶다. 다음 질문에 답해 보자.

- 가장 중요한 배움은 무엇인가? 각 장에서 개인적으로 중요하다고 생각하는 아이디어나 잊지 말아야 할 부분은 무엇인가?
- 책을 읽으면서 또는 나중에 돌아보면서 깨달음의 순간이 있었는가?
- 어떤 아이디어를 시도해 보았는가? 그 결과는 어땠는가?
- 어떤 아이디어를 시도해 볼 계획인가? 그 이유는 무엇인가? 어떤 결과를 기대하는가?

여러분의 애자일 코칭 여정을 생각해 보자.

- 여러분은 어떤 영역에서 성장이 필요한가?
- 더 강화하거나 활용해야 할 여러분의 슈퍼파워는 무엇인가?

끝내주는 애자일 코칭 저장소(맺음말에 링크가 있다)에서 휠 관련 학습 자료를 살펴보고, 읽어 보고 싶은 두세 가지 책이나 글을 선택해 보자.

여러분의 코치와 함께 1부에 나왔던 몇 가지 아이디어와 영감을 탐색해 보자. 그들을 성장, 실험, 학습을 위한 피드백 장치로 활용해 보자.

그려 보기

조용히 눈을 감아 보자. 끝내주는 애자일 코치라는 개념에 주의를 집중해 보자. 바로 여러분이다.

어떤 모습이고 어떤 느낌인지 상상해 보자. 그런 코치가 되기 위해 무엇을 학습하고 무엇을 실행하고 있는가? 그런 코치가 되기 위해 자신의 슈퍼파워와 강점을 잘 활용할 수 있는 방법을 생각해 보자. 1부에서 소개한 전술 중에서 여러분이 이미 활용하고 있는 것은 무엇인가? 어떤 전술을 시도해 보고 싶은가?

이제 눈을 뜨고 그 아이디어, 영감, 통찰, 계획, 희망, 꿈 등을 일지에 적어 보자.

일지 작성을 아직 시작하지 않았는가?

그렇다면 *https://www.agile-moose.com/blog/2019/6/23/journaling-how-to-get-started*를 읽어 보고 저장소에 있는 애자일 코치 일지 작성 캔버스 활용을 고려해 보자.

애자일 코칭 모델 및
실천법

Agile Coaching Models and Practice

7장

애자일 코칭 그로스 휠

애자일 코치는 외로울 수 있다. 나는 전문가답게 행동하고 있는가? 나는 제대로 하고 있는 걸까? 고객을 더 잘 지원하려면 나는 어떻게 성장해야 할까? 끝내주는 애자일 코치가 스스로에게 이러한 질문들을 던져 볼 수 있도록 만들어진 것이 애자일 코칭 그로스 휠이다. 또한 휠은 애자일 코칭이라는 직업의 기반이 되는 애자일 코치의 역량을 바라보는 관점이 되기도 한다.

이번 장에서는 비리미널(Beliminal)의 마크 서머스가 애자일 코칭 그로스 휠과 이를 응용하는 방법을 설명한다. 마크는 이 휠을 만들고 정의했던 코칭 수련회에서 자원자들의 리더였기 때문에 휠의 기원과 진화 그리고 비전을 살펴보는 데 이보다 더 좋은 안내자는 없다. 8장과 9장에서 마크는 끝내주는 애자일 코칭에서 실제로 휠을 어떻게 사용하는지 보여 준다.

들어가기

규모가 비교적 큰 조직에서 일하고 있었을 당시, 나는 다른 부서로부터 애자일 코치 한 명을 소개받았다. 이 만남을 통해 내 오랜 걱정이 현실이 되었다. 애자일 코칭이라는 직업에는 문제가 있다. 나는 이 코치와 30분 정도 함께 앉아서 고객을 더 잘 지원하기 위해 서로 공유하고 배울 수 있는 방법을 논의하려고 했다. 그는 자신을 소개하는 내내 자기가 얼마나 전문성 있는 애자일 코치인지 나를 납득시키려고 애썼다. 그러고 나서는 내게 자기 영역에 침범하지 말라는 엄중한 경고를 남겼다.

내가 보기에 조직 안에서 이런 행동을 어쩔 수 없이 자주 접하게 되기는 하지만 이는 애자일 코치에게는 이상한 행동이다. 애자일 코칭 커뮤니티는 멋진 곳이고 콘퍼런스나 수련회에서 만났던 동료들은 따뜻하고 나눔에 아낌이 없었으며 학습에 대한 열정으로 가득했다. 이 코치는 그런 사람이 아니었다. 그렇다. 그는 자신감과 에너지가 넘치기는 했지만 깊이 있는 지식이나 경험은 없었다.

그 후 리더십 팀이 내가 몇몇 팀과 함께 일하지 못하게 방해하고 있다는 사실을 알게 되었다. 나는 칸반이 이 팀들에 적합한 선택지인지 알아보려고 몇 가지 워크숍을 진행할 계획이었다. 리더 중 한 명이 자기 동료에게 이렇게 말했다. "마크와 그렇게 많은 시간을 보낼 필요가 없어요. 내 애자일 코치는 15분이면 팀에 칸반을 적용할 수 있거든요." 그렇다. 이 코치는 팀마다 돌아다니며 진부하고 천편일률적인 칸반 보드를 만들어 놓고 포스트잇을 옮기는 방법을 보여 주고 있었다. 분명히 하자면, 이런 상황이 그 애자일 코치의 잘못만은 아니다. 시스템 문제이기도 하다. 코칭 전문가인 우리 또한 그 코치를 실패로 몰아넣고 있었고, 결국 그는 고객에게 그리고 잠재적으로 자신에게도 피해를 입히고 있었다.

전문가로서 다른 애자일 코치의 성장을 더 잘 돕고, 조직이 애자일 코치에게서 무엇을 기대할 수 있는지 이해할 수 있도록 더 잘 돕는 것이 내 비전이다. 이를 위해 우리 팀은 2018년 런던에서 열린 스크럼 코칭 수련회에 모여, 애자일 코치가 자신의 현재 위치와 성장 방법을 성찰하도록 도울 수 있는 방법을 모색했다. 그 협력에서 나온 결과물이 바로 애자일 코칭 그로스 휠의 첫 번째 버전이었다.

그림 17에서 2021년 11월 현재 버전을 볼 수 있다. 이는 커뮤니티가 주도한 노력의 결과물이며, 크리에이티브 커먼즈 저작자표시-동일조건변경허락 라이

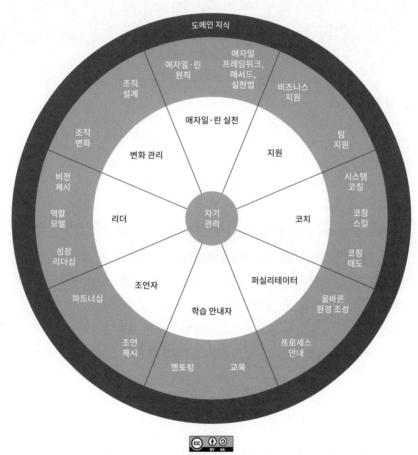

그림 17 애자일 코칭 그로스 휠(출처: *http://whatisagilecoaching.org/agile-coaching-growth-wheel/*, 라이선스: CC-BY-SA 4.0)[1]

---

1 (옮긴이) 휠(wheel)이라는 이름은 이 모델이 바퀴 모양인 데에서 비롯된 것이다.

선스에 따라 모두가 활용할 수 있도록 공개되어 있다. 우리가 애자일 코칭이라는 직업에 대해 더 많이 알아 가면서 계속 바뀔 것이기 때문에 나는 이 휠을 항상 초안으로 간주한다. 실제로 이 책에서 설명하고 있는 버전은 스크럼 얼라이언스의 애자일 코치 자원자 팀의 작업을 기반으로 발전해 온 것이며, 나는 거기에서 제품 책임자(product owner, PO) 역할을 맡고 있다. 여기서 설명하는 역량들은 이제 비교적 안정 단계에 접어들었지만, 코치들이 이러한 역량을 좀 더쉽게 성찰할 수 있도록 팀은 지원 지침을 계속 발전시킬 것이며, 향후에도 지속적으로 업데이트하여 공개할 예정이다.

이제 애자일 코칭 그로스 휠을 살펴보자.[2]

휠 살펴보기

애자일 코칭 그로스 휠은 다양한 직업, 다양한 리더십 스타일, 여러 분야의 전문성을 망라한다. 깊이 측면에서 이 모델은 지나치게 규범적이지 않으면서도성찰을 이끌어 내기에 충분한 지침을 제공함으로써 균형을 맞추려고 노력한다. 이는 이 모델이 여러분의 행동, 달성한 결과, 경험, 애자일 코치로서 자신이누구인지에 초점을 맞추고 있기 때문이다. 특정한 방법과 도구에 대한 설명은가능한 한 피하고 있는데, 이는 특정 방법과 도구를 포함시키면 나머지 많은것이 배제될 수 있기 때문이다. 새로운 도구와 기법은 끊임없이 등장하므로 특정한 방법을 기반으로 삼는다면 휠은 금세 구식이 되어 버릴 것이다. 그 대신휠은 애자일 코치가 현재 상황에서 자신에게 무엇이 중요한지에 집중할 수 있도록 도와주는 성찰 도구의 역할을 하며, 코치가 더 많은 것을 발견할 수 있도록 해 준다.

중앙

훌륭한 애자일 코치가 되려면 자기 관리(self-mastery), 즉 자신을 알고 특정 상황에서 자신의 모습을 어떻게 보여 줄지 선택할 수 있는 능력을 갖추는 것부터

---

2 (옮긴이) 다음 링크에서 애자일 코칭 그로스 휠 최신 버전을 살펴볼 수 있다. 최신 버전은 이 책에서 설명하고 있는 휠 구성과 조금 다르다: *https://agilecoachinggrowthwheel.org/*(영어), *https://congruentagile.com/agile-coaching-growth-wheel/*(한국어)

시작해야 한다. 이는 다른 역량의 기반이 되기 때문에 휠의 중앙에 놓여 있다.

역량 영역

자기 관리 주변에는 8개의 역량 영역이 놓여 있다. 바로 다음에서 설명하는 다섯 가지 역량 영역은 코칭 맥락에 따라 애자일 코치가 사용하게 되는 핵심 스킬, 즉 스탠스를 나타낸다. 각 스탠스는 각 영역에 해당하는 전문직 및 그 전문직의 표준, 역량 그리고 관련 지식 체계와 연관되어 있다.

1. **조언자**(Advising): 조언자 스탠스는 컨설팅으로부터 온 것이다. 전문 컨설턴트가 무엇인지는 맥락에 따라 달라지는 경우가 많다. 예를 들어 국제 경영 컨설팅 단체 협의회(International Council of Management Consulting Institutes, ICMCI)와 같은 기구는 경영 컨설팅의 수준을 높이기 위한 조직이다.

2. **코치**(Coaching): 많은 애자일 코치가 이 영역을 애자일 코칭과 구별하기 위해 코치 스탠스를 전문 코칭이라고 부른다. 많은 코칭 교육 기관과 ICF 같은 전문 조직이 있다.

3. **퍼실리테이터**(Facilitating): 퍼실리테이션은 그 자체로 하나의 전문성 있는 영역이며 국제 퍼실리테이터 협회(International Association of Facilitators, IAF)와 같은 인증 기관이 있다.

4. **학습 안내자**(Guiding Learning): 여기서는 교육 및 멘토링과 관련이 있는 직업에 대한 역량을 다루며, 우리가 여러 해 동안 사람들의 학습을 돕는 방법을 연구해 온 결과로 이를 보완한다.

5. **리더**(Leading): 리더십과 관련이 있는 직업은 셀 수 없이 많으며 수많은 이론과 지식 체계를 포함한다. 이 스탠스는 애자일 코치에게 필요한 몇몇 리더십 스타일 및 접근 방식을 포함한다.

휠을 방대한 학습 기회의 세계로 인도하는 안내서로 활용하자. 끝내주는 애자일 코치는 자신의 스킬과 실천법을 개선하기 위해 외부로 눈을 돌려 이러한 직업들에서 영감을 얻어 왔다. 8장과 9장에서는 애자일 코치가 고객 맥락의 변화에 따라 이러한 코칭 스탠스 사이를 어떻게 전환할 수 있는지 살펴볼 것이다.

나머지 세 가지 역량 영역은 애자일 코치의 전문성을 나타낸다. 이러한 전문성 영역에서는 맥락에 따라 필요한 핵심 스킬을 불러오고 그 사이를 전환하며 활용하게 된다. 현재 맥락에서 어떤 스킬을 사용할지 터득한다는 것은 그냥 좋은 코치와 진정으로 끝내주는 코치의 차이점이 된다.

1. **지원**(Serving): 애자일 코치에게는 자기 자신보다 지원 대상이 되는 사람들의 성장과 안녕 그리고 그들이 이루어 낼 수 있는 영향이 중요하다. 이 영역에서는 팀과 비즈니스를 지원하는 방법을 설명한다.

2. **변화 관리**(Transforming): 변화 관리란 변화를 다루는 데 도움이 되는 모든 핵심 스킬을 활용해 변화의 주체로서 조직을 지원하는 방법을 말한다.

3. **애자일·린 실천**(Agile·Lean Practitioner): 마지막 핵심 역량 영역은 애자일·린 실천 영역으로, 당연히 끝내주는 애자일 코치에게 매우 중요한 영역이다. 애자일 원칙과 실천법에 뿌리를 두고 애자일의 안내자로서 지원할 수 있도록 일깨워 주는 영역이라고 생각하면 된다.

코칭 역량

휠의 그다음 바깥쪽에는 코치가 각 핵심 역량 영역을 성찰할 수 있는 영역이 있다. 예를 들어 애자일·린 실천 영역은 두 가지 역량을 포함한다.

- 애자일·린 원칙
- 애자일 프레임워크, 메서드, 실천법

각 역량 영역은 다양한 수준의 실천법에서 드러나는 행동과 지식을 대략적으로 설명한다. 이 지침의 현재 초안은 끝내주는 애사일 코칭 저장소(맺음말에 있는 등록 링크)의 참고 자료에서 찾아볼 수 있으며, 주요 버전은 스크럼 얼라이언스 사이트에 게시될 예정이다. 애자일 코치가 개인 성장 계획을 세우면서 특정 영역을 깊이 살펴보고자 할 때 이 애자일 코칭 그로스 휠을 활용할 수 있기를 기대한다.

도메인 지식

휠의 마지막 영역은 가장 바깥쪽에 있는 도메인 지식(Domain Knowledge)이다. 도메인 지식이란 팀 업무, 비즈니스 분야, 조직 맥락에 대한 지식을 말한다. 이러한 2차 지식 영역을 휠의 '타이어'라고 부르기도 하는데, 애자일 코치로서의 스킬과 자신이 지원하는 사람들이 접촉하는 부분이기 때문이다. 이 영역의 지식은 고객과의 관계를 구축하고 고객을 더 잘 지원하는 데 도움이 될 수 있지만, 애자일 코치는 고객의 분야에서 전문가가 되는 것을 반드시 경계해야 한다. 고객을 지원하는 데 방해가 될 수 있기 때문이다.

개인 성장 계획

애자일 코치가 자신의 현재 역량 수준을 성찰하고 향후 성장 영역을 파악할 수 있도록 돕는 것이 휠의 주요 목적이다. 또한 휠은 학습 또는 업무에서 파트너, 멘토, 코치 역할을 해 주는 다른 코치와 함께 활용하는 것이 가장 좋다.

8가지 핵심 역량 영역 각각에 속해 있는 개별 역량은 성찰 기회를 제공한다. 애자일 코칭 그로스 휠은 이러한 각 역량을 다섯 단계로 구분한다.

1. **입문자**(Beginner): 이론은 알고 있지만 이를 응용해 본 실제 경험은 없다.
2. **상급 입문자**(Advanced Beginner): 최소 한 가지 상황에서 해당 역량을 적용해 본 적이 있지만, 응용할 때에는 여전히 도움이 필요할 수도 있다.
3. **실무자**(Practitioner): 대부분의 상황에서 독립적으로 해당 역량을 적용할 수 있다.
4. **안내자**(Guide): 무의식적으로 역량을 발휘한다. 즉, 전문적으로 응용할 수 있고 언제 규칙을 바꾸고 깨뜨려야 하는지 안다. 다른 이들의 안내자 역할을 한다.
5. **촉진자**(Catalyst): 현재 상황에 맞게 변화하고 새로운 기법을 만들어 혁신할 수 있으면서도 항상 성장할 수 있는 새로운 방법과 습득할 새로운 스킬을 찾고 있다.

성장에 휠 활용하기

휠을 활용해 스스로를 평가하거나 다른 이를 도울 수 있는 창의적인 방법은 많다. 나는 다른 사람에게 휠을 알려 줄 때 이해를 돕기 위해 8가지 역량 영역을 하나씩 대강 살펴보는 방식을 선호한다. 각 역량 영역을 자세히 알아보기 전에 아주 대략적으로 스스로를 평가해 보라고 할 수도 있다. 그런 다음 현재 맥락을 돌아보라고 제안하면서 "지금 상황을 고려할 때 어떤 역량 영역을 더 깊이 성찰해 보고 싶은가요?"라고 질문한다.

성찰할 역량 영역을 선택했다면 이제 그 안에 있는 역량들을 살펴볼 차례이다. 따라서 애자일·린 실천 영역을 선택한 경우라면 '애자일·린 원칙'과 '애자일 프레임워크, 메서드, 실천법' 역량 지침을 읽어 본다. 이러한 각 역량 영역에는 입문자부터 촉진자까지 다섯 단계 실무 수준 지침이 있다. 이 지침이 체크리스트는 아니지만 현재 어느 단계에 있는지 직감하기에 충분할 것이다. 다시 한번 강조하지만, 내가 휠을 활용하여 누군가를 코칭하고 있다면, 학습 과정에 도움이 될 만한 사례를 떠올려 보라고 요청하는 식으로 그들의 생각에 도전 거리를 던져 볼 수도 있다. 고객이 자신의 현재 수준을 파악한 후에는 그것이 미래에 어떤 의미가 있을지에 초점을 맞추고 개인 성장을 위한 행동을 파악해 볼 수 있다.

휠을 활용해 스스로를 평가하는 방법은 다음과 같다.

> **1단계: 개선이 필요한 영역을 파악한다.** 각 핵심 역량 영역(가운데 쪽에 있는 8개 구역)을 살펴본다. 전부 한꺼번에 개선할 수는 없으므로 첫 번째로 집중할 영역을 선택한다.

> **2단계: 핵심 역량 영역을 성찰한다.** 핵심 역량 영역 안에 있는 각 역량에 대한 지침을 검토하고 스스로의 실천을 다섯 단계로 평가한다. 어떤 사람은 자신을 과소평가할 수도 있고 어떤 사람은 자신의 역량을 과대평가할 수도 있으므로, 최근 실천한 몇 가지 사례를 생각해 보면 도움이 될 수 있다.

> **3단계: 선택지를 브레인스토밍하고 실행 계획을 수립한다.** 성찰로부터 얻은 통찰을 활용해 성장을 위한 선택지를 브레인스토밍하고 실행 계획을 수립한다.

휠을 활용하여 코치 그룹의 성찰 돕기

나는 애자일 코치 여러 명과 함께 이 휠을 살펴볼 경우에는 그림 18처럼 테이프와 카드를 사용해 바닥에 휠을 만드는 방식을 좋아한다.

그림 18 그룹 코칭 세션에서 애자일 코칭 그로스 휠 활용

휠을 소개한 후 대개는 참여자들에게 짝을 지어 휠의 여기저기를 둘러보라고 한다. 사람들에게 실제로 다양한 영역에 서 보도록 하면 핵심 역량 영역 사이를 오가며 성찰의 깊이를 더할 수 있다.

처음에는 자신이 각 핵심 역량을 이해하고 있는지 확인해 보고 그 역량을 활용한 사례를 공유하면서 돌아다닌다. 잠시 후 전부 다시 모여서 어떤 의문점이 있는지 확인해 본다. 그런 다음 짝을 이루어 각각 한 가지 핵심 역량 영역에 초점을 맞춰 지침을 살펴보고, 개선해 볼 수 있는 것과 시도해 볼 수 있는 행동을 파악하도록 한다.

코치 그룹이나 같은 조직에서 온 스크럼 마스터들과 함께하는 경우에는 조금 더 나아간다. 나는 모두에게 가장 성장하고 싶은 핵심 역량 영역에 서 보라고 요청한다. 그런 다음 컨스텔레이션(constellation)을 활용하여 이 시스템에 대해 자세한 정보를 드러내게 한다. 나는 다음과 같은 질문으로 시작한다. "지금서 있는 역량 영역에서 얼마나 잘하고 있다고 생각하나요?" 잘하고 있다고 생각할수록 휠 중심에 더 가까이 서야 한다. 아무도 말하지 않아도 모든 사람이 각자 어디에 서느냐에 따라 시스템에 즉시 정보가 드러난다.

그러고 나서 다음과 같은 질문을 생각해 보라고 한다. "그 자리에 서 있는 이유는 무엇이고 어떤 느낌인가요?" 중앙에 가까운 사람부터 시작해 중간에 있는 사람, 마지막으로 뒤쪽에 있는 사람 순으로 참가자들에게 이야기해 달라고 요청한다.

다음으로, 나는 이들의 생각이 드러날 수 있도록 다음 질문에 따라 다시 움직여 달라고 요청한다. "이 역량 영역을 얼마나 적극적으로 개선하고 있나요?" 좀 더 적극적으로 개선해 온 사람들이 휠 중앙에 가깝게 이동한다. 다시 한번, 이 영역에서 중앙에 가까이 있는 적극적인 사람 몇 명에게 질문에 답변해 달라고 요청한다. 사람들은 자신이 해 왔던 흥미로운 경험을 공유하기도 하고, 몇몇은 자신이 더 많은 것을 할 수도 있었음을 깨닫기도 한다.

그런 다음 사람들에게 마지막 질문을 던진다. "이 역량을 얼마나 적극적으로 개선할 예정인가요?" 사람들은 대부분 개선을 원하기 때문에 중앙에 매우 가까운 그룹이 생긴다. 마지막으로, 몇몇 사람에게 자신의 생각을 공유해 달라고 요청한다.

이 시점에서 중앙에 가까이 서 있지 않은 사람들이 있다면 정말로 유용한 통찰을 얻게 되는 경우가 많기 때문에 시간을 내어 이들의 의견을 들어 볼 가치가 있다. 어떤 사람은 이렇게 말할 수도 있다. "개선하고 싶지만 X, Y, Z로 바쁘기 때문에 현실적으로 불가능해 보입니다." 이는 유용한 정보이다. 또는 "지금 팀에 필요한 것을 곰곰이 생각해 보니 나는 팀 지원에 어느 정도 역량이 있는 것 같아요. 그래서 비즈니스 지원에 집중하는 편이 더 나을 것 같습니다." 이것 또한 유용한 통찰이다.

컨스텔레이션이란 사람들이 질문에 따라 서로 상대적인 위치에 서도록 하는 도구 또는 실천법을 말하는데, 시스템의 정보를 빠르게 드러낼 수 있는 훌륭한 방법이다. 내가 휠에 사용하는 형태는 ORSC에서 활용하는 컨스텔레이션과 비숫한데, 질문에 대한 답변이 긍정적일수록 사람들은 중앙에 가깝게 서게 된다.

이번 장의 나머지 부분에서는 각 역량 영역을 좀 더 자세히 살펴볼 것이다.

애자일 코칭의 다섯 가지 주요 스탠스

이번 장 앞부분에서 언급했듯이 애자일 코칭의 기본 스탠스에는 조언자, 코치, 퍼실리테이터, 학습 안내자, 리더의 다섯 가지가 있다.

조언자

개인이나 팀을 대상으로 또는 좀 더 넓게는 조직 내에서, 여러분은 조언자 또는 컨설턴트로서 업무가 성공하도록 해야 할 책임이 있다. 조언자 역량에는 다음과 같은 것이 있다.

- **파트너십 수립**(Partnering): 리더, 팀, 개인과 파트너 관계를 맺고 목표를 향한 여정에서 책임을 함께한다. 이 역량은 서로 관계를 이어 가는 방식에 대한 합의 도출, 명확한 목표 설정, 검토와 조정을 허용하는 업무 방식에 대한 합의를 포함한다. 이 역량의 중요한 측면에는 의사소통, 투명성, 관계 내 신뢰 구축이 있다.
- **조언 제시**(Giving Advice): 이 역량은 코칭에서 컨설팅 부분이라고 볼 수 있으며, 여기에서 여러분은 사례와 아이디어를 제공하고, 고객이 가능한 해결책을 생각해 낼 수 있도록 자신의 성공 스토리를 공유한다. 그렇다. 때로는 고객에게 무엇을 해야 하는지 알려 주어야 할 때도 있다.

코치

코칭의 정의에는 여러 가지가 있다. ICF에서는 코칭을 다음과 같이 정의한다.

> 코칭은 고객의 개인적이며 직업적인 잠재성을 최대한 이끌어 내도록 생각을 자극하며 코치-고객 간의 창의적인 협력 관계를 가지는 것이다. 코칭 프로세스는 이전에는 개발되지 않은 상상력, 생산성, 리더십의 원천을 열어 주는 경우가 많다.

존 휘트모어의 정의도 마음에 드는데 간단히 설명하면 다음과 같다.

> 코칭은 개인의 잠재성을 열어 스스로의 성과를 극대화하는 것이다. 코칭은
> 가르치는 것이 아니라 배우도록 돕는 일이다.[3]

개인을 코칭할 때 이 정의는 분명하다. 어떤 식으로든 고객이 앞으로 나아갈
수 있도록 돕고 성장하도록 도와주는 것이다.

코칭 역량에는 다음과 같은 것이 있다.

- **코칭 태도**(Coaching Attitude): 이에 대해서는 2장에서 자세히 살펴보았다.
- **코칭 스킬**(Coaching Skill): 이것이 이 책의 핵심이다.
- **시스템 코칭**(Coaching System): 한 명 이상을 코칭할 때, 즉 팀·그룹 및 사람
  간의 관계에 대한 스킬 및 코칭 방식이다.

퍼실리테이터

퍼실리테이션이란 그룹이나 팀이 상호 작용을 통해 의미 있는 결과를 만들어
낼 수 있도록 안내하는 프로세스를 말한다. 퍼실리테이터는 이러한 결과에 중
립적이며, 그룹이 참여하는 데 적합한 환경을 만들고, 프로세스를 안내하는 데
초점을 맞춘다.

퍼실리테이션은 그룹에 속한 모든 이들이 협력적인 방식으로 조율하고 맥락
을 해석하며 가장 가치 있는 결과를 함께 알아내서 최고의 성과를 낼 수 있도
록 돕는다.

워크숍을 퍼실리테이션하기 전에는 팀이나 그룹의 현재 상황과 원하는 결과
를 파악하고 준비하는 것이 중요하다. 이를 이해하고 나면, 주제에 대해 발산
적 사고를 하도록 하고, 끝에 가서는 그룹이 새로운 상태로 수렴할 수 있게 해
주는 여정으로 안내하는 워크숍을 설계한다.

퍼실리테이터 역량에는 다음과 같은 것이 있다.

---

3 《성과 향상을 위한 코칭 리더십》(존 휘트모어 지음, 김영순 옮김, 김영사, 2007)

- **프로세스 안내**(Guiding the Process): 퍼실리테이션의 대부분은 특정 결과를 향한 여정을 계획하고 지원하는 것이다. 더 좋은 결과를 얻기 위해 새로운 아이디어가 만들어 내는 긍정적인 긴장감을 활용하여 그룹이 갈등을 헤쳐 나갈 수 있도록 돕지만, 갈등이 해가 되는 행동은 허용하지 않는다. 참여자들이 다르게 생각할 수 있게 해 주고 다양한 견해를 통해 상황을 살펴볼 수 있도록 해 주는 활동과 게임을 활용하여 창의성을 불러일으킨다.
- **올바른 환경 조성**(Creating the Right Environment): 이 역량은 모든 이들이 자신의 걱정, 두려움, 도전을 이야기할 수 있는 안전한 환경을 조성하는 데서 시작된다. 그런 다음 퍼실리테이션을 하는 코치는 가능성을 탐색하고 결과를 도출할 수 있게 해 주는 생태계를 그룹이 함께 창조할 수 있도록 돕는다.

학습 안내자

학습은 애자일 마인드셋의 핵심이다. 애자일 코치는 주변 사람들의 학습을 촉진하여 새로운 스킬과 지식을 습득할 수 있도록 도와야 한다. 학습 안내자 역량에는 다음과 같은 것이 있다.

- **멘토링**(Mentoring): 나는 이 역량이 애자일 코치가 다른 이들과 파트너 관계를 맺고, 다른 이들의 행동과 스킬의 모델이 되며, 다른 이들이 성장할 수 있도록 돕는 일종의 도제식 수련이라고 생각한다.
- **교육**(Teaching): 여러분은 더 나은 교육자가 되기 위해 평생 노력하게 될 것이다. 따라서 코치는 개인 및 그룹을 가르치면서 시간이 지남에 따라 더 좋은 교육자가 되어야 한다.

리더

애자일 코치에게 리더 스탠스란 세상을 더 좋은 곳으로 만들기 위해 스스로 먼저 변화하는 것을 말한다. 리더에게는 공통의 비전을 실현하도록 영감을 주기 위해 다른 이들과 파트너 관계를 맺는 능력이 있다. 리더 역량에는 다음과 같은 것이 있다.

- **비전 제시**(Visioning): 때로는 변화의 긍정적인 견인차 역할을 하며 미래의 비전을 함께 만들어 가는 선구자가 되어야 할 수도 있다. 긍정적 언어를 사용하고 사람들에게 무엇이 가능한지에 집중할 수 있도록 해 주면, 변화가 가능하다는 영감을 줄 수 있다.
- **역할 모델**(Role Modeling): 애자일 코치는 다른 이들에게 행동의 본보기가 되어야 한다. 즉, 스스로 먼저 변화해야 한다. 이 역량은 항상 영향을 발휘하는 역량이다. 코치는 항상 자신의 행동과 말로써 그 방법을 보여 주는 셈이다. 역할 모델이 되려면 스스로 취약성을 드러낼 수 있어야 한다. 즉, 실수를 했을 때 실패를 인정할 준비가 되어 있어야 한다.
- **성장 리더십**(Leading for Growth): 애자일 환경에서 리더가 된다는 것은 다른 이들이 배울 수 있고 성장할 수 있으며 궁극적으로 성공할 수 있는 환경을 조성한다는 것을 의미한다. 성장을 이끄는 리더는 사람들의 잠재력이 무한하다는 사실을 알고 있다.

전문성 영역

나머지 역량 영역은 전문성 영역으로 볼 수 있다. 여기에는 자기 관리, 지원, 변화 관리, 애자일·린 실천 영역이 있다.

자기 관리

자기 관리는 전체 휠에 필수 요소이며 그래서 중앙에 위치해 있다. 자신을 알고 언제 스탠스를 전환해야 하는지 알 수 있는 경험을 얻는 것이 효과적인 애자일 코치가 되기 위한 핵심이다. 애자일 코치가 된다는 것은 지식보다는 자기 인식과 자신을 보여 주는 방법을 익히는 일이다.

다른 이의 성장을 돕는 것은 자신을 알고 성장시키는 데서 시작된다. 자신의 동기, 신념, 가치, 강점을 깊이 이해하면 다른 사람과 상호 작용할 때 자신의 감정을 관리하는 데 도움이 될 수 있다.

나는 애자일 코치로서 내 시간의 3분의 1을 이 전문성 영역을 발전시키는 데 쓰려고 노력한다. 이 시간은 성찰하고 집필하고 읽고 이벤트에 참석하고 새로운 아이디어를 실험하는 시간이다.. 스스로에 대한 투자는 끝내주는 애자일 코치가 되기 위한 핵심이다. 자신에 대한 지원이 고객을 더 잘 지원할 수 있는 능력으로 이어지기 때문이다.

지원

서번트 리더는 사람에게 초점을 맞추고, 그들의 성장을 도우며, 그들의 안녕을 돌본다. 전통적인 리더십은 권력을 축적하고 행사하는 데 중점을 두는 반면(조직 피라미드에서는 위로 올라갈수록 더 많은 권력을 갖게 된다), 서번트 리더는 권력을 나누고 다른 이들의 필요를 우선시하며 사람들이 발전하고 최대한 높은 성과를 내도록 돕는다. 서번트 리더가 되는 것은 애자일 코치에게 핵심 중의 핵심이다.

지원 역량에는 다음과 같은 역량이 있다.

- **팀 지원**(Serving the Team): 이 역량은 팀이 애자일 마인드셋 및 행동을 성숙하게 실현할 수 있도록 팀의 형성과 진화에 계속 관심을 기울이는 것이다. 팀의 지속적인 학습과 성장에 적극적으로 참여하는 역량이다.

- **비즈니스 지원**(Serving the Business): 여기에서의 역량은 코치의 전문 영역인 경우가 많다. 이 역량을 효과적으로 수행하려면 비즈니스 및 제품 분야에서의 경험과 스킬이 필요할 수도 있다. 비즈니스 지원에서는 비즈니스 이해관계자가 고객과 사용자를 더 잘 이해할 수 있도록 돕거나 실용적인 제품 전략, 제품 계획, 예측, 제품 경제성을 개발하거나 가설을 검증하는 등의 업무를 수행할 수도 있다. 백로그(backlog)[4]를 효과적으로 관리하고, 결과물과 산출물을 구분하며, 가치를 정의하고, 항목에 우선순위를 부여하며, 제품 백로그를 개선할 수 있도록 팀을 안내하는 데 시간을 할애할 수도 있다.

변화 관리

변화 관리는 개별 팀과 조직이 좀 더 효과적으로 일하고 스스로 변화하는 방법

---

4 (옮긴이) 진행되어야 할 업무 목록. 대개 우선순위가 있으며 처음부터 완벽하게 만드는 것이 아니라 점진적으로 개선하며 관리한다.

을 학습할 수 있도록 지속 가능한 변화를 안내하는 역량이다.

　조직은 복잡하며 조직을 변화시키는 일은 훨씬 더 복잡한 문제이다. 경험적이고 정보에 입각한 변화 프로세스는 애자일 전환의 성공 가능성을 높여 준다. 조직의 변화를 성공적으로 도우려면 일정 수준의 감성 지능(자기 관리 참조), 조직 설계에 대한 이해, 사람들이 변화를 탐색할 수 있도록 돕는 지식과 스킬이 필요하다.

　변화 관리 역량에는 다음과 같은 것이 있다.

- **조직 변화**(Organizational Change): 시스템에 변화를 도입하는 일은 매번 고유하며 소프트웨어 설치와는 다르다. 조직이 일련의 실험을 통해 바람직한 미래 상태를 검토하고 조정할 수 있도록 안내하는 것이 중요하다. 또한 우리는 변화가 지속 가능하기를 바란다. 그래서 사람들에게 변화를 강요하는 것이 아니라 변화하도록 돕는다. 즉, 애자일 코치가 떠난 후에도 주변 시스템에 영향을 미칠 수 있도록 모든 이의 능력을 키워야 한다.
- **조직 설계**(Organizational Design): 애자일 코치는 반드시 조직의 현재 상태, 기회, 도전을 이해하고 이것이 조직의 목표 달성이나 문제 해결 능력에 어떤 영향을 미치는지 이해할 수 있어야 한다. 애자일 코치는 어떤 조직 패턴이 적절한지 사람들이 이해할 수 있도록 안내하고, 해당 패턴을 그들의 맥락에 맞게 조정하도록 돕는다. 조직에 어떻게 애자일을 확장할지보다 코칭 대화에 더 많은 영감을 주는 주제는 없을 것이다. 반대로 린 코치라면 단순화 또는 낭비 제거라는 반대 방향의 노력을 고려해야 할 것이다.

애자일·린 실천

대부분의 고객은 애자일 코치에게 이 영역의 지식과 경험을 기대한다. 많은 애자일 코치가 애자일 또는 린 배경을 갖고 있기는 하지만, 이 영역을 성찰해 보면 우리가 확고하게 자리를 잡는 데 도움이 된다. 애자일 배경이 없는 사람이 애자일 코칭을 시작한다면, 개인 성장에 대한 투자가 여기에서 시작될 가능성이 높다. 또한 애자일·린 마인드셋과 코칭 마인드셋 사이에는 사람에 대한 근본적인 믿음, 변화는 가능하고 사람들이 최고가 될 수 있다는 생각과 같은 많은 공통 분모가 있다.

애자일·린 원칙

이 역량에는 새로운 상황에 접근할 때 우리의 생각과 행동을 이끌어 주는 애자일 가치와 원칙이 포함된다. 애자일 코치는 애자일에 대한 깊은 이해를 바탕으로 프레임워크와 실천법을 자신이 의도한 대로 적용할 수 있다. 애자일 마인드셋에는 자신과 타인에 대한 믿음이 필요하며 애자일 활동의 근간은 사람이다. 애자일 실행보다는 애자일 마인드셋을 통해 인간의 잠재력을 완전히 발휘할 수 있도록 사람들을 신뢰하고 지원하며 육성한다.

린 제조(Lean Manufacturing)와 린 제품 개발(Lean Product Development)은 애자일 프레임워크 및 방법을 뒷받침하는 몇 가지 기본 개념을 제공한다.

- 고객에게 가장 큰 만족을 주는 가치에 집중한다.
- 가능한 한 리드 타임(lead time)을 짧게 하고 배치 크기(batch size)[5]를 작게 해서 조직의 흐름을 최적화한다.
- 품질을 극대화하고 낭비를 최소화한다.

린의 핵심은 관련된 사람들에 대한 완전한 존중과 지속적인 개선 마인드셋에 있다.

도메인 지식

도메인 지식은 휠의 바깥쪽에 위치한다. 도메인 지식은 고객을 더 잘 지원하고 팀 또는 조직과 신뢰를 구축하는 데 도움이 될 수 있는 전문성이다. 하지만 여기에는 위험이 따른다. 도메인 경험이 많을수록 코칭에서 객관성을 유지하기가 더 어려워지기 때문이다. 따라서 애자일 코치는 일부 영역의 전문성을 줄이면서(즉, 최신 기술 변화에 대한 새로운 정보를 유지하지 않기로 선택함), 다른

---

5 (옮긴이) 한 번에 처리하는 단위 업무의 크기

영역의 지식을 늘리려고 노력하는 것이 타당할 수도 있다.

마무리

깊이 생각해 보면 사실 애자일 코칭 그로스 휠은 여러 모델을 하나로 합친 것이다.

- 코칭 스탠스 모델
- 코칭 마인드셋 모델
- 코칭 역량 모델
- 코칭 서비스 모델
- 코칭 스킬 성장 모델

요점은 이 간단한 그림 안에 많은 미묘함이 있다는 것이다. 여러분이 아무리 경험이 많은 코치일지라도, 우리는 이 휠이 여러분의 성장을 돕고 지원할 수 있기를 원했다.

　가장 중요한 것은 성장, 그러니까 고객을 섬기는 끝내주는 애자일 코치로서의 성장임을 명심하자. 성장에는 결코 끝이 없으니 이 휠을 굴리면서 그 여정을 계속 이어 가자.

더 읽어 보기

- 내가 무엇을 아는지가 아니라 내가 누구인지가 중요하다. 다음 블로그에서는 애자일 코치가 되는 방법을 살펴본다: *https://www.beliminal.com/being-an-agile-coach/*

- 애자일 코칭 그로스 휠에 대한 블로그 및 지침: *https://www.beliminal.com/the-agile-coaching-growth-wheel/*

- 애자일 코치를 위한 퍼실리테이션 스킬: *https://www.beliminal.com/facilitation-skills-for-agile-coaches-and-scrum-masters/*

- 《서번트 리더십 원전》(로버트 K. 그린리프 지음, 강주헌 옮김, 참솔, 2006)
- 《민주적 결정방법론: 퍼실리테이션 가이드》(샘 케이너 외 지음, 구기욱 옮김, 쿠퍼북스, 2017)
- 《성과 향상을 위한 코칭 리더십》(존 휘트모어 지음, 김영순 옮김, 김영사, 2019)

8장

애자일 코칭 스토리(1)

이번 장에서는 비리미널의 마크 서머스가 애자일 코칭 대화에서 다양한 스탠스를 취한다는 것이 어떤 모습인지 소개한다. 마크의 코칭 경험을 바탕으로 한 가상의 사례를 통해, 애자일 코치가 맥락에 따라 어떻게 스탠스를 옮겨 다니는지 볼 수 있을 것이다. 단 한 차례의 대화일지라도 애자일 고치에게 적응력이 얼마나 필요한지 엿볼 수 있다.

상황: 경험이 풍부한 애자일 코치인 줄리는 이제 막 셰프턴 은행에 합류했다. 우리는 줄리의 활동을 그 시작부터 함께 따라가 볼 텐데, 이 대화는 다양한 코칭 스탠스를 활용하는 코칭 아크를 보여 주기 위해 간결하게 요약한 것이므로 실제 대화는 더 길 수 있다.

시작: 줄리의 새로운 활동

나는 새로운 곳에서 일을 시작할 때마다 항상 기대감이 크다. 세프턴 은행은 애자일 전환 담당자로 나를 채용했다. 디지털 리더십 팀은 이번 회계 연도 내에 애자일을 도입하겠다고 이사회에 약속했지만 시작부터 어려움을 겪고 있다. 그 약속 이후 진전이 거의 없기 때문에 이제는 압박감이 점점 심해지고 있다. 리더십 팀원 중 한 명이 두 달간 갭 분석[1]을 수행하고 세이프(Scaled Agile Framework, SAFe)[2]를 기반으로 한 운영 모델을 설계했는데, 이를 실행하는 데 도움을 받고 싶어 했다. 이것이 디지털 사업부 임원인 폴, 사용자 경험(user experience, 이하 UX) 팀장, 프로젝트 관리 팀장과의 첫 번째 화상 회의를 앞둔 시점의 맥락이었다.

계획 수립

이메일을 주고받으면서 그들이 조급해하고 있음을 느꼈기 때문에 초기 대화에서는 몇 가지 구체적인 목표에 초점을 맞추는 일이 중요할 것이다. 목표를 수립하고 나면 몇 가지 구체적인 질문을 통해 이들이 전환을 원하는 이유와 현재 당면 과제에 대한 그들의 생각을 알아볼 것이다.

대화 중에 아마도 세이프에 대한 이야기를 나누게 될 것 같다. 그렇게 된다면 이들은 애자일을 처음 접하는 상황이기 때문에 그 아이디어를 다시 생각해 보라고 제안해 봐야 할 것 같다. 또한 다른 조직에서 사전 계획을 중심으로 대규모 전환을 시도하다가, 원하는 이점을 거의 달성하지 못하는 모습을 이미 충분히 보아 왔기 때문에, 전환 실행 방법을 논의할 때에는 조언자 스탠스로 들어갈 준비도 되어 있어야 한다.

---

1   (옮긴이) 비즈니스 프로세스, 프로젝트, 전략 등에서 목표를 설정한 후 실제 성과 수준과의 차이를 분석하고 그 원인 및 해결 방안을 모색하는 기법
2   (옮긴이) 팀과 같은 소규모에서가 아니라 엔터프라이즈 규모에서 애자일을 실행하기 위한 확장 애자일 프레임워크 중 하나: *https://scaledagileframework.com/*

대화

소개를 마친 후 나는 첫 번째 질문을 했다. "오늘은 무엇에 집중해 볼까요?"

잠시 침묵이 흘렀다. 프로젝트 관리 팀장인 라이언이 가장 먼저 입을 열었다.

"음…" 다른 사람이 끼어들지 않는지 확인한 후 라이언은 발언을 이어 나갔다. "아시다시피 우리 변화 관리 팀장인 데비가 세이프 도입을 추천했는데요. 제 입장에서는 조금 헤매고 있다는 느낌입니다. 도움을 주셨으면 좋겠어요."

내 초반전 첫 수는, 질문을 해도 괜찮은지 허락을 구하고 대화를 경청하겠다고 설명하는 것이었다. "그 부분을 같이 이야기해 볼까요?" 나는 시작했다. "몇 가지 질문을 드리고 싶어요. 이 시점에서 저는 주로 경청하겠습니다. 괜찮을까요?" 모두가 동의했다.

"헤매고 있는 느낌이 어떤 것인지 좀 더 말씀해 주시겠어요?"

"데비는 확신이 있어 보이지만 데비와 자라를 제외하면 우리는 애자일 경험이 거의 없습니다." 라이언이 말했다.

"세이프는 제가 이전에 경험했던 애자일과는 많이 다른 것 같아요." UX 팀장인 자라가 이렇게 덧붙였다. "이번에는 훨씬 더 많은 사람이 참여하기 때문에 세이프를 활용해 좀 더 체계적으로 진행하는 쪽이 합리적일 수도 있을 것 같지만요."

나는 이 대화의 목표를 설정할 때가 되었다고 판단했다. "이 회의가 끝났을 때 어떤 결과를 기대하시나요?"

"글쎄요, 세이프 도입에 있어 우리가 어디서부터 시작해야 하는지 그리고 당신이 어떻게 도와주실지 알 수 있으면 좋을 것 같습니다." 폴이 제안했다.

나는 잠시 기다렸다. 자라가 눈썹을 살짝 찡그리는 모습을 보였지만 별다른 말은 하지 않았다. "또 다른 의견 없나요?"

꽤 긴 침묵이 흐른 후 이번에는 라이언이 말했다. "세이프가 우리에게 적합한지를 두고 리더십 팀에서 많은 논의를 했는데요. 당신의 의견이 궁금합니다."

"좋습니다. 세 가지가 나왔네요. 어디서부터 시작해야 할지, 제가 어떻게 도와 드릴 예정인지 그리고 세이프가 여러분에게 적합한지." 이제 그들은 고개를 끄덕이고 긍정적인 웅성거림이 들려온다.

"대화 시간이 한 시간밖에 없어서 세이프가 여러분에게 적합한지 조언할 만큼 제가 맥락을 충분히 파악할 수 있을지는 모르겠네요. 하지만 우리가 어떻게 시작할 수 있고, 제가 어떻게 참여할지까지는 이야기를 나눌 수 있을 겁니다." 그들은 내게 알겠다는 미소를 지어 보였고, 그것은 만족스럽다는 표시였다.

이 시점에서 나는 애자일 전환이 늦어지고 있는 이유를 생각해 보도록 돕고 싶었다. "먼저, 여러분의 상황을 잠시 살펴보고 싶습니다. 괜찮을까요?" 그들은 동의한다고 답변했다. "이사회와의 약속을 지키는 것 이외에 이 애자일 전환에 대한 여러분의 동기는 무엇인가요?"

"음, 중요한 IT 변경이 필요한 업무를 할 때마다 시간이 너무 오래 걸려요." 라이언이 말했다. "우리는 대규모 신규 프로젝트를 준비 중인데요, 온라인 뱅킹 플랫폼의 전체 스택을 크게 바꾸려고 합니다. 평소 업무 방식을 고려해 보면 이번 프로젝트를 마칠 때까지 적어도 18개월이 소요될 것입니다. 우리는 이보다 더 빨리 끝낼 수 있어야 합니다."

폴이 다음과 같이 덧붙였다. "지난해 불만 건수가 늘어났는데 대부분 품질 이슈 때문이었어요. 그러니까 품질 개선도 우리의 동기입니다."

"또 다른 동기가 있을까요?"

"훌륭한 UX 인력을 채용하는 데 어려움을 겪고 있습니다." 자라가 말했다. "그리고 채용이 되더라도 오래 근무하지 않더라고요. 최고의 인재를 끌어들이고 유지할 수 있도록 이 부서를 일하기 좋은 곳으로 만들고 싶습니다."

"또 다른 것이 있을까요?" 나는 다시 물었다.

"분명히 더 있겠지만 지금까지 나온 것들이 가장 중요한 동기들이라고 생각합니다." 폴이 말했다.

팀 전체가 다시 이 부분에 대해 이야기를 나누겠지만, 이번 대화에서는 이를 단서로 활용해 대화를 진행하고 문제를 탐색하기로 했다.

"좋습니다. 그렇다면 빠른 출시, 높은 품질, 일하기 좋은 공간 조성에 방해가 되는 요소는 무엇일까요?" 나는 물었다.

이번에는 한동안 아무도 말이 없었다. 마침내 라이언이 이렇게 말했다. "모든 것을 다 하기에는 시간이 부족합니다." 자라와 폴이 살짝 웃었다.

"그 웃음의 의미는 무엇일까요?"

"안심이요. 그 주제에 대해 편하게 이야기할 수 있을 것 같아서요." 폴이 말했다. "다들 너무 바빠요. 여기가 원래 그렇습니다."

"바쁜 상황이 어떻게 속도를 방해하나요?"

"중요한 변경 사항을 적용하려면 IT 부서, 협력 업체, 커머스 팀, 법무 팀, 보안 팀, 운영 팀의 협조가 필요합니다." 라이언은 손가락을 꼽으며 부서 이름을 말했다. "모두 바쁘기 때문에 업무 관리와 일정 수립이 엄청나게 큰일이에요. 단순한 프런트엔드 변경일 때는 정말 빠르게 바꿀 수도 있지만, 이 신규 프로젝트는 IT 부서에서 많은 작업을 해 주어야 하는데, 그럴 때에는 속도가 정말 느려집니다."

"그래서 세이프가 정답일까요?" 폴이 재촉하듯 물었다.

나는 살짝 웃음을 지었다. 세이프에 대한 내 조언을 듣기 전까지 폴이 나를 내버려두지 않을 것 같았다. 내 생각에 그들은 세이프에 대한 지식이 부족해서 불안한 것처럼 보였다. 내가 조언자 스탠스로 전환해서 그들의 상황을 바탕으로 나와 함께한다는 것이 무엇인지 설명해야 할 때라는 생각이 들었다.

"저는 항상 첫 시작으로 세이프 같은 확장 프레임워크는 활용하지 말라고 고객에게 권고합니다. 초기 파일럿을 적용해서 셰프턴 은행에서 애자일이 어떤 모습일지 알아보세요. 세이프가 좋은 답이 될 수도 있겠지만, 조직은 복잡하기 때문에 특정 해결책 도입을 목표로 삼는다면, 조직에서 실제로 필요한 문제가 해결되고 있는지 알 수 없을 거에요."

"무슨 말인지 알겠어요." 폴이 대답했다. "그렇지만 걱정도 좀 됩니다. 어떻게 시작해야 할까요?"

"한 가지 제안을 드리고 싶어요. 저를 참여시킨 것이 디지털 리더십 팀이기 때문에 변화는 반드시 여기서 시작되어야 합니다. 첫 번째 파일럿 대상을 선정하기 위한 세션을 진행할 것을 제안드립니다. 하지만 제가 아직 모든 리더를 만나 보지는 못했기 때문에 우선 다른 분들과 이야기를 나눠 보는 것이 좋을 것 같군요."

"그냥 스크럼 팀을 몇 개 시작해 보면 어떨까요?" 라이언이 말했다. "리더십 팀이 참여해야 한다면 시간이 얼마나 오래 걸릴지 조금 걱정됩니다."

"팀을 만들기는 쉽겠지만 애자일 전환을 시작할 때 반드시 팀 구성부터 시작해야 하는 건 아니에요. 오늘 대화 중에 제가 알게 된 또 한 가지는, 애자일 도입 방식에 대해 리더십 팀 안에서 아무런 합의가 이루어지지 않았다는 점입니다. 우리가 나아갈 방향에 대해 합의를 도출할 수 있다면, 해결해야 할 문제를 알아내고 이를 중심으로 실험을 설계할 수 있어요."

"리더십 팀에 교육이 필요하지는 않을까요?" 자라가 물었다.

"첫 번째 워크숍에서 교육을 진행할 수 있을 겁니다. 단, 팀으로서 여러분의 동기를 명확히 할 수 있도록 애자일이 무엇이고 왜 필요한지에 대한 설명을 포함하겠습니다."

"애자일 도입 방식에 대해 명확하지 않은 부분이 많아요." 폴이 말했다. "확산 계획과 새로운 운영 모델 그리고 프로세스 설계도 필요하지 않을까요?"

나는 아직 그들에게 코칭 방식을 조언하는 중이지만, 정보를 더 얻고 싶었기 때문에 질문으로 바꾸어 다시 물었다.

"많은 애자일 전환이 그렇게 시작됩니다. 그런 방식에는 어떤 위험 요소가 있을까요?"

"세이프 도입과 마찬가지라고 생각하는데요. 새로운 운영 모델이 제대로 작동할지 알 수가 없어요." 자라가 말했다.

"맞습니다. 이제 제가 여러분과 어떻게 함께할 것인지 말씀드리겠습니다. 하나 이상의 실험을 정의해서 실행에 옮기고, 어떤 주기로 이를 검토할지 함께 정할 것입니다. 이렇게 하면 조정이 가능해지기 때문에 조직이 목표를 향해 나아가는 데 도움이 될 거에요."

"그렇게 하면 변화에 애자일하게 대응하면서, 정해진 계획을 따르는 것이 아니라 지속적으로 계획을 수립하게 되겠군요." 자라는 익살스럽게 말했다.

"네, 그 점이 중요합니다. 그래야 리더십 팀이 애자일 마인드셋이 무슨 의미인지 학습할 기회를 얻게 되거든요. 회의가 거의 끝나가는데, 처음 정했던 목표와 비교했을 때 우리 대화가 어떻게 진행된 것 같나요?"

"이렇게 시작할 수 있어 기쁘고요. 사실은 세이프로 시작하지 않아서 오히려 안심이 됩니다. 좀 부담스러웠거든요." 폴이 말했다.

"데비도 진행 상황을 공유받을 수 있으면 좋겠어요. 줄리, 제가 일정을 잡을 수 있도록 도와 드릴게요." 라이언이 말했다.

"고맙습니다, 라이언. 오늘 다룰 또 다른 이야기가 있을까요?"

몇 가지를 확인한 후 회의를 마쳤다.

성찰

회의가 끝난 직후 코칭 내용이 아직 머릿속에 생생할 때 노트를 펼치고 코칭 후 검토를 했다. 나는 고객과의 대화를 끝낸 후, 자기 성찰을 통해 고객과 나 자신에 대해 배우는 시간을 갖는다. 이 과정이 자기 관리 역량을 키우는 데 매우 중요하다는 사실을 알게 되었으며, 이 과정을 통해 얻은 자기 인식은 다음번에 나 자신을 어떻게 보여 줄지를 학습하고 개발하는 데 도움이 된다.

코칭 후 검토에서는 단순히 무슨 일이 일어났는지 관찰(what)하는 것뿐 아니라 무슨 의미인지 해석(so what)하고 결과적으로 무슨 행동(now what)을 해야 하는지, 다시 말해 코칭 합의·계획·전략에 어떤 변화가 필요한지 살펴보는 것이 중요하다.

관찰: 무슨 일이 일어났는가?

- 처음에 나는 매우 의식적으로 코치 스탠스를 취했고, 대화의 명확한 목표 몇 가지를 함께 만들었다.
- 세이프에 대한 답변을 재촉받았을 때 나는 조언자 스탠스로 전환했고, 어떻게 코칭할 것인지 설명하면서 계속 조언자 스탠스를 유지했다. 그런 식으로 나는 조언을 제공하면서 동시에 파트너 관계를 맺기 시작했다.
- 대화가 끝날 무렵 "그런 방식에는 어떤 위험 요소가 있을까요?"와 같은 질문을 던지며 코치 스탠스로 다시 전환했다.
- 내가 합류하자마자 곧바로 전부 바꾸지는 않을 것이라는 안도감을 사람들로부터 감지했다.
- 세이프에 대한 대화는 우리의 대화를 문제에 대한 탐색으로부터 멀어지게 했다.

해석: 무엇을 배웠는가? 무슨 의미인가?

- 조언자 스탠스로 전환하면서 나 스스로 약간 불안함을 느끼고 있음을 알아

차렸는데, 이 부분이 이 대화에서 중요한 지점임을 깨달았기 때문인 것 같다. 다시 질문을 할 수 있게 되었을 때에는 안도감을 느꼈다.

- 내가 봤을 때 세이프로 시작하지 말라는 조언을 적절한 때에 한 것 같다. 그런 조언을 하게 된 동기는 그들에게 다시 생각해 볼 수 있는 기회를 주고 싶었기 때문이다.
- 내가 앞으로 어떻게 코칭할 것인지 조언하면서 나는 더 확실한 불안함을 감지했는데, 시간이 부족하다는 라이언의 말과 사전 계획이 부족하다는 폴의 의견에서 약간의 불확실성을 감지했다.

행동: 결과적으로 무엇을 해야 하는가?

- 나 개인의 발전을 위해 코칭이 무엇인지, 내가 어떻게 코칭하며 왜 코칭을 하고 있는지 더 잘 전달할 필요가 있다. 글을 쓰면 머릿속 생각을 정리하는 데 도움이 되기 때문에 블로그 글 작성이 좋은 첫걸음이 될 것이다.
- 첫 번째 리더십 워크숍에서 어떻게 애자일하게 될 수 있는지, 애자일 마인드셋이 무슨 의미인지 살펴보는 시간이 필요할 것이다.
- 각 리더들과 일대일 대화 시간을 잡아서 각자가 안고 있는 문제를 더 자세히 알아보자.

밥의 조언

나는 이번 코칭을 시작하기 전에 짝 코치(멘토)를 만나 초기 전략을 수립했다. 회의를 마친 후 나는 코칭을 마무리 짓고 의견을 듣기 위해 밥을 다시 만났다. 그간의 대화를 되짚어 본 후 우리는 다음과 같은 결론을 얻었다.

- 밥은 내게 '시작'이 얼마나 중요한지 강조했다. 여기에서 시작이란 코칭을 준비하고, 관계를 구축하며, 애자일 코칭이 실제로 무엇인지 설명하고, 고객의 입장에서 그들을 만나며, 코칭 목표와 계획을 정하는 등 많은 것을 도출하는 일을 말한다. 밥은 이 모든 것을 한번에 이루려고 서두르지 말고, 이 고객과의 전체 코칭 아크를 시작할 때 이런 것들을 기억하라고 상기시켜 주었다.
- 밥은 또한 내게 메타스킬의 중요성과 코칭 아크로 들어갈 때마다 항상 의도

적이 되어야 함을 일깨워 주었다. 다시 말해 가장 효과적인 대화를 나눌 수 있도록 고객(그리고 나)에게 나를 보여 주는 최선의 방법을 결정해야 한다.

- 마지막으로, 밥은 나를 지지하고 있고 내가 필요로 할 때 언제나 곁에 있을 것이며 나와 내 스킬, 내 직관에 확신을 갖고 있음을 다시 한번 알려 주었다.

인터뷰: 친밀감 형성

나는 다음 주 내내 모든 리더와 만나 친밀감을 형성하고 우려 사항을 들어 볼 예정이다. 첫 번째 회의의 후속 조치 실행 외에도 개발(닐), 테스트(니메시), 변화 관리(데비) 팀장과도 만날 것이다.

계획 수립

이번 회의에서 내 주요 목표는 디지털 사업부의 각 리더와 친밀감을 형성하는 것인데, 이 부분은 내가 코칭을 시작할 때마다 항상 하는 일이다. 나는 경청과 질문을 통한 호기심 메타스킬을 장착하기로 결정했다. 이렇게 하면 내가 그들에게 관심이 있음을 보여 줄 수 있고, 고객이 유용한 정보를 드러내도록 하는 데 도움이 될 것이다.

이 회의의 두 번째 목표는 워크숍에서 팀에 방해가 될 수 있는 모든 이슈를 드러내고 해결하기 위해 노력하는 것이다. 따라서 회의는 두 부분으로 이루어진다. 1부에서는 경청에 집중해서 친밀감을 형성하고 장애물을 파악할 것이다. 필요한 경우, 장애물에 집중해서 필요한 주의를 환기할 수 있도록 하는 2부를 준비할 것이다.

대화

나는 데비를 만나기 전에 약간 걱정이 됐는데, 데비가 세이프 도입에 얼마나 적극적인지 알 수 없었기 때문이다. 나는 고객을 만나기 전에 달리기를 하는데, 달리기를 하면 긍정적 마인드셋이 생기고 마음이 자유로워져서 더 좋은 경청자가 될 수 있다. 달리는 동안 나는 침착함을 유지하며 코칭을 천천히 진행해야 한다고 되뇌었다. 나는 불안하거나 흥분하면 가만히 있어야 할 때 입을 여는 경향이 있다.

처음 반갑게 인사를 나눈 후 미소를 짓고 고객을 끄덕이면서 데비가 말할 때까지 기다렸다. 오래 기다릴 필요는 없었다. "애자일 도입을 시작하게 되어 정말로 기쁘네요. 늦은 감이 없지 않지만요."

나는 애자일을 긍정적으로 보는 이 분위기를 따라가기로 결정했다. "폴이 말하기를 당신이 이전에 애자일 경험이 있다고 했어요. 그 경험에 대해 말씀해주시겠어요?"

"몇 년 전에 IT 사업부에서 일할 때였어요. 당시에 소비자 금융 시스템 플랫폼을 재구축하는 대규모 프로젝트를 진행 중이었는데, 그때 제품 책임자 역할을 맡았습니다. 정말 좋은 경험이었어요. 은행에 근무하면서 처음으로 스스로 결정을 내리고 일을 처리할 수 있었으니까요."

"정말 멋진 경험이었네요. 그래서 어떻게 됐나요?" 나는 호기심을 유지하는 데 집중했다.

"출시 후에 우리는 서서히 기존 업무로 돌아갔어요. 몇 명은 애자일을 계속 적용하려고 노력했지만 팀은 해체되었고 사람들은 원래 부서로 복귀했습니다. 관리자들은 그들을 다시 놓아주지 않았고요."

"디지털 사업부의 애자일 도입에 대해서는 어떻게 생각하시나요?"

"IT 사업부를 떠나 디지털 사업부로 옮긴 이유는, 애자일 도입이라는 큰 기회가 있을 것 같아서였기 때문인데 무척 기대가 됩니다. 소비자 금융 프로그램에서 세이프 도입이 매우 효과적이었기 때문에, 제가 이번에도 세이프 도입을 추천했다는 것을 아실 겁니다. 당신이 세이프를 그다지 좋아하지 않는다고 들었지만요." 데비는 살짝 미소를 지으며 이렇게 말했다.

이 시점에서 나는 여전히 친밀감을 형성하면서 데비의 동기를 탐색하는 데 집중하고 싶었다. 그래서 나는 세이프라는 주제를 중립적으로 받아들이면서도, 리더십 팀에서 무슨 일이 일어나고 있는지에 초점을 맞췄다. "세이프가 여러분에게 적합할 수도 있겠지만, 현재로서는 리더십 팀 모두가 이 애자일 전환에서 원하는 것이 다르고, 앞으로 어떻게 진행해야 할지를 두고 긴장감이 있는 것 같아요."

"아, 저희를 이미 잘 아시는 것 같네요. 제가 세이프를 제안한 주된 이유는 의지할 무언가가 필요했기 때문이에요. 많은 일이 계속 미뤄지고 있어요. 저는 세이프에서 우리가 일단 시작할 수 있는 무언가를 얻을 수 있고, 세이프의 구조가 팀이 앞으로 나아갈 수 있는 자신감을 줄 것이라고 생각했습니다. 하지만 오히려 더 혼란스러워 보이기는 했어요. 그래서 자라가 당신에게 연락을 했고 좋은 결과로 이어진 것 같습니다."

"이전 애자일 경험에서 좋았던 점이 무엇인지 자세히 말씀해 주시겠어요?"

"저는 두 팀과 함께 일했는데 모두 훌륭했어요. 의견이 늘 일치하지는 않았지만 우리는 함께 일하는 방법을 배웠고 결과물을 만들어 냈습니다. 2주마다요."

"또 뭐가 있을까요?"

"벽 너머 다른 부서에 전달할 문서를 작성하면서 시간을 낭비하기보다, 사람들과 협업하는 쪽이 훨씬 더 좋았어요."

데비와 이전 경험 이야기를 나눈 후 나는 이제 방 안의 코끼리, 즉 모두가 알고 있지만 아무도 말하지 않고 있는 껄끄러운 주제를 언급할 때가 되었다고 판단하고, 이전 경험의 맥락에서 이렇게 질문을 던졌다. "그 성공적인 경험에서 세이프는 어떤 역할을 했나요?"

"어, 세이프를 그대로 도입했던 건 아니었고요, 합류하는 팀이 늘어나면서 세이프의 일부만 활용했어요. 요구 사항을 바라보는 하나의 관점을 확보함으로써 모든 제품 책임자의 의견을 조율할 수 있었고, 프로젝트 전반에서 업무 우선순위를 부여하는 데에도 세이프가 도움이 되었다고 생각합니다."

"그렇다면 디지털 사업부에서는 애자일을 도입해 무엇을 얻고자 하나요?"

"여러 가지가 있겠지만 가장 중요한 것은 소비자 금융 프로젝트에서 그랬듯이 목적의식을 갖는 것입니다. 지금은 우리가 어떤 가치나 영향을 갖고 있는지 전혀 이해하지 못한 채 그저 일을 위한 일만 하는 것처럼 느껴지거든요."

"또 뭐가 있을까요?"

"예전 팀 문화를 다시 되찾고 싶어요. 그게 그립네요." 나는 아무 말도 하지 않았는데 데비가 대화의 방향을 바꿨다. "그래서 어떻게 하면 애자일 전환을 진행할 수 있을까요?"

지금까지는 코치 스탠스에서 탐색을 해 왔지만, 이제는 변화 관리 팀장에게 변화에 대해 조언하는 스탠스로 전환해야겠다는 생각이 들었다. 그래서 내가 보기에 데비가 이미 동의하고 있는 점부터 시작하되, 왜 세이프로 시작하면 안 된다고 생각하는지 솔직하게 이야기할 것이다. 그런 다음 질문으로 마무리하면서 성찰을 이끌어 내려 한다.

"먼저, 우리는 리더십 팀 내에서 공감대를 이루어야 합니다. 또한 현재 전환이 하향식으로 진행되고 있음을 깨달아야 합니다. 세이프를 도입하면 사람들에게 변화를 강요하게 될 위험이 있어요. 일반적으로 사람들은 변화를 싫어하지 않습니다. 변화는 늘 있는 일이고 인간은 적응력이 꽤 뛰어나거든요. 사람들이 저항하는 것은 변화당하는 거에요. 그러니까 리더십 팀이 해결책을 제시하기보다 사람들을 변화로 초대하고 그들과 협력하여 함께 해결책을 만들어가는 방법을 찾는 쪽이 좋습니다. 어떻게 생각하세요?"

데비는 잠시 생각에 잠긴 듯 보였다. "아, IT 사업부에서도 세이프로 시작하지는 않았기 때문에 지금 생각해 보니 세이프로 시작하는 것이 잘못이라는 생각이 드네요. 하지만 폴은 우리가 어려움을 겪고 있는 이유가 리더십 팀이 답을 찾지 못해서라고 생각해요. 폴은 답을 제시하는 것이 리더가 해야 할 일이라고 생각합니다."

"말씀해 주셔서 감사합니다." 나는 대답했다. "폴의 의견에 대해서는 어떻게 생각하세요?"

"음, 제가 추진력 있는 성격이라는 건 짐작하셨겠죠. 저는 솔선수범하면서 사람들이 나를 따라오도록 독려하기를 좋아합니다. 아까 뭐라고 하셨죠? '사람들을 변화로 초대한다'는 건 매우 다른 종류의 리더십처럼 보이는데, 우리는 이에 대해 아직 준비되지 않은 것 같아 걱정이 됩니다."

"아, 제 멘토 중 한 분이 항상 '준비되기 전에 시작하세요. 준비될 때까지 기다리면 절대로 시작할 수 없거든요'라고 입버릇처럼 말하곤 합니다." 나는 농담을 던졌다.

회의가 끝날 무렵, 데비와 나는 좋은 친밀감을 형성했고 디지털 사업부에 애자일을 도입하기 위해 더 많은 문제와 기회를 탐색했다.

성찰

관찰: 무슨 일이 일어났는가?

- 나는 데비와 대화를 나누는 내내 주로 코치 스탠스를 유지했지만, 세이프로 시작하지 말라고 조언하기 위해 조언자 스탠스로 전환했다.
- 나는 가벼운 말투를 유지하면서 호기심을 활용해 데비에게 중요한 것이 무엇인지 이끌어 낼 수 있었다. 호기심이라는 메타스킬을 활용하는 것 외에도 대화 내내 조금은 장난기 있는 태도를 보이려고 노력했다.
- 나는 어려운 주제를 다루기에 앞서 친밀감을 형성하는 데 집중한다는 계획에 충실했다.

해석: 무엇을 배웠는가? 무슨 의미인가?

- 나는 데비가 세이프에 집착하지 않고 있음을 알게 되었다. 데비는 단지 행동이나 움직임을 보고 싶었을 뿐이었다.
- 은행 내에서 이전에 애자일 추진 계획이 있었음을 알게 되었다.
- 달리기 덕분에 회의 전에 머리가 맑아져서 대화를 시작할 때 침착할 수 있었다.
- 나는 추진력 면에서 데비와 성격이 비슷하며, 이것이 친밀감을 구축하는 데 도움이 되었다.
- 회의를 미리 생각해 보는 시간이 정말 유용했다. 어느 정도 친밀감이 형성되기 전까지 어려운 주제로 뛰어들지 않고 참을 수 있었다. 순간을 춤출 수 있을 만큼 충분한 짜임새였다.
- 모든 리더를 개별적으로 만났고 이제 앞으로 있을 워크숍에 자신감이 생겼다.

행동: 결과적으로 무엇을 해야 하는가?

- 리더십 팀과 함께할 때 데비의 열정에 휩쓸려서는 안 된다는 점을 반드시 의식해야 한다. 앞으로 나아갈 때에는 모두가 함께여야 하기 때문이다.
- 리더십 팀 전원과 함께하는 첫 번째 세션을 갖기 전에도 달리기를 할 것이

다. 나는 달리기가 세션 전에 머릿속을 정리하는 데 도움이 된다는 것을 알게 되었다.

- 앞으로도 이런 유형의 대화를 계획할 때에는 비슷한 준비 시간을 따로 마련할 예정이다.

밥의 조언

- 밥은 데비와 내가 둘 다 '일을 추진력 있게 진행하고 끝내는' 유형의 성격이라고 말했다. 그는 내가 코칭할 때 이 점을 염두에 두어야 한다고 조언했는데, 데비의 에너지에 영향을 받지 않으면서 전략적으로 올바른 추진 시점을 인식할 필요가 있기 때문이다.
- 밥은 또한 친밀감 형성에는 시간이 걸리며 이 부분을 지속적으로 노력하면서도 스스로의 코칭 스파이더 센스를 신뢰하고 스탠스를 전환하면서 고객의 목표에 최선의 이익이 된다는 생각이 들 때에는 내 느낌을 밀어붙이라고 (조언하라고) 상기시켜 주었다.
- 마지막으로, 밥은 세이프가 고객에게 더 깊은 도전, 장애물, 목표를 눈에 보이지 않도록 만드는 은탄환 같은 해결책이라 조금 위험할 수 있다고 언급했다. 밥은 이 고객과의 코칭 여정 내내 세이프를 이런 관점에서 더 깊이 고민해 보라고 조언했다.

워크숍 1: 초반전

모든 리더를 개별적으로 만났으므로 그다음 몇 주 동안 몇 차례 아침 워크숍 일정을 잡았다. 팬데믹으로 인해 모두 재택근무를 하는 중이라 워크숍은 온라인으로 진행할 것이다.

계획 수립

모든 팀원과 함께하는 자리는 이번이 처음이다. 그동안 이들이 팀으로서 제대로 움직이지 못하고 있었음을 알고 있기 때문에, 일련의 워크숍을 통해 탄탄한 협력의 토대를 마련해야 한다. 또한 애자일에 대한 기본적인 지식을 심어 주려

한다. 나는 첫 두 차례 워크숍에 대해 상위 수준 목표를 몇 가지 설정했다.

워크숍 1의 목표는 다음과 같다.
- 팀이 효과적으로 협력할 수 있는 환경을 만든다.
- 워크숍의 목표를 함께 만든다.
- 애자일에 대한 기본적인 이해도를 높인다.

초기 교육은 최소한으로 진행하면서 워크숍 및 코칭 과정에서 대화에 도움이 되는 개념을 소개할 것이다.

워크숍 2의 목표는 동기를 탐색하고 나아갈 방향에 합의하는 것이다. 구체적인 내용은 다음과 같다.
- 애자일 전환의 이유에 대해 공감대를 형성한다.
- 성공 지표에 합의한다.
- 나아갈 방향에 대한 공통의 비전을 만든다.

이 두 워크숍을 안전하게 마치고 나면 파일럿 설계를 시작하고 리더십 팀이 전환을 어떻게 지원할 수 있을지 합의하기 위한 후속 워크숍을 진행할 수 있다.
워크숍 내내 나는 대부분 학습 안내자 스탠스에서 시간을 보낼 것이 분명하다. 그렇지만 학습 안내자 스탠스와 퍼실리테이터 스탠스 사이를 오가며 춤을 추게 되리라고 예상해 본다.

대화

셰프턴 은행 사람들과 첫 대화를 나눈 지 2주가 지난 월요일 아침이다. 모두가 첫 번째 리더십 워크숍에 거의 제시간에 도착해서 기쁜 마음이다. 프로젝트 관리 팀장인 라이언이 마지막 회의가 늦게 끝난 것을 사과하며 가까스로 도착했다.
나는 이런 회의를 시작하는 방식으로 체크인(check-in)[3]을 좋아한다. 체크인을 할 때마다 팀원 간에 유대감이 형성되므로 체크인을 자주 하면 팀에 커다란

---

3 (옮긴이) 회의를 시작하기 전에 참여를 이끌어 내거나 긍정적 분위기를 만들기 위해 진행하는 가벼운 활동

긍정적 영향을 미칠 수 있다. 내가 가장 좋아하는 체크인 질문으로는 다음과 같은 것들이 있다.

- 생각나는 가장 어렸을 때 기억은 무엇인가요?
- 지난 몇 주 동안 당신에게 영감을 주거나 동기를 부여한 것은 무엇인가요?
- 당신의 인생을 한 편의 영화로 찍는다면 누가 당신 역할을 맡으면 좋을까요?
- 지금까지 받았던 최고의 조언은 무엇인가요?
- 한 가지 주제를 가르쳐야 한다면 무엇을 가르치고 싶은가요?

이번 회의는 우리의 전반적 결과에 매우 중요한 영향을 미칠 것이기 때문에, 나는 지금 이 순간을 함께하기 위한 체크인에 초점을 맞추기로 결정했다.

"어서 오세요." 나는 모두에게 인사했다. "체크인부터 시작하는 것이 중요합니다. 만날 때마다 체크인을 하면 팀으로 성장하는 데 도움이 될 수 있습니다. 질문으로 시작하겠습니다. 오늘 이 자리에 온전히 함께하기 위해 지금 머릿속에서 내려놓아야 할 것은 무엇일까요?" 나는 답변을 기다렸다.

"좋은 아침이에요, 줄리." 자라였다. 자라는 이전 회사에서 나와 함께 일한 적이 있기 때문에 체크인 질문에 익숙하다. "즐거운 주말을 보냈어요. 날씨가 너무 좋아서 남편 잭과 함께 자전거를 타고 아름다운 호수를 바라보며 멋진 나들이를 했습니다. 오늘 아침에는 이 세션에 대해 설레면서도 긴장된 마음으로 일어났어요. 이제 체크인을 마치고 시작할 준비가 되었습니다."

다음은 테스트 팀장인 니메시였다. "오늘 아침에 선임 테스터 중 한 명인 팸이 퇴사한다는 소식을 들었습니다. 팸은 회사에서 20년 넘게 근무해 왔고 팸의 제품 지식은 대체가 불가능합니다. 아쉽지만 현재로서는 제가 할 수 있는 일이 없기 때문에 지금은 이 자리에 온전히 함께하도록 하겠습니다."

"음, 평소와 다름없이 많은 일을 동시에 처리하고 있어요." 라이언이 말했다. "다양한 이해관계자들이 언제 자기 변경 요청이 적용되는지 알고 싶어서 난리예요. 마지막 통화도 그런 내용이었지만 저는 우리가 잘 해내고 있다고 생각합니다."

모두가 체크인을 마친 후에 나는 워크숍 목표가 올바른지 확인하고 싶었다.

"함께해 주셔서 감사합니다. 우리는 지난주에 나눴던 대화를 바탕으로 이번 세션의 목표를 다음과 같이 합의했습니다."

1. 애자일에 대한 공통의 이해를 이끌어 낸다.
2. 애자일이 필요한 이유에 대해 공감대를 형성하고 나아갈 방향을 파악한다.
3. 어디서부터 시작해야 할지 파악하고 변화를 지원하기 위한 리더십의 역할에 합의한다.

"이 초점에 반대하시는 분이 있나요?"

반대가 없었기 때문에 언제든지 이 목표를 검토하고 방식을 조정할 수 있음을 분명히 밝히고 진행을 계속했다.

"시작하기 전에 우리가 어떻게 협력할지 합의를 도출해야 합니다." 나는 워크숍에 사용할 가상 협업 보드를 공유하고 세 가지 질문을 제시했다.

1. 어떤 분위기를 만들고 싶은가요?
2. 무엇이 팀 성장에 도움이 될까요?
3. 어려움을 겪을 때 무엇이 도움이 될까요?

"여러분을 두 군데 소회의실로 나누겠습니다. 각 팀에서 이 질문들을 논의한 다음 합의하고 싶은 내용을 제안해 주세요. 포스트잇에 적으면 됩니다. 10분 드리겠습니다. 명확하게 이해하셨나요?"

모두 고개를 끄덕이며 동의를 표시하자 나는 소회의실을 열었다. 10분 후 두 소회의실에서 각각 5가지 항목(그림 19)이 나왔다. 나는 각 소회의실 구성원에게 자신들이 선정한 각 항목에 대해 무엇이 중요한지 설명해 달라고 요청했다.

모두가 각 항목의 의도를 이해했고 나는 다음 단계를 소개했다.

"서로에게 행동할 때 이 항목들을 쓸모 있게 활용해 보고 싶네요. 각 항목의 의도를 이해했으니 '~보다 ~을(를)'이라는 구를 사용하는 문장(even over statement)을 소개하려고 합니다. 예를 들어 우리가 '여지 주기'를 선택한다면 그 대신 약간은 포기할 수 있는 것은 무엇일까요? '일을 마치기보다 모두의 의견을 들을 수 있는 여지 주기' 또는 '다른 사람이 나를 이해하도록 하기보다 다른 이에게 이야기할 수 있는 여지 주기'를 예로 들 수 있겠네요. 각 문장의 두 가지

그림 19 팀 업무 합의 아이디어(출처: 마크 서머스의 그룹 퍼실리테이션 및 코칭 예시. 허락을 받아 수록함)

모두가 긍정적이라는 점에 주목해 주세요. 우리가 절충점을 찾을 수 있게 해주기 때문에 이 점이 중요합니다."

나는 우리가 소통에서 업무 합의의 모호함을 줄이고 유용성을 높이기 위해 이 작업에 시간을 투자할 가치가 있다고 생각했다. 그래서 나는 생각을 더욱 발산하면서도 각 아이디어의 원래 의도를 이해할 수 있도록 팀을 섞었다. 한 팀에는 분홍색 포스트잇에, 다른 팀에는 파란색 포스트잇에 집중해 달라고 요청했다.

나는 한 번 더 소회의실을 열었다. 사람들이 다시 돌아온 후 우리는 작성된 문구를 함께 검토하고 다듬으면서 모순되거나 다른 문구와 중복된 것 몇 가지를 제외했다.

이제 7가지 세션 원칙(그림 20)이 남았다. 이번 세션을 마치기 위해 나는 이렇게 물었다. "이러한 합의 사항을 각각 팀에서 누가 책임지고 담당하면 좋을까요?"

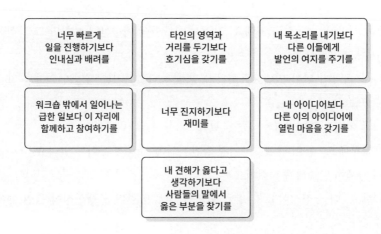

너무 빠르게
일을 진행하기보다
인내심과 배려를

타인의 영역과
거리를 두기보다
호기심을 갖기를

내 목소리를 내기보다
다른 이들에게
발언의 여지를 주기를

워크숍 밖에서 일어나는
급한 일보다 이 자리에
함께하고 참여하기를

너무 진지하기보다
재미를

내 아이디어보다
다른 이의 아이디어에
열린 마음을 갖기를

내 견해가 옳다고
생각하기보다
사람들의 말에서
옳은 부분을 찾기를

그림 20 '~보다 ~을(를)' 원칙 합의(출처: 마크 서머스의 그룹 퍼실리테이션 및 코칭 예시. 허락을 받아 수록함)

데비가 곧바로 말했다. "'다른 이들에게 발언의 여지 주기'를 맡고 싶어요. 그리고 제가 일을 밀어붙이는 경향이 있다는 것을 알고 있기 때문에, '인내심과 배려'도 맡아 보고 싶습니다. 하지만 도움이 필요할 수도 있어요."

"누가 데비를 도와줄 수 있을까요?" 내가 물었다.

"음, 저는 좀 천천히 가고 싶으니 제가 데비를 돕겠습니다." 니메시가 말했다.

"그리고 저는 '호기심 갖기'를 맡고 싶어요. 우리 사업부 상황을 고려했을 때 우리는 스스로를 면밀히 바라볼 필요가 있고요. 그 어떤 것도 불가침 영역이 되어서는 안 된다고 생각합니다."

"저도 니메시하고 같이 도울게요." 개발 팀장인 닐이 말했다. "지금까지 준비해 온 방식은 별로 효과가 없었고, 온라인 뱅킹 경험을 개선하기 위한 이 새로운 업무 프로젝트를 시작하면 상황은 더 악화될 겁니다. 그리고 저는 '다른 아이디어에 열린 마음'을 맡고 싶어요."

지금이 업무 합의를 중심으로 이루어지고 있는 이 긍정적 과정을 인정해 주기에 좋은 때이다. "저는 업무 합의를 중심으로 여러분이 만들고 있는 파트너 관계와 일체감이 정말 멋진 모습이라고 이야기하고 싶습니다. 팀을 위해 이 합의 중 하나를 약속할 분이 또 있을까요?"

"저는 '인내심'과 '함께하기'를 맡고 싶습니다." 라이언이 말했다. "많은 일을 진행하고 있지만 다 잘될 거에요. 그래서 사람들이 어수선해 보이면 그 사실을 알려 주도록 할게요."

"아직 '재미'가 남아 있네요." 자라가 말했다. "최고 기쁨 책임자 역할을 맞게 되어 좋습니다."

"지금 어떤 느낌인가요?" 나는 물었다.

"행복하네요." 폴이 말했다. "이건 일반적인 팀 소통과는 아주 달라요."

"더 자세히 말씀해 주시겠어요?"

"글쎄요, 더 긍정적이고요. 방금 합의한 대로만 한다면 생산성이 훨씬 높아질 수 있을 것 같습니다."

"동의합니다." 자라가 말했다. "저도 편안함을 느낍니다."

"저는 조금 불안한 마음이 듭니다." 라이언이 말했다. "해야 할 일은 많은 것 같은데 우리는 아직 시작도 안 했어요." 모두가 라이언을 바라보았다. "알아요, 알아. 인내심이 좀 필요하죠." 라이언은 미소를 지었다.

"음, 저는 활력이 넘치고요. 바로 시작할 준비가 되어 있습니다." 닐이 말했다.

그 후 바로 나는 내가 주목하고 있는 일체감을 한 번 더 인정해 주고 다음 단계로 넘어갔다. 남은 시간 동안에는 첫 번째 목표인 애자일에 대한 공통의 이해를 이끌어 내는 데 집중했다. 애자일 소프트웨어 개발 선언의 의도를 내재화하기 위한 몇 가지 게임을 하고, 비즈니스에서 애자일하다는 것이 무엇을 의미하는지에 대한 토론이 이어졌다.

다음 세션에서는 애자일 전환이 늦어지고 있는 이유를 살펴보고 몇 가지 공통 동기를 파악하기로 합의하면서 그날 세션을 마쳤다. 나는 부족함(lacked), 좋아함(liked), 싫어함(loathed), 기대함(longed for)으로 나뉜 4L 사분면 피드백 보드에 이번 세션에 대한 의견을 남겨 달라고 요청했다.

성찰

관찰: 무슨 일이 일어났는가?

• 팀은 잘 협력하여 팀 합의를 도출했고 모두가 결과에 긍정적인 반응을 보였다.

- 소회의실을 활용하여 참여자들이 좀 더 안전한 환경에서 탐색할 수 있는 공간을 만들었다. 또한 아이디어 발산을 허용함으로써 궁극적으로 우리를 하나의 팀으로 이끌어 주는 7가지 합의 사항에 수렴할 수 있었다.
- 여기에서 내 기본 스탠스는 프로세스를 이끌어 가는 퍼실리테이터 스탠스였지만, 코칭 질문을 활용하여 사람들의 사고를 심화시켰다. 교육 중에도 학습 과정을 안내하기 위해 게임을 활용하면서 대부분 퍼실리테이터 스탠스에 머물렀다. 또한 나는 실습을 통해 많은 것을 배울 수 있도록 '~보다 ~을(를)' 같이 도움이 될 만한 기법도 소개했다.
- 나는 리더로서 그들이 업무 합의에 명시한 몇 가지 행동의 역할 모델로서 모습을 조심스럽게 보여 주기 시작했다. 인내심을 갖는다는 것은 앞으로 빨리 나아가고자 하는 나 자신의 성향을 인식한다는 것을 의미했다.
- 피드백 보드의 '기대함' 사분면에 붙은 항목 중 하나는 '어디서부터 시작해야 할지 알고 싶다'였다.

해석: 무엇을 배웠는가? 무슨 의미인가?
- 그들은 인내심이 필요하다고 말하고 있지만 사실은 빨리 시작하고 싶어 한다.
- 그들은 소규모 그룹에서 서로의 생각을 발산하며 세션을 진행하는 방식을 좋아했다.
- 피드백을 보니 지금까지는 한 팀이 아니었기 때문에 첫 워크숍의 절반을 팀 그 자체에 할애한 것이 좋았다고 한다.
- '~보다 ~을(를)' 기법은 일반적으로 전략에서 절충안을 만들 때 사용한다. 팀 소통에서 이를 활용한 것은 하나의 실험이었다. 유용한 대화를 이끌어 냈지만 앞으로 얼마나 쓸 만할지는 더 지켜봐야 할 것이다.

행동: 결과적으로 무엇을 해야 하는가?
- 이제 애자일 이론에서 벗어나 그들 자신에게 집중하도록 해야 할 때이다. 다른 애자일 개념은 그 이후 필요한 시점에 소개할 것이다.
- 내가 소개하는 팀 빌딩 요소에 이들이 잘 호응하는 것처럼 보였기 때문에 앞

으로 나아가며 팀으로서 계속 성장할 수 있는 시간을 주는 것이 중요할 것 같다.

- 팀으로 거듭나기 위해 필요한 일과 애자일 전환을 추진하기 위해 필요한 일 사이에 긴장감이 존재한다. 이 부분이 이슈가 된다면 나는 이 세션을 다시 실행할 것이다.

- '~보다 ~을(를)' 문장이 소통에 대한 절충안을 만드는 데 얼마나 유용한지 알고 싶기 때문에 각 세션마다 팀이 이에 계속 집중할 수 있도록 하고, 워크숍을 끝낼 때는 팀과 함께 이 문장이 얼마나 유용했는지 검토할 것이다.

밥의 조언

- 밥은 내가 스탠스를 바꿀 때(또는 모자를 바꿔 쓸 때) 그 사실을 고객에게 알려 주는 것이 좋겠다고 언급했다. 이 정도 수준의 투명성은 고객의 '스탠스 혼동'을 어느 정도 막아 줄 뿐 아니라 내가 역할을 바꾸면 (고객으로서) 그들의 역할과 책임도 함께 어떻게 바뀌는지 이해하는 데 도움이 될 것이다. 전에는 그렇게 해 본 적이 없지만 좋은 아이디어 같았다. 실험 삼아 시도해 볼 생각이다.

- 또 내가 처음에 공간을 훌륭하게 만들어 냈다는 매우 긍정적인 피드백을 주었다. 하지만 고객이 때로는 이런 '하찮아 보이고 사람 중심적'인 활동에 답답해할 수도 있으니, 이 부분을 염두에 두면서 고객의 정서적 장을 확인하라고 당부했다.

- 또한 밥은 이 세션이 잘 짜였다고 생각하며 오늘 있었던 일 중 다음 워크숍으로 이어져야 할 것이 있는지 물어보았다. 이를 통해 나는 조정, 방향 전환, 실험 가능성에 대해 생각해 보게 되었다.

이야기는 다음 장으로 이어진다.

이번 장에서도 계속해서 비리미널의 마크 서머스가 애자일 코칭 대화에서 다양한 스탠스를 취한다는 것이 어떤 모습인지 소개한다.

줄리는 코칭 이벤트를 계획하고 거기서 무슨 일이 일어났는지 곧바로 성찰하는 것이 성공적인 애자일 코치가 되는 데 가장 중요한 활동임을 알게 되었다. 이러한 계획과 성찰의 규칙적인 반복이 다음과 같은 패턴을 만든다.

• 고객 요구를 지향하는 아이디어를 만든다. 즉, 목표 설정!
• 고객과 함께 춤을 추는 감지-반응 마인드셋으로 코칭에 들어간다.

- 목표가 얼마나 잘 달성되었는지, 코칭에서 무엇을 배웠는지 돌아본다.
- 고객의 목표와 요구를 충족시키기 위해 필요하다면 방향을 전환한다.

포레스트 검프의 말을 빌리자면 끝내주는 애자일 코칭은 초콜릿 상자와 같다. 열기 전까지는 뭘 집을지 알 수 없다.

이제 셰프턴 은행과 함께하는 줄리 워크숍의 두 번째 단계인 목표와 방향 조정으로 넘어가 보자.

워크숍 2: 동기를 탐색하고 나아갈 방향에 합의하기

계획 수립

두 번째 워크숍을 위해 나는 크게 두 가지 목표를 계획했다. 인터뷰를 하면서 애자일을 원하는 이유에 대해서는 다양한 답을 발견했다. 나는 팀이 이를 탐색하고 몇 가지를 선택하여 성공의 척도에 합의하기를 바란다. 그다음 목표는 나아갈 전반적인 방향을 탐색하고 잠재적인 미래 비전을 만드는 것이다.

이 두 가지 목표를 중심으로 발산과 수렴이 가능하도록 활동 흐름을 계획했다. 확실하지 않은 요소가 몇 가지 있기 때문에 성공의 척도를 합의할 때에는 생각을 더 많이 발산할 수 있도록 해 주어야 할 수도 있다. 또한 비전을 수립하고자 아이디어를 수렴할 때 게임을 활용해야 할 수도 있다.

대화

첫 번째 워크숍 이틀 후인 수요일 아침, 모두가 일찍 와서 시작 전에 담소를 나눴다. 나는 체크인 질문으로 시작했다. "어렸을 때 가장 즐거웠거나 재미있었던 기억은 무엇인가요?" 이 질문을 선택한 이유는 참여자들이 업무와 관련이 없으면서도 자신에 대한 무언가를 이야기해서 서로를 다르게 바라볼 수 있는 기회를 만들기 위해서였다. 모두가 체크인을 마친 후 나는 첫 번째 목표부터 시작했다.

"월요일에 우리는 애자일에 대해 살펴보았고, 오늘은 애자일 마인드셋에 대한 여러분의 동기를 살펴보면서 시작하기로 했습니다. 지금까지 모든 대화를

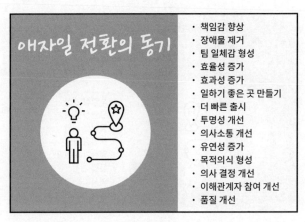

그림 21 애자일 전환에 대한 그룹의 동기(출처: 마크 서머스의 그룹 퍼실리테이션 및 코칭 예시. 허락을 받아 수록함)

통해 여러분이 언급했던 애자일 도입 이유를 파악했고, 그 내용은 가상 보드에서 확인(그림 21)할 수 있어요. 그래서 첫 번째 활동에서는 세 명씩 두 그룹으로 나누어 이러한 이유에 대해 논의해 보고, 빠진 것이 있는지 확인하겠습니다. 10분 후에 뵙겠습니다."

10분 후에 나는 다시 돌아온 그들을 맞이했다. "대화에서 새로운 내용이 나왔나요?"

폴이 시작했다. "우리는 '고객 만족 개선'을 찾았습니다. 그것이 우리 그룹에서 추가한 전부에요."

"그리고 우리는 'IT 사업부에 대한 의존성 줄이기'를 추가했습니다." 닐이 말했다.

"대화에서 또 어떤 내용이 나왔나요?"

"아, '효율성 증가'와 '효과성 증가'의 차이를 잘 이해하지 못했는데요. 우리는 이 차이가 '더 빠른 출시'와 관련이 있을 수도 있다고 생각해요." 니메시가 말했다. "이 부분을 살펴보는 것이 좋겠습니다."

"그 부분을 살펴보기 전에 여러분이 논의했던 잠재적 동기에 대해 더 하실 말씀은 없을까요?" 만족해하는 침묵이 흘렀다.

나는 학습 안내자 스탠스로 전환하고 효율적인 작업 완료를 위한 최적화와 효과적인 가치 흐름을 위한 최적화 사이의 차이점을 탐색할 수 있도록 게임을

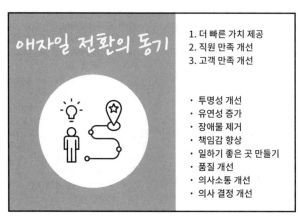

그림 22 그룹의 동기 우선순위(출처: 마크 서머스의 그룹 퍼실리테이션 및 코칭 예시. 허락을 받아 수록함)

활용했다. 이를 통해 팀은 해당 아이디어를 '더 빠른 가치 제공'으로 통합하기로 결정했다.(그림 22)

잠시 휴식을 취한 후 다음 단계를 소개했다. "이제 포스트잇을 '가장 중요한 것'부터 '중요하기는 하지만 다른 것만큼은 중요하지 않은 것' 순으로 정렬해 보겠습니다. 이를 위해 여러분 중 한 명이 먼저 임의의 지점에 항목 하나를 배치해야 합니다. 다음 사람은 두 번째 포스트잇을 첫 번째 포스트잇의 위(더 중요) 또는 아래(덜 중요)에 놓습니다. 세 번째 사람은 새 항목을 배치할 수도 있고 이미 배치된 항목을 옮길 수도 있습니다. 모든 항목이 배치되고 더 이상 순서 변경이 없을 때까지 이 절차를 계속 반복할 겁니다. 이해가 되시나요?"

동기에 대한 생각이 모두 다르기 때문에 나는 이러한 다양한 관점을 통합하려고 노력했다. 우리는 으르렁 지대(groan zone)[1]로 진입하고 있으며, 나는 우선순위 부여 기법을 활용하여 탐색하는 중이다. 또한 이 활동을 아무 말 없이 수행하면서, 마치 게임처럼 한 명씩 번갈아가며 해 달라고 요청했다. 이렇게 하면 속도가 빨라지고, 견해가 완전히 다른 부분에 대해서만 이야기를 나누면 된다.

이 활동이 끝날 무렵, 우선순위가 생겼고 그들은 비교적 조용히 이 활동을 마쳤다. 그들에게 필요했던 유일한 토론은 품질과 고객 만족에 대한 것이었다.

---

1 (옮긴이) 집단 의사 결정에서 다양한 아이디어를 탐색하는 발산 단계를 마치고, 하나의 관점으로 통합하는 수렴 단계로 진입하기 전에, 필연적으로 거치는 불편하고 긴장감이 도는 단계. 의사 결정 과정에서 자연스럽고 정상적인 단계이다.

결국 팀은 고객 만족을 위해서는 품질도 중요하지만, 고객 만족에 집중하는 쪽이 좀 더 나은 선택이라는 결론을 내렸다.

"이제 이 활동을 바탕으로 제안을 해 보겠습니다." 나는 제안에 동의하면 엄지손가락을 위로 올리고, 우려 사항이 있으면 옆으로 내밀고, 제안 개선에 활용할 수 있는 반대 의견이 있다면 손바닥을 펼치는 동의 의사 결정 기법을 소개했다. "이 애자일 전환의 핵심 동기로 상위 세 가지에 집중하는 건 어떨까요?" 두 명이 우려를 표시했지만 반대는 없었다. 우리는 결론을 내린 것을 축하한 후 우려 사항을 경청했다.

이어서 우리는 이 세 가지 동기에 미치는 영향을 파악하는 방법에 대해 이야기를 나누고 몇 가지 지표에 합의했다. 이들은 고객 및 직원 만족에 대해 몇 가지 조치를 이미 취하고 있었기 때문에 이 부분에 대해서는 공개 토론만으로도 충분했다.

고객 만족

- 그들은 이미 정기적으로 고객 만족도를 조사하고 있다.
- 은행의 고객 만족도를 평가하는 업계 표준 또한 존재한다.
- 그들은 불만 건수가 감소하는 모습을 보고 싶어 한다.

직원 만족

- 일 년에 한 번 수집하는 직원 만족도 설문이 있지만 더 자주 활용할 수 있다.
- 또한 그들은 직원 유지 및 채용에 미치는 영향을 계속 주시하고 싶어 한다.

'더 빠른 가치 제공'이라는 동기에 대해 우리는 다음 주에 워크숍을 열어 성공 측정에 도움이 될 개념을 살펴보기로 합의했다. 나는 리드 타임(lead time: 어떤 요청이 들어온 때부터 제공하기까지의 시간)과 사이클 타임(cycle time: 어떤 업무를 시작해서 마칠 때까지의 시간)에 대해 소개할 생각이다.

이것으로 워크숍의 첫 번째 세션이 끝났다. "우리는 애자일 전환의 세 가지 핵심 동기를 파악하고 합의했는데요. 여기에 대해 어떻게 생각하시나요?" 내가 물었다.

"음, 당신이 우리가 2시간 동안 우리의 동기에 대해 이야기할 것이라고 미리 말했더라면 저는 거절했을 거에요." 라이언이 말했다. "하지만 우리가 만들어낸 모든 동기를 보니 우리에게 공감대가 없었다는 사실을 알 수 있었어요."

"초점이 맞춰진 느낌이에요." 니메시가 말했다.

"이제 무엇이 중요한지 합의했으니 미래를 그려 볼 수 있는 시간을 드리고싶네요. 다시 여러분을 두 그룹으로 나누겠습니다. 12개월 후 은행 고위 리더십 팀으로부터 디지털 사업부의 성공 사례를 발표해 달라는 요청을 받았다고상상해 보세요. 여러분이 어떤 성공을 거뒀는지 생각해 보세요. 디지털 사업부는 어떤 모습이고 어떤 느낌일까요? 고객들은 뭐라고 말하고 있나요? 직원들은무슨 이야기를 하고 있습니까? 애자일 여정 이야기를 발표하고 성공을 강조하는 데 사용할 포스터를 만들어 주세요. 20분 드리겠습니다." 나는 소회의실을열었다.

나는 20분 조금 넘게 시간을 주고 그들이 돌아오자 마치 은행 고위 리더십팀에 발표하는 것처럼 포스터를 발표해 달라고 요청했다.

첫 번째 그룹(그림 23)은 데비, 폴, 니메시였다. 데비가 시작했다. "우리는 디지털 사업부가 은행 내부의 빛나는 등대로서 다른 부서를 일하기 좋은 곳으로안내하는 역할을 할 거라고 상상했어요. 고객과 직원들의 멋진 이야기도 볼 수있고요. 몇 가지 성공을 강조했습니다."

니메시가 이어 말했다. "그리고 우리의 빛나는 등대는 탄탄한 기반 위에 세워져 있습니다. 우리는 훌륭한 일터를 만드는 데 무엇이 중요한지 이야기했습니다. 질문 있으신가요?"

"우리가 이야기한 동기가 성공과 연결된 모습이 마음에 듭니다. '행동'은 무슨 의미인가요?" 라이언이 물었다.

폴이 대답했다. "일하기 좋은 곳이 되는 데 방해가 되는 요소가 있다면 행동으로 옮긴다는 뜻입니다."

"다른 질문 있나요?" 나는 물었다. 아무 말도 없었다. "좋습니다. 그러면 자라, 닐, 라이언의 이야기를 들어 보죠."

"기운데에 디지털 사업부를 볼 수 있습니다. IT 스택의 모든 스킬을 포함해서가치를 제공하는 데 필요한 모든 스킬을 갖추고 있어요." 닐이 활짝 웃으며 말했다.(그림 24) "이제 결함은 팀 밖으로 벗어날 수 없고요. 품질이 가장 중요합

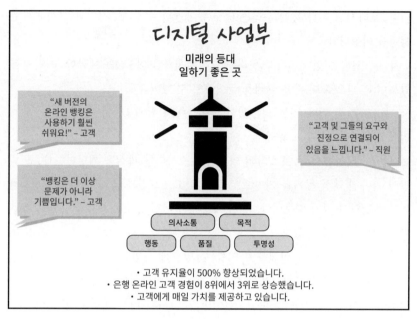

그림 23 그룹 1에서 만든 디지털 사업부의 미래 상상하기(출처: 마크 서머스의 그룹 퍼실리테이션 및 코칭 예시. 허락을 받아 수록함)

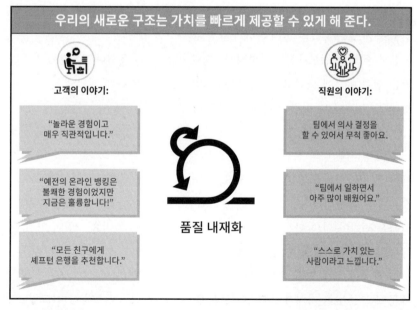

그림 24 그룹 2에서 만든 디지털 사업부의 미래 상상하기(출처: 마크 서머스의 그룹 퍼실리테이션 및 코칭 예시. 허락을 받아 수록함)

니다. 보다시피 이를 통해 우리는 빠르게 제공할 수 있고, 직원과 고객에게 큰 영향을 미칩니다."

자라가 말을 이었다. "이제 우리는 고객에게 최고의 UX를 제공할 수 있게 되었으며, 추천으로 더 많은 고객을 끌어들일 수 있어요."

"그리고 다른 팀에 대한 의존성이 줄어들어서 훨씬 더 여유롭습니다." 라이언이 말했다. 그는 웃고 있었다.

나는 이 시점에서 두 포스터의 의도가 비슷하다는 사실을 깨달았는데, 둘 다 앞서 찾아낸 핵심 동기를 기반으로 하고 있고, 그 결과 조직이 어떻게 변화했는지 설명하고 있기 때문이다. 각 포스터에서 어떤 요소를 선택할지 공개 토론에 맡겨도 좋을 것 같았다.

하지만 모든 사람의 의견을 반영할 수 있도록 게임을 해 보기로 결정했다. 이 게임을 하는 동안 팀은 상호 작용을 통해 아이디어를 더욱 개선할 수 있는 기회를 얻게 될 것이다. "좋아요, '끌어당기기(attract)'라는 활동을 통해 이 아이디어를 한데 모아봅시다. 여러분 각자 포스터 옆에 있는 포스트잇으로 자신의 아바타를 만들어 주세요. 거기에 그림을 그리고 이름을 적어 주시면 됩니다. 여러분이 만든 포스터 옆에 서 있는 자신의 모습을 상상해 보세요. 자, 이제 가장 마음에 드는 포스터 옆에 아바타를 붙여 주시면 됩니다."

잠시 후 니메시는 자신의 아바타를 1팀에서 2팀으로 옮겼다. "품질에 집중한다는 점이 마음에 들었고, 닐이 결함이 없다는 말을 했는데 거기에 넘어가 버렸네요." 팀을 옮긴 사람은 니메시뿐이었다.

"여러분은 두 그룹이고 협상을 통해 다른 사람을 자기 그룹에 참여시키는 것이 목표입니다. 다른 사람을 우리 팀으로 끌어당길 수 있도록 개선하거나 변경해야 할 사항이 무엇인지 찾아보세요. 또한 그 과정에서 새로운 아이디어가 떠오른다면 그 아이디어를 중심으로 새 그룹을 자유롭게 만들 수도 있습니다. 각 그룹은 번갈아 가며 다른 그룹 사람을 끌어당겨 올 수 있어요. 2팀이 가장 큰 그룹이니 먼저 시작할 수 있습니다."

이 활동은 오래 걸릴 수도 있지만, 더 좋은 아이디어가 나오는 경우가 많기 때문에 그럴 만한 가치가 있다. 이 사례에서는 대부분을 포스터 하나(그림 25)에 통합할 수 있으므로 활동이 비교적 빠르게 진행됐다.

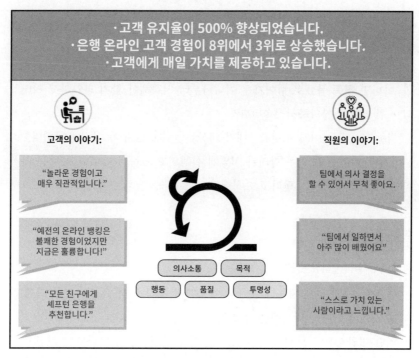

・고객 유지율이 500% 향상되었습니다.
・은행 온라인 고객 경험이 8위에서 3위로 상승했습니다.
・고객에게 매일 가치를 제공하고 있습니다.

고객의 이야기:

"놀라운 경험이고 매우 직관적입니다."

"예전의 온라인 뱅킹은 불쾌한 경험이었지만 지금은 훌륭합니다!"

"모든 친구에게 셰프턴 은행을 추천합니다."

의사소통   목적
행동   품질   투명성

직원의 이야기:

팀에서 의사 결정을 할 수 있어서 무척 좋아요.

"팀에서 일하면서 아주 많이 배웠어요"

"스스로 가치 있는 사람이라고 느낍니다."

그림 25 아이디어를 수렴한 디지털 사업부의 미래 이미지(출처: 마크 서머스의 그룹 퍼실리테이션 및 코칭 예시. 허락을 받아 수록함)

나는 팀이 등대를 없앴다는 사실을 언급했다.

"맞아요." 자라가 말했다. "우리가 전달하고자 하는 이야기에 등대가 적합하지 않다고 생각했고 오히려 우리가 제공하는 걸 떠받치는 의사소통, 목적, 품질, 행동, 투명성이라는 기반이 더 잘 어울린다고 생각했어요."

이 결과에 만족한 나는 이제 우리가 어느 단계에 와 있는지 살펴볼 때가 되었다고 판단했다. "그래서 오늘은 두 번째 목표에 집중해서 우리가 왜 애자일을 원하는지에 대해 공감대를 형성하고 나아갈 방향을 파악했습니다. 진행 상황을 어떻게 생각하세요?"

"우리가 훨씬 더 같은 입장에 서게 되었다고 생각합니다." 폴이 말했다. "그리고 우리가 무엇을 목표로 하고 있는지는 알겠는데, 어떻게 해야 할지까지는 아직 모르겠네요."

"작업을 진행하면서 애자일을 더 많이 배울 수 있었던 점도 마음에 듭니다."

라이언이 말했다. "그게 아마도 우리가 이 일을 진행하는 방식에 더 큰 영향을 미친 것 같아요."

"그러면 내일은 나아갈 방향을 탐색하는 데 더 많은 시간을 할애하시겠습니까, 아니면 최종 목표로 넘어가서 어디서부터 시작해야 할지 파악하고 리더십의 지원 역할을 합의하시겠습니까?"

"최종 목표로 넘어가 보시죠." 내가 예상했던 대로 모두가 이렇게 말했다.

마지막 30분 동안 업무 합의가 어떻게 실행되고 있는지 검토하고, 나는 다시 한번 더 피드백을 남겨 달라고 요청했다.

성찰

관찰: 무슨 일이 일어났는가?

- 팀은 두 가지 주요 활동 모두에서 아이디어 수렴에 성공했고, 모두 함께 해낸 것이 놀랍다는 피드백을 남겼다.
- 약간 미완성으로 느껴졌던 요소는, 동기를 살펴보면서 나타났던 핵심 동기를 측정하는 방법이었다.
- 이 워크숍은 대부분 퍼실리테이터 스탠스에서 이루어졌으며, 팀 발견을 탐색할 때에만 코치 스탠스로 살짝 벗어났을 뿐이다.
- 나는 동의 의사 결정을 가볍게 소개했다.

해석: 무엇을 배웠는가? 무슨 의미인가?

- 작업 완료의 효율성과 가치 흐름의 효과성을 탐색하는 게임을 하고 싶다는 마음에 서둘러 게임을 시작했던 것 같다. 시간을 들여 차이점을 더 탐색하도록 했어야 했다. 코치 스탠스로 시작했더라면 주제와 더 잘 연결될 수 있었을 것이고 게임이 필요하지 않았을지도 모르겠다.
- 진행 및 팀 일체감 측면에서 모든 것이 잘 진행되고 있다. 그들과 이 부분을 더 자주 성찰할 수 있을 것 같다.
- 세션 계획을 수립할 때 팀의 수렴 활동을 어떻게 게임화할지는 크게 고민하지 않았다. 나는 '끌어당기기' 게임을 활용하기로 즉흥적으로 결정했는데, 동기를 수렴할 때보다 더 효과적이었고 팀도 그 결과에 만족해했다.

- 팀은 직접 해 보면서 배우기를 좋아하는 것 같지만(동의 의사 결정을 직접 해 보면서 배웠다) 내가 없을 때에도 다양한 의사 결정 전략을 적용할 수 있도록 다양한 전략 이론을 이해할 수 있게 해 주어야 한다.

행동: 결과적으로 무엇을 해야 하는가?
- 새로운 개념을 소개하려면 먼저 학습에 마음이 열려 있는지 확인해야 한다. 그들에게 물어보는 것이 좋은 생각이다. 그래서 나는 퍼실리테이터 스탠스에서 학습 안내자 스탠스로 바로 넘어가지 않고 코치 스탠스에서 몇 가지 질문을 할 것이다.
- 이번 주 마지막 워크숍을 시작할 때 팀원들과 함께 진행 상황을 돌아봐야 할 것 같다. 이는 체크인 질문을 통해 간단하게 해 볼 수 있다.
- 팀이 생각을 수렴할 때 활동을 게임화할 수 있는 몇 가지 선택지를 고민해 두어야 한다.
- 다음 주에는 의사 결정을 내리는 방법에 여러 가지가 있음을 소개하고, 그들이 어떤 방식으로 의사 결정을 내리고 싶어 하는지 탐색해 봐야 한다.

밥의 조언
- 밥은 팀원들의 긍정적인 (애자일 중심) 발견, 팀 결속력 강화, 그들의 실행 및 실험 의지를 팀에 알려 주었더라면 그들이 더 많은 성찰을 할 수 있었을 것이라는 내 생각에 동의했다. 밥은 내가 이를 고객과 공유하지 않는 경향이 있다며, 계획을 수립할 때 이 부분을 반영하거나 코칭 전에 반영 메타스킬을 '장착'해야 함을 스스로에게 상기시켜야 한다고 언급했다.
- 같은 맥락에서 밥은 내가 고객을 감지하고 반응하는 데 좀 더 능숙해지고 있는 것 같다고 언급했다.(매끄러운 스탠스 전환) 나에게는 긍정적이고 고무적인 피드백이었다.
- 이번 워크숍 계획은 지난 워크숍보다 조금 가벼워진 것 같았다. 밥은 이것이 흐름에 약간 영향을 미친 것 같아 보인다면서 이 부분을 언급했다. 계획을 세울 때 결과 및 내가 (계획적으로 또는 즉흥적으로) 사용할 스탠스에 얼마나 편안함을 느끼는지 조금 더 고려한다면 코칭을 더 편안하게 할 수 있을

것 같다. 그리고 고객 결과도 더 강력해질 가능성이 높다. 그러나 밥은 나에게 이 점을 깊이 생각해 보고 그것이 내게 어떤 영향을 미치는지 살펴보라고 요청했다.

워크숍 3: 파일럿 대상 선정

기초 작업이 완료되었다. 나는 그들이 첫 번째 단계에 합의하고 앞으로 나아갈 준비가 된 상태에서 긍정적인 마음으로 한 주를 마무리하기를 바랐다. 그렇게 할 수 있다면 다음 주부터 리더로서 변화를 이끌고 지원할 수 있는 방법에 대한 작업을 시작할 수 있다.

계획 수립

나아갈 방향이 정해졌으니 나는 이들이 미래 비전을 향해 갈 수 있는 첫 걸음을 탐색해 보기를 바랐다.

나는 팀원들이 팀으로서 이 과정을 통해 스스로에 대해 어떤 점을 알아차리고 있는지 탐색할 수 있도록 체크인 질문을 계획했다. 그들이 팀으로서 어떻게 변화하고 있는지에 대한 인식을 심어 주고 싶었기 때문이다.

첫 번째 퍼실리테이션 섹션은 잠재적 미래 상태를 바라볼 때 현재의 긴장감을 파악하는 것이었다. 초반에는 브레인스토밍을 진행할 예정이지만 이후 수렴을 위해 소그룹으로 나누어 그들이 해결하고자 하는 주요 긴장감을 그룹화하고 병합하고 제거하고 식별할 계획이다.

그런 다음 긴장감을 해결하기 위해 잠재적인 실험을 만든다는 아이디어를 소개할 것이다. 이번에도 그룹을 나누어 작업을 진행할 예정이다. 여러 실험을 만들고 플래닝 포커(planning poker)[2]를 활용해 각 실험에 가치와 비용을 할당하고 투자 수익률(ROI)을 파악하려 한다. 내 목표는 실험 규모에 따라 한 개에서 최대 세 개의 실험을 실행하도록 하는 것이다. 이 모든 것이 그들에게는 매우 낯설 수 있으므로 나는 리더로서 그들을 격려하는 데 반드시 의식적인 노력을 기울여야 한다.

---

2 (옮긴이) 합의를 기반으로 상대적인 업무량을 추정하는 애자일 실천법

대화

"오늘은 고위 리더십 팀에 발표하기 위해 실행할 수 있는 몇 가지 단계를 만들어 볼게요. 하지만 그 전에 체크인부터 시작하겠습니다. 이번 주 팀 분위기에 어떤 변화가 있었나요?"

"음, 저희는 훨씬 더 인내심을 갖고 배려하고 있습니다." 니메시는 팀 업무 합의에 초점을 맞추어 말했다.

"그게 어떤 모습이죠?"

"글쎄요, 속도가 느려지고 있어요." 니메시가 말을 이었다. "하지만 결과적으로 우리는 서로의 의견을 조율해서 업무를 의미 있게 완료하고 있습니다. 논쟁만 하고 아무 진전이 없는 대신에 말이죠."

"또 달라진 것이 있어요." 닐이 말했다. "보통 우리는 회의 때에만 서로 만납니다. 이번 주에는 서로를 찾아다니며 이런저런 이야기를 나누는 모습을 보았어요."

"전에는 애자일 도입을 생각하면 부정적이고 두려운 느낌이 들었는데요. 이제는 다음에 무슨 일이 일어날지 기대감이 생겼습니다." 라이언이 말했다.

나머지 팀원들도 각자 생각을 공유했다. 마침내 모든 사람이 도착하고 체크인을 마친 후 나는 본격적으로 워크숍을 시작했다.

"여러분이 지금까지 과정을 정말로 즐겁게 함께 잘 해내고 있는 것 같아요." 나는 관찰한 결과를 공유했다. "오늘은 긴장감(tension)이라는 개념을 소개해 드리고자 합니다. 저는 피터 센게(Peter Senge)의 《학습하는 조직》(강혜정 옮김, 에이지21, 2014)이라는 책에서 그 개념을 처음 접했어요."[3]

"현재 상태와 잠재적 미래 상태 사이에 고무줄이 팽팽하게 연결되어 있다고 상상해 보세요. 긴장감은 좋은 것도 아니고 나쁜 것도 아니지만, 우리가 원하는 상태에 더 가까이 다가가든지, 아니면 원하는 상태를 바꾸든지 해서 그 긴장감을 느슨하게 해야 합니다. 우리는 전자를 먼저 시도할 거에요. 긴장감을 한 가지 이상 파악하고 앞으로 나아갈 수 있는 실험을 설계하는 거죠."

"자, 여러분의 잠재적 미래를 바라보았을 때 여러분에게 다가올 일은 무엇인

---

3 다음은 이러한 긴장감을 설명하는 피터 센게의 5분짜리 멋진 동영상이다: *https://youtu.be/wz337pj-oLE*

가요? 이런 일을 도전이라고 생각할 수도 있고 기회라고 생각할 수도 있겠지만, 여러분에게 다가오리라고 생각하는 일을 조용히 보드에 적어 주시면 좋겠습니다."

몇 분 후 나는 활동을 중단시켰다. 새로운 긴장감을 적는 속도가 느려졌는데, 지금쯤이면 틀림없이 중요한 항목들(그림 26)이 나왔을 것이다. "이제 여러분을 그룹으로 나누어 작성한 긴장감을 살펴보겠습니다. 현재 이미 존재하는 긴장감과 향후에 일어날 수도 있겠지만 아직은 걱정일 뿐인 긴장감을 구분해 주세요. 미래의 긴장감은 옆에 따로 모아 주세요. 또한 관련 있는 긴장감은 겹쳐서 붙여 주시고 그 그룹에 이름을 붙여주세요. 아시겠죠?"

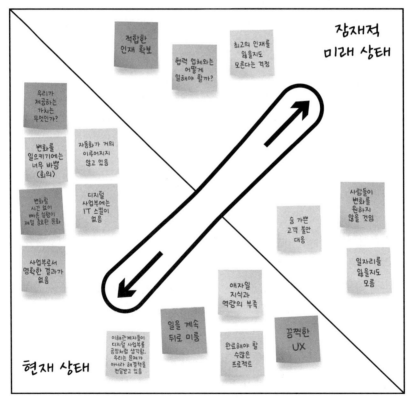

그림 26 현재 상태와 미래 상태 간의 긴장감 #1(출처: 마크 서머스의 그룹 퍼실리테이션 및 코칭 예시. 허락을 받아 수록함)

나는 이들을 그룹으로 나누고 10분 후에 그룹을 돌아다니며 소회의실 세션 사이에서 통찰과 이해를 공유하도록 했다. 마침내 다시 모였을 때 긴장감의 개수가 더 줄어들었고 몇 개의 그룹이 생겨나기 시작했다.(그림 27)

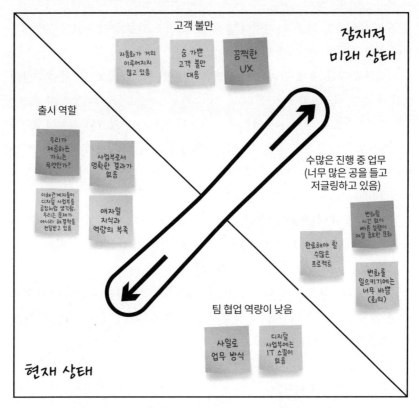

그림 27 현재 상태에서 미래 상태로의 긴장감 #2(출처: 마크 서머스의 그룹 퍼실리테이션 및 코칭 예시. 허락을 받아 수록함)

"대화에서 나온 중요한 정보가 있나요?"

"우리가 단지 '출시 역할'만 담당하고 있다는 점에 대해 많은 이야기를 나누었습니다. 우리는 제품 조직이 아닌 것 같아요." 데비가 말했다. "우리는 대부분 비즈니스 이해관계자가 지시한 대로 구현만 할 뿐입니다."

"사실 그 부분이 우리 고객의 UX가 대단히 좋지 않은 이유 중 하나라고 생각해요." 자라가 말했다. "실제로 우리의 UX는 요구가 서로 다른 다양한 이해관계자에게서 받은 요청의 결과물입니다. 마치 크기가 서로 다르고 색상이 제각각인 블록을 건네받아 만든 레고 집 같아요. 한 발짝 물러서서 우리가 만든 집을 전체적으로 바라보면서 멋진 집을 지으려면 무엇이 필요한지 생각해 본 적이 전혀 없어요."

"좋은 비유예요, 자라" 라이언이 말했다. "그리고 진행 중인 프로젝트가 너무 많아서 이에 대해 무언가를 할 시간이 없습니다."

"이러한 긴장감 중 몇 가지는 서로 연결되어 있는 것 같네요. '팀 협업 역량이 낮음'에 대해서는 어떻습니까?"

"그건 기회예요. 디지털 사업부에서 그동안 시도하지 않았던 것이고, IT 사업부에서도 분명히 시도해 본 적이 없는 일입니다." 닐이 말했다. "빠른 속도를 원한다면 부서 사이에 업무를 주고받는 횟수와 의존성을 줄여야 하기 때문에 무언가 바로 시도해 보고 싶습니다."

"네 개 그룹이 나왔네요. 더 큰 긴장감을 일으키는 다른 것이 있을까요?" 팀원들은 고개를 저으며 더 이상 없다고 말했다. 몇 가지 긴장감을 살펴보았으므로 이제 실험을 만드는 데 집중할 차례이다.

"우리가 만들 수 있는 변화를 설명하는 몇 가지 선택지를 만들어 보려 합니다. 이를 위해 몇 가지 실험을 설계할 거예요. 가상 보드에서 우리가 초기에 활용하려는 양식을 살펴봐 주세요."

"이것은 실험 카드입니다. 그 옆에서 실험을 설계할 때 고려해야 할 몇 가지 지침을 볼 수 있을 겁니다."

실험 카드 양식은 더 레디(The Ready)에서 빌려 온 것(그림 28)이다. 또한 더 레디는 미리 정의해 놓은 긴장감 및 실천법 카드(Tension and Practice Cards)도 제공한다. 이런 도구를 사용하면 더 안전하게 긴장감의 존재를 인정할 수 제공한다. 많은 조직이 비슷한 경험을 하기 때문이다.

이 워크숍에서 몇 가지 긴장감을 이미 확인했지만, 영감을 끌어내야 할 경우에는 실천법 카드를 활용할 수도 있다.

다음 한 시간 동안은 팀이 실행할 수 있는 두 가지 멋진 실험을 함께 구상하고 명확히 표현할 것이다.

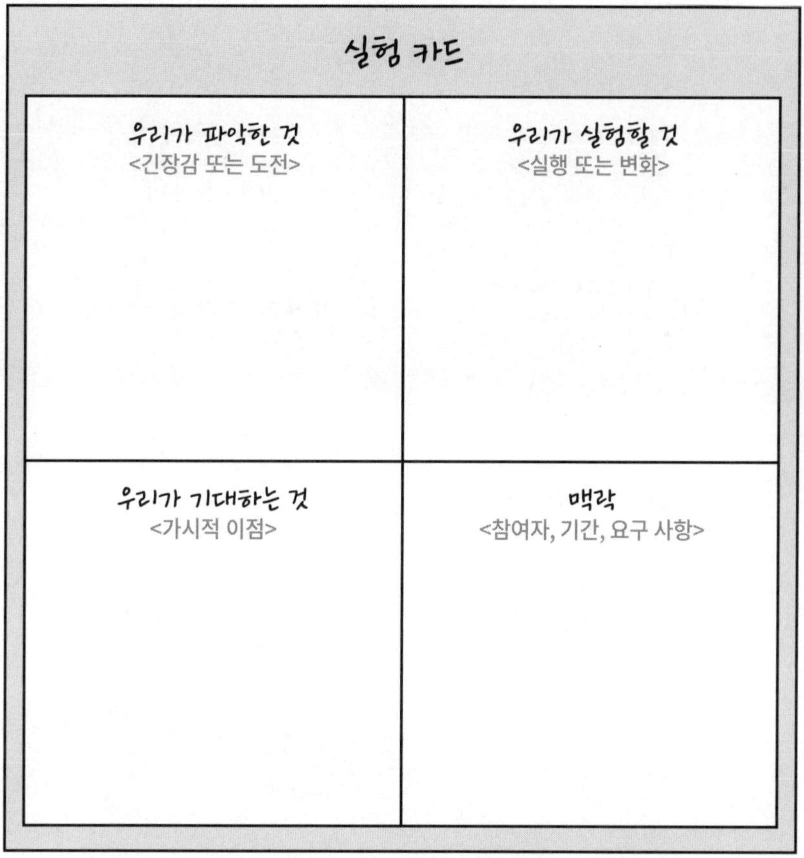

실험 카드

우리가 파악한 것 <긴장감 또는 도전>	우리가 실험할 것 <실행 또는 변화>
우리가 기대하는 것 <가시적 이점>	맥락 <참여자, 기간, 요구 사항>

그림 28 실험 양식(출처: 마크 서머스의 그룹 퍼실리테이션 및 코칭 예시.
더 레디(*https://theready.com/cards*)에서 가져옴. 허락을 받아 수록함)

라이언이 첫 번째 실험(그림 29)을 소개했다. "프로젝트 개수를 14개 이하로 줄일 수 있는 방법을 찾아보려면 자원자 그룹이 필요합니다. 이 숫자가 적절한지 모르겠지만 니메시는 이 정도면 실제로 테스트해 볼 수 있다고 생각해요. 적어도 6개월 동안 실험을 진행할 예정이지만, 그 과정에서 새로운 사실을 알게 되면서 진행 중인 프로젝트 개수를 조정할 수 있을 것으로 예상합니다. 그래서 모두가 동의한다면 다음 단계는 자원자를 모집하는 것입니다. 제가 기꺼이 초안을 작성하겠습니다."

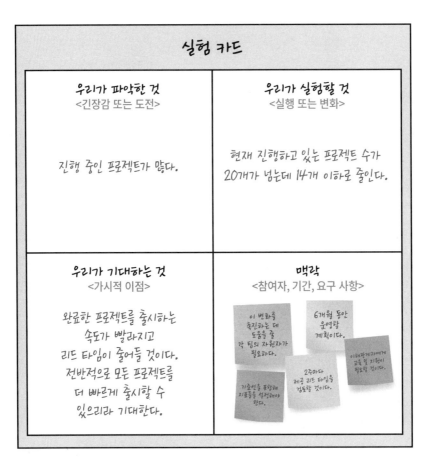

그림 29 실험 1(출처: 마크 서머스의 그룹 퍼실리테이션 및 코칭 예시. 허락을 받아 수록함)

"고맙습니다. 그리고 그 실험을 함께 작성한 모든 분들께도요." 내가 말했다. "또 뭐가 있을까요?"

"음, '팀 협업 역량이 낮음'과 '우리를 출시 역할로만 간주함'을 하나로 합쳤군요."(그림 30) 폴이 말했다.

"이는 주로 우리가 새롭게 준비 중인 온라인 뱅킹 고객 여정 프로젝트 재작업에서 생기는 기회 때문인데요. 이 부분은 우리 마음대로 할 수 있어요. 따라서 교차 기능 팀(cross-functional team)[4]이라는 개념을 실험하고, 좀 더 전체적이

---

4 (옮긴이) 공동 목표를 달성하기 위해 다양한 스킬과 경험을 지닌 사람들로 구성된 팀. 목적 지향적이며 외부 의존성이 낮고 의사소통이 활발한 자기 조직화 팀이다.

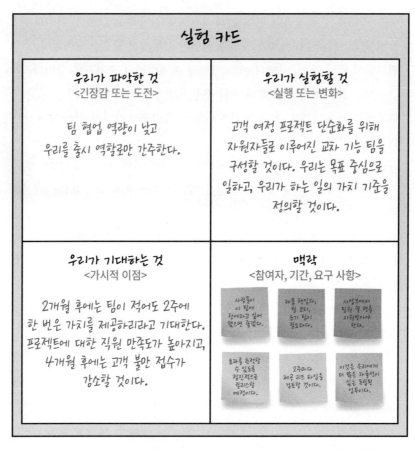

고 목표 지향적인 방식을 실험해 볼 수 있는 훌륭한 샌드박스가 될 겁니다.”

세션을 마치고 나는 무엇을 할지 그리고 어떤 조치 사항이 도출되었는지 한 번 더 요약해 달라고 요청했고, 다음 주 말에 그 내용을 공식적으로 검토할 것이다.

성찰

관찰: 무슨 일이 일어났는가?

• 체크인이 긍정적이었고 내가 말하지 않아도 팀워크를 발휘하고 있음을 그들 스스로 깨달았다.

- 나는 리더로서 긍정적인 언어를 의식적으로 사용하고 그들을 격려하려고 노력했다. 이는 일이 어떻게 될지 불확실한 상황에서 중요한 일이었다.
- 워크숍이 끝날 무렵, 실험의 세부 사항을 설계하면서 자원자를 참여시키자는 이야기를 시작했을 때 폴의 강한 부정적 반응을 알아차렸다.
- 그들이 만든 두 실험은 조직에 미치는 영향 측면에서 사소한 일은 아니지만, 단계는 충분히 명확해 보인다.
- 나는 팀을 바꿔서 서로 다른 짝을 만날 수 있도록 했다. 이는 한 실험으로 두 가지 긴장감을 다룰 수 있다는 사실을 깨닫는 것을 비롯하여 실험을 개선하는 데 도움이 되었다.
- 실험 순서를 정할 때 투자 수익률이라는 개념을 활용할 계획이었지만, 그룹 대화를 통해 자연스럽게 실험을 걸러 냈기 때문에 그럴 필요는 없어 보였다.

해석: 무엇을 배웠는가? 무슨 의미인가?

- 애자일 방식으로 리더십을 발휘하는 것이 기존 리더십과 다르다는 사실을 깨닫기 시작하면서 리더십 역할에 대한 이들의 불안함이 느껴졌다. 특히 오늘 워크숍에서 폴이 가끔 불안해하는 것을 느꼈다. 자원자가 실험의 주체가 된다는 아이디어를 내가 언급하자 그런 반응이 나왔다. 내가 직접 아이디어를 제안하기 전에 라이언과 니메시를 대화에 참여시키는 것이 더 나았을지도 모르겠다.
- 현재 팀에는 일을 추진하려는 긍정적인 에너지가 넘치고 있다. 따라서 이를 활용하여 모멘텀을 만들고 유지할 수 있도록 도와주는 것이 좋겠다.
- 대화가 끝날 무렵, 긍정적인 에너지에 사로잡혀서 그룹 대화에서 들었던 내용을 생각 없이 따라 말했던 것 같다. 아마 그 대화에서 좀 더 멀리 떨어져 있는 편이 좋았을 뻔했다.
- 라이언과 데비는 둘 다 매우 행동 지향적이며, 구심점이나 변화 전문가가 될 수 있는 잠재력이 있다. 나는 이들에게 더 많은 코칭과 가이드를 제공하고 싶고, 좀 더 체계적이고 전략적인 조언자 스탠스를 제안하고 싶다.

행동: 결과적으로 무엇을 해야 하는가?

- 이러한 전환을 어떻게 이끌고 지원할 것인지에 대한 출발점으로, 조직 복잡성 탐색이나 애자일 리더십과 같이 팀과 함께 더 깊이 살펴볼 만한 몇 가지 개념이 있다.
- 세션이 끝날 무렵 나는 라이언과 데비에게 그들의 실행을 지원하기 위해 일대일 코칭 시간을 제안했다. 일대일 코칭은 다음 주에 시작할 것이다.
- 폴에 대해 확인이 필요하다.
- 일부 그룹의 긍정적인 감정에 너무 휩쓸리지 않도록 주의해야 한다. 중립을 유지할 필요가 있다. 나는 이 내용을 포스트잇에 적어 모니터에 붙여 두었다.

밥의 조언

- 밥의 첫 번째 피드백은 내가 '지나치게 코치스럽다'는 것이었다. 즉, (전문) 코치 스탠스에 너무 기대고 있다는 것이다. 질문이 너무 많고, 너무 중립적인 태도를 유지하며, 상황에 맞춰 가며 활동하는 중이 아닐 수도 있다고 생각했다. 밥은 이것이 이분법적인 문제가 아니며 내가 좀 더 편안하게 다른 스탠스를 받아들이기를 고려해야 한다고 강조했다. 여담이지만, 밥은 시간이 흐르면서 내가 가장 적게 사용하는 스탠스가 조언자 스탠스라는 점을 주목하고, 그 이유를 궁금해했다.
- 밥은 내가 사용했던 퍼실리테이션 도구를 매우 높이 평가했고, 그 도구를 선택한 것과 그 도구가 팀과 잘 통합을 이룬 것에 칭찬을 아끼지 않았다. 또한 내가 도구를 꽤 잘 사용했다고도 이야기했다.
- 또한 밥은 이 고객(팀)이 의사소통에 대한 비유에 공감하는 것 같다고 언급했다. 그들은 비유를 마음속에 상상하는 것처럼 보였는데 그것이 팀 공감대에 도움이 되었다. 밥은 내가 향후 코칭 상황에서 그들에게 새로운 비유를 활용하도록 격려하거나, 내가 비유를 코칭에 활용하는 것을 고려해 볼 수 있겠다고 말했다. 그리고 밥은 비유를 스탠스에 구애받지 않고 정말 범용적으로 활용할 수 있다고 일깨워 주었다.

폴과 갑작스럽게 나눈 대화

워크숍이 끝난 직후 폴이 내게 대화를 요청하면서 15분 후에 만나자고 했다. 계획할 시간도 없었던 데다가 나는 다음 주 워크숍을 설계하느라 머릿속이 이미 복잡한 상황이었다. 하던 일을 내려놓고 밖으로 나와, 폴에게서 느껴졌던 불안감을 다시 떠올릴 시간을 잠시 가졌을 뿐이다. 나는 모드 전환이 절실히 필요했고 그렇게 하리라 결심했다.

대화

"안녕하세요, 줄리? 우선 지금까지 저희를 위해 진행해 주신 워크숍에 감사드리고 싶어요. 팀이 이렇게 잘 지내면서 같은 방향으로 나아가는 모습을 본 적이 없어요."

"저도 즐거웠고요. 다음 세션이 기대됩니다. 또 무엇을 도와 드릴까요?"

"음, 과거에는 우리 팀이 전문성을 기반으로 각자 자기 할 일을 알아서 하리라고 기대했고, 그래서 팀으로 함께 일한다는 생각조차 하지 않았다는 사실을 깨달았어요. 또한 제가 팀원들을 한 팀으로 만드는 데 필요한 스킬을 갖고 있는지 잘 모르겠다는 생각도 들었습니다. 그리고 애자일 조직에서 제가 어떤 리더가 될 수 있을지도 걱정됩니다. 당신과 함께 이 문제에 대해 이야기 나눌 수 있을지 궁금하네요."

나는 이 말을 듣고 코치 스탠스가 도움이 될 수 있겠다는 생각이 들었는데 폴이 스스로를 가장 잘 알 것이기 때문이었다. 그런데 폴이 약간의 안심이 되는 말과 조언을 원하고 있다는 느낌도 들었다. 그러나 먼저 내 마인드셋이 두 스탠스 사이에서 춤을 출 준비가 되어 있는지 스스로 확인해 보았다. 나는 다음 워크숍 설계에 몰두하고 있었지만, 이 대화를 나누기 전에 그 일을 미뤄 두어야 한다는 사실을 충분히 알고 있었다. 폴에게 온전히 집중할 수 있을 것 같았다.

나는 폴이 자기 인식과 취약성을 기꺼이 드러내는 모습이 놀라웠고, 그 사실을 폴에게 말하고 싶었다.

"먼저, 당신이 자신의 취약성을 드러내고 나를 신뢰해 주어서 감사드리고 싶습니다. 자신의 두려움을 인정하기가 어려운 일임을 잘 알고 있고, 저는 그렇게 인정한 것이 당신에게 큰 힘이 되리라고 생각합니다. 그렇게 해 주셔서 감사하다고 말씀드리고 싶어요. 이제 이 상황에 대해 무엇을 더 느끼시나요?" 나는 정보를 드러내기 위해 이 질문을 던졌지만, 폴이 이성적으로 생각하고 있는지 파악하고 싶기도 했다. 폴이 화를 내거나 당황한다면 코칭 대화를 나누기에 좋은 상황이 아닌 것이 분명했다.

그러나 폴의 말투는 차분하고 신중했다. "제 리더십 스타일이 이러한 애자일 전환에 방해가 되지는 않을까 조금 걱정이 됩니다. 저는 상황을 통제하면서 질문에 답을 제공하는 데 익숙하거든요."

이 대화가 어디로든 이어질 수 있으므로 나는 폴이 지금 자신에게 가장 중요한 것에 집중하기를 바랐다. "자, 저와는 한 시간이 예정되어 있는데요. 세션이 끝났을 때 어떤 결과를 얻기를 바라시나요?"

폴은 잠시 생각에 잠겼다. "앞으로 몇 주 동안 제가 디지털 사업부 리더십 팀에서 어떤 식으로 협력해야 할지, 전환 과정에서 어떤 역할을 해야 할지 알 수 있으면 좋을 것 같아요."

"자신을 어떤 리더라고 설명할 수 있을까요?"

"가능한 한 최선의 결정을 내릴 수 있도록 최대한 많은 정보를 얻는 것이 제가 해야 할 일이라고 여겼습니다. 저는 나 자신을 이곳을 하나로 묶는 접착제라고 생각했어요." 폴은 잠시 말을 멈췄다. "제가 모든 것을 하나로 묶어 주지 못하면 전부 무너질까봐 두렵습니다."

"접착제가 된다는 것은 어떤 모습인가요?"

"말 그대로 끈끈해지는 거죠. 때때로 사람들과 저는 관점이 서로 다를 수밖에 없기 때문에 다소 불편한 순간이 생기기도 합니다. 다행히도 이 은행에 오랫동안 몸담아 왔기 때문에 존중을 받고 있는 것 같아요." 폴은 잠시 말을 멈췄다. "가끔은 접착제가 너무 얇게 발라져 있는 것 같기도 합니다. 상황을 파악하는 데 시간이 오래 걸리고, 때로는 균열이 생겨서 전부 무너지는 것 같기도 해요. 모든 게 정말 너무 부서지기 쉽습니다. 라이언이 저를 도와주고 있지만, 마치 갈라진 틈을 간신히 테이프로 붙여 놓은 것 같은 느낌이에요."

폴은 불만스러운 목소리로 그동안의 상황에 정말 딱 맞는 비유를 했다. 나는 접착제라는 비유를 활용하면서 폴이 현재 말하는 방법을 유지하기로 잠시 결정했다.

"언제 그 접착제가 효과를 발휘하나요?"

"오랫동안 효과가 있었습니다. 은행 운영 방식과도 잘 맞았죠. 여기에서 직원들은 사람들을 얼마나 잘 통제하는지에 따라 승진합니다. 저는 디지털 사업부 책임자로 부임하기 전까지 인프라 사업부 책임자로 일하면서 부서를 잘 이끌었어요. 그곳에서는 변화의 속도가 더 느렸던 것 같아요."

"디지털 사업부가 처음 생겼을 때는 효과적이었습니다. 그 접착제가 필요한 구조를 제공했죠. 하지만 최근 요구 사항이 급증하면서 곳곳에서 균열이 나타나고 있습니다."

폴이 인프라 사업부와 디지털 사업부의 차이점을 설명하는 데 시간을 약간 할애했는데, 이제 나는 폴의 렌즈를 좀 더 미래 지향적으로 바꾸고 싶었다. 하지만 나는 폴에게 앞으로 일어날 변화에 기준점이 없음을 알고 있었기 때문에, 몇 가지 의견을 제시하면서 긍정적인 방법으로 변화의 틀을 잡아 보기로 결정했다.

"워크숍에서 우리는 자신의 결과에 책임을 지고 스스로 결정을 내릴 수 있는 자율적인 팀이라는 미래 비전을 만들었어요. 이를 위해서는 리더십 행동 방식에 변화가 필요하다고 당신도 느끼고 계실 겁니다." 이에 폴은 고개를 끄덕이며 쓴웃음을 지었다. "워크숍을 진행하는 동안 저는 가끔 당신이 주저하는 모습을 보았어요."

"당신이 퍼실리테이터 역할을 해 주어서 도움이 된 것 같아요. 평소 같으면 일을 진행하는 데 결정을 내리기만 했을 텐데요. 스포트라이트를 받지 않고 다른 사람들을 좀 더 관찰하는 것이 흥미로웠습니다."

"자, 당신은 할 수 있어요. 지난 한 주 동안 팀은 훌륭하게 해 왔고 그룹 전체가 기여를 했어요. 여러분이 경험하고 있듯이 팀에서 리더가 모든 결정을 내릴 필요는 없습니다. 팀에게는 지원과 격려가 필요합니다."

폴은 그 말에 웃었다. "지금 당신이 저를 격려하는 것처럼요."

"사람들에게 동기를 부여하는 건 어려운 일이고, 그 대부분은 스스로 결정을 내릴 수 있도록 하고, 업무가 의미 있는 일인지 확인해 주고, 성장을 돕는 등 팀을 위한 환경을 만드는 일입니다. 하지만 존경하는 사람이 긍정적인 언어를 사용하면서 격려할 기회를 찾을 때만큼 사람들에게 따뜻한 느낌을 주는 건 없죠."

폴은 고개를 들고 생각에 잠겼다. 약 30초 후에 폴은 이렇게 말했다. "우리는 사람들의 성장을 지원해야 하고, 이를 위해 리더들과 여러 관리자가 일일이 챙길 필요는 없어요."

"지금 그 부분을 더 생각해 볼까요, 아니면 앞으로 몇 주 동안 어떻게 해야 할지에 집중해 볼까요?" 나는 폴이 대화의 방향을 잡을 수 있도록 이렇게 물었다.

"좀 전의 주제는 좀 더 시간을 두고 생각해 보고 싶으니, 앞으로 몇 주 동안의 전환에 집중해 보시죠." 폴은 앞으로 나아갈 준비가 되었다.

"앞으로 2주 동안 리더들이 당신을 필요로 하는 일에는 무엇이 있을까요?"

"애자일 전환 관점에서 보면 거의 없습니다. 특히 라이언과 데비는 추진력 있게 파일럿에 활기를 불어넣을 수 있어요. 하지만 그 둘이 일을 진행하는 동안 다른 부분에서 어려움을 겪을 수도 있기 때문에 제가 평소 업무 중 일부를 도울 수 있습니다."

"당신이 또 어떤 가치를 제공할 수 있을까요?"

또 다시 폴은 잠깐 생각에 잠겼다. "내 생각에 우리가 비전을 향해 나아갈 수 있도록 해 주는 일이나, 다른 사람에게 결정을 내려 달라고 분명히 요청하는 모든 일에, 지지와 칭찬을 보이기 위해 노력해야 할 것 같습니다."

"10점 만점으로 점수를 매긴다면 그 일이 얼마나 어려운 일일까요? 1은 거의 불가능, 10은 쉬움입니다."

"글쎄요, 아시다시피 저는 지금까지 워크숍에서 일부러 한 발짝 물러나 있었는데요. 쉽지 않은 일인 것 같아서 4점으로 하겠습니다."

"그 점수가 6점이 되려면 무엇이 필요할까요?"

"팀원들에게 투명하게 말하고 제가 지나치게 독단적으로 행동하거나 모든 결정을 내리기 시작하면 팀원들에게 말해 달라고 요청할 수 있을 것 같아요."

"훌륭하네요. 또 뭐가 도움이 될까요?"

"음, 다음 주에 워크숍이 있다는 사실이, 우리가 어떻게 리더십을 발휘하고 있는지 돌아볼 수 있는 기회를 모두에게 제공한다고 생각합니다." 폴이 마지막으로 말했다.

나는 다시 한번 코치 스탠스에서 벗어나, 모두가 리더로서 자신을 성찰할 수 있는 최선의 워크숍을 어떻게 만들 수 있을지 이야기했다. 대화가 끝날 무렵, 나는 폴에게 이번 세션에서 무엇을 얻었는지 생각해 보라고 요청했다. 폴은 리더로서 이루고 싶은 몇 가지 변화를 팀원들과 함께 공유하고 도움을 요청하겠다고 약속했다.

또한 폴과 계속 대화를 나누기로 했으며 2주마다 일대일 코칭 세션을 갖기로 합의했다.

성찰

관찰: 무슨 일이 일어났는가?

- 최고위 스폰서가 활동 초기에 도움을 요청했다.
- 지난 워크숍이 끝났을 때 폴이 걱정하는 모습을 보았기 때문에, 이 세션을 갖게 된 것이 기뻤지만 전혀 예상하지 못한 일이었다.
- 접착제라는 비유는 폴이 자신의 리더십에 대해 느꼈던 좌절감을 풀어내는 데 큰 도움이 되었다.
- 나는 이 대화에서 주로 코치 스탠스를 활용했지만 리더 스탠스에서 폴을 격려했고 조언자 스탠스에서 폴과 협력하여 워크숍을 함께 만드는 파트너 관계를 맺었다.
- 코칭 대화로 들어갈 수 있도록 허락을 얻은 후, GROW(Goal·Reading·Option·Wrap-up) 모델[5]과 거의 비슷한 전형적인 코칭 아크를 따랐다.
- 앞으로 몇 주 동안 폴이 리더로서 집중할 수 있는 목표(Goal)를 수립했다.
- 현재의 현실(Reality)을 탐색했다.
- 선택지(Option)를 브레인스토밍했다.
- 마지막으로, 몇 가지 행동을 정하고 이를 거듭 말하며 되새겼으며 되돌아보는 것으로 마무리(Wrap-up)했다.
- 나는 폴이 생각할 수 있는 충분한 시간과 공간을 제공했다.

---

5 GROW는 인기 있는 코칭 모델이다. 솔직히 말하자면, 이 책에는 모델이 이미 충분히 많고 5장의 아크가 GROW를 직접적으로 대체할 수 있다고 생각하기 때문에, 이 짧은 요약 외에는 자세히 다루지 않을 것이다. 그러나 GROW를 더 자세히 알아보고 싶다면 다음 링크에서 시작할 수 있다: *https://www.performanceconsultants.com/grow-model*

해석: 무엇을 배웠는가? 무슨 의미인가?

- 폴은 코칭에 매우 열려 있으며 적어도 나와 일대일 대화를 나누면서 취약성을 드러낼 준비가 되어 있었는데, 그룹에서 전에는 본 적이 없는 모습이었다.
- 이 조직의 문화는 특정 유형의 리더십을 선호하므로 통제 문화로부터 파일럿을 보호하려면 강력한 리더십이 필요할 수도 있다.
- 이 대화를 통해 나는 비유가 코칭에 얼마나 강력한 힘을 발휘할 수 있는지 새삼 깨닫게 되었다. 비유는 특히 폴에게 울림을 주었고 팀의 다른 이들에게도 마찬가지였을 것이다. 비유를 더 자주 활용하고 싶다.
- 폴이 리더로서 할 수 있는 다른 일도 많을 것이다.
- 이 조직의 문화가 드러났는데 리더들의 행동 방식은 조직 맥락과 관련이 있을 가능성이 높다.

행동: 결과적으로 무엇을 해야 하는가?

- 디지털 사업부 리더십 팀 전체와의 대화에서도 비슷한 아크를 따를 수 있다. 추가적인 팀 상호 작용을 통해 팀으로부터 리더십에 무엇이 필요한지 더 많은 내용이 나올 수 있을 것이다.
- 리더로서 팀을 살펴보기 전에 조직 맥락을 살펴봐야 한다.
- 폴과의 다음 세션 일정을 잡아야 한다.

밥의 조언

- 밥은 또 다시 내가 코치 스탠스를 너무 오래 유지하는 것 같다는 피드백을 주었다. 그리고 폴은 주로 긍정적인 지지, 인정, 지침을 필요로 했기 때문에 여기에서는 더 문제가 됐을 수도 있다고 언급했다. 조언자 스탠스로 더 많은 시간을 보내거나 폴을 위한 역할 모델이 되는 데 더 많은 시간을 할애했더라면 그렇게 할 수 있었을 것이다.
- 이 대화는 '과잉질문사', 즉 질문이 적정 수준을 초과한 좋은 예시이기도 하다.
- 밥을 초대하여 나와 함께 짝 코칭을 좀 더 하면 그가 똑같은 대화를 할 때 좀 더 미묘한 스탠스 전환 방법을 보여 주거나 멘토링을 해 주거나 모델이 되어 줄 수 있을 것 같다.

마무리

분명히 이것은 이야기의 끝이 아니라 시작이다. 하지만 이 책의 목적상 줄리의 성찰은 줄리의 몫으로 남겨 두고, 줄리처럼 끝내주는 애자일 코치가 활동하는 방법을 통해 우리 자신을 되돌아보자.

애자일 코치는 애자일 코칭 대화 아크 중에 여러 스탠스 사이를 전환해야 할 수도 있다. 때로는 프로세스를 안내하는 퍼실리테이터가 될 수도 있고, 사고를 촉진하고 지원하는 코치가 될 수도 있으며, 개념을 가르치거나 조언을 제공함으로써 학습을 안내해야 할 수도 있다. 하지만 리더는 항상 행동의 모델이 되고, 다른 사람들을 지원하고 육성하며, 사람들이 앞으로 나아갈 수 있도록 격려하는 역할을 한다.

여기에서는 두 가지가 중요하다.

- 전혀 다른 맥락에서 다양한 스탠스로 활동할 수 있는 역량을 갖춰야 한다.
- 주어진 때에 가장 적절한 스탠스를 감지할 수 있는 직관과 경험이 있어야 한다.

공식은 없다. 이러한 스킬은 성찰을 통한 연습으로 얻을 수 있다. 줄리가 각 상호 작용 후에 어떻게 성찰했는지 보자. 줄리는 주로 이러한 성찰을 통해 활동에 대한 자신의 생각을 개선했지만, 여기에는 가끔 애자일 코치로서 자기 관리를 개선하는 데 활용할 수 있는 작은 보석 같은 것들도 들어 있었다.

관찰해야 할 또 다른 흥미로운 점은 애자일 코칭 대화 아크가 전부 개별적으로 일어나는 것이 아니라는 점이다. 한 아크의 끝은 이어지는 다른 아크의 시작이다. 또한 워크숍을 통해 활동 안에서 여러 대화 아크가 여러 수준에서 동시에 진행되고 있음을 알게 되었을 것이다.

- 2주 동안의 워크숍을 아우르는 전체 아크가 있다. 이 이야기에서 우리는 첫 번째 워크숍 전반부에서 앞으로 이어질 여러 워크숍을 위해 업무 합의를 도출하고 목표를 설정하면서 전체 아크를 여는 데 전념하는 모습을 볼 수 있다.
- 체크인으로 시작해 대개는 약간의 성찰로 마무리하는 아크가 날마다 있다.
- 각 퍼실리테이션 게임 또는 활동에도 초반전, 중반전, 종반전이 있다.

기억해야 할 핵심 사항은 이번 장 맨 처음에 나온 패턴인 '만들기, 들어가기, 돌아보기, 전환하기'이다. 그리고 끝내주는 애자일 코칭은 초콜렛 상자처럼 창발적 활동이라는 사실도 기억하자.

10장

애자일 코칭 그로스 휠과 끝내주는 메타스킬

통계학자 조지 박스(George Box)는 이렇게 말했다. "모든 모델은 비슷한 무언가일 뿐이다. 본질적으로 모든 모델은 틀리지만 그중에는 유용한 부분도 있다. 그러나 모델은 비슷한 무언가라는 특성을 항상 염두에 두어야 한다."

우리는 모델에 얽매이지 않으면서도 그 유용성을 받아들일 필요가 있나. 그리고 그동안 의 경험, 학습, 실험을 바탕으로 모델 확장을 두려워해서는 안 된다.

동시에 모델을 유용한 것에서 위험하거나 제한적이거나 쓸모없는 것으로 바꿔 버릴 수도 있다. 이런 식으로 전혀 엉뚱한 무언가를 만들거나 생뚱맞게 해석해 버릴 가능성이 있음 을 항상 경계해야 한다.

들어가기

현재로서는 애자일 코칭 그로스 휠이 애자일 코칭 기술의 너비를 표현하는 데 그리고 우리의 역량을 성장시키는 데 가장 좋은 모델이라고 생각하는데 몇 가지 특정 메타스킬을 활용하면 이 모델을 더 잘 사용할 수 있다. 이번 장에서는 좀 더 끝내주는 애자일 코치가 되기 위해 놓치지 말아야 할 메타스킬(즉, 스탠스, 마인드셋 또는 미묘한 역량)을 살펴보려고 한다. 다음과 같다.

1. 리더십
2. 변화 기술
3. 영감
4. 역할 모델

무슨 생각을 하고 있는지 다 안다. "밥, 애자일 코치가 고려해야 할 사항을 더 보태지 않아도 애자일 코칭 그로스 휠은 이미 충분히 복잡하고 넓고 깊다고 요." 나도 알고 있다. 그러나 이 책을 쓰고 모델을 살펴보면서 나는 중요하지만 명확하지는 않을 수도 있는 부분이 있다고 생각했고, 이를 강조하지 않으면 안 될 것 같았다.

따라서 이번 장에서는 휠의 몇 가지 좀 더 미묘한 측면을 비춰 본다고 생각하자. 우선은 휠 전반에 걸쳐 여러분의 스킬을 개발하는 데 집중하고, 이러한 역량을 강화하는 데 성공했다고 생각되면, 이제부터 소개할 메타스킬을 활용해 그 여정을 계속하고 개선해 보자.

메타스킬 1: 리더십

나는 리더십을 애자일 코칭에 필요한 자질로 설명해야 할지, 아니면 스탠스로 설명해야 할지 꽤나 고민했다. 새로운 버전인 휠 1.2에서는 리더십을 명확하게 역량으로 규정하고 있다. 리더십은 항상 내 코칭 페르소나 및 스킬의 일부였지만, 주로 내가 리더십 역할을 하다가 독립 애자일 코치로 일하고 있기 때문인 이유가 크다. 나는 리더십 계층에도 많은 코칭을 한다.

그러나 끝내주는 애자일 코치는 반드시 리더십 역량을 갖춰야 한다는 내 관점을 받아들인다면, 그건 정확히 어떤 의미일까? 어떤 모습일까?

탄탄한 애자일 리더십을 만드는 요소가 무엇인지에 대해서는 무수히 많은 견해가 있다. 그 내용으로 책 한 권을 쓸 수도 있을 정도이다. 그러나 나는 내 친구이자 동료인 안잘리 레온(Anjali Leon)의 원칙을 공유하면, 좋은 애자일 리더십이 어떤 모습인지 가장 잘 설명할 수 있다고 생각했다. 그림 31은 안잘리의 11가지 애자일 리더십 원칙을 보여 준다. 코칭할 때 이 그림을 출력해서 갖고

애자일 리더십 원칙

 불확실성에 익숙해진다.

 모든 것을 실험으로 간주한다.

 위임하고 책임은 회피하지 않는다.

 집단 지성을 활용한다.

 사람들이 제대로 일하는 데 방해가 되는 장애물을 제거한다.

 개입해야 할 때와 물러나야 할 때를 알아차린다.

 모든 계층에서 대담한 리더십을 육성할 수 있도록 자신의 리더십을 활용한다.

 투명하게 행동한다. 그리고 경청하고 관찰하고 질문한다.

 소수를 위한 최적화가 아닌 다수를 위한 최적화를 추구한다.

 유연하게 행동하되 원칙을 지킨다.

 두 날개로 날아간다. 다시 말해 여성적 역량과 남성적 역량을 모두 활용한다.

그림 31 애자일 리더십 원칙(출처: 안잘리 레온. 안잘리의 리더십 워크숍 교재 내용을 수정한 것이며 허락을 받아 수록함)

다니면서, 리더로서 중심을 잡고 집중하는 방법을 스스로에게 상기시키기를 추천한다. 나는 이 원칙을 출력해서 일지에 붙여 두고 거의 매일 성찰한다. 그렇게 하면 리더십 역량을 지속적으로 개발하고 집중해서 개선 활동을 하는 데 도움이 된다.

다음은 이 원칙 중 몇 가지에 대한 내 의견이다. 여러분에게는 어떤 의미인지 한 번 생각해 보자.

불확실성에 익숙해진다. 나는 리더이자 애자일 코치로서 결과와 성과의 압박을 받는다. 그리고 경영 및 프로젝트 관리 경력으로 인해 어떤 결과를 달성하고자 할 때 내 기본적인 태도는 계획 수립이다. 여기서 계획이란 '커다란 사전 계획'을 의미한다. 나는 원하는 결과를 달성하는 경로를 지시하려는 경향이 있다. 이 원칙은 나와 고객의 여정에 모호함과 불확실성이 있음을 일깨워 준다. 불확실성에 더 익숙해지고, 불확실성을 예상하고, 불확실성을 환영하고, 불확실성을 포용해야 한다. 그리고 불확실성으로부터 무엇이 창발될 수 있을지 기대감을 가져야 한다. 계획은 내 안전지대이기 때문에 나는 매일 내 생각에 이 원칙을 더할 필요가 있다.

개입해야 할 때와 물러나야 할 때를 알아차린다. 애자일 코치와 코칭에 잘 어울리는 원칙이다. 이 원칙을 생각하면 나는 애자일 코치이자 리더로서 곧바로 '순간을 춤추기'가 떠오른다. 나는 내가 개입한 때와 물러난 때를 일지에 자주 기록한다. 그리고 내가 개입한 이유와 그 계기가 중요하다. 이 원칙의 또 다른 중요한 측면은 모델이 되는 것, 즉 행동으로 보여 주는 것이다. 사람들은 여러분이 언제 어떤 모습을 보여 줄지를 관심 있게 지켜보고 있기 때문에, 적극적으로 역할 모델이 되어 그들에게 여지를 남겨 두는 것(물러나는 것)은 가치 있는 일이다.

두 날개로 날아간다. 다시 말해 여성적 역량과 남성적 역량을 모두 활용한다. 솔직히 나는 이 원칙을 이해하고 적용하기가 어려웠다. 안잘리에게 이 말이 무슨 뜻인지 물어봤는데, 그녀의 대답은 (적어도 내게는) 다소 모호했다. 그러나 좀 더 생각해 보니 나는 이미 다양성과 포용에 대한 내 지원, 학습, 성장에 이 원칙을 적용하고 있었다. 예를 들어 코치로서 나는 미묘한 차별(공격)의 특성을 연구한 덕분에 그룹이나 시스템 코칭 세션에서 미묘한 차별에 훨씬 더 집중할 수 있게 되었다. 또한 이분법적 사고에서 벗어나 모든 이들과 공감하며 소통할 수 있도록 노력한다.

내가 안잘리의 원칙을 직접 적용한 사례를 솔직하게 보여 줄 수 있어 감사하게 생각한다. 이 사례를 통해 끝내주는 애자일 코치(및 리더)로서 여러분 자신의 여정과 성장에 활용할 수 있는 영감을 얻길 바란다.

메타스킬 2: 변화 기술

개인과 조직을 변화로 이끄는 것이 애자일 코칭의 핵심이다. 오해하지는 말자. 코칭으로 조직을 변화시키는 것이 아니다. 사람을 변화시킬 수는 없기 때문이다. 사람들이 스스로 변화하기로 결정해야 한다. 그러나 끝내주는 애자일 코칭 스킬을 통해 사람들이 변화하도록 영감을 주고, 변화의 모델이 되어 길을 보여 주고, 변화 모델과 비유를 제공하여 사람들이 스스로 자신의 길을 상상하고 탐색할 수 있도록 도울 수 있다.

마지막 대목이 중요하다.

나는 애자일 코칭을 할 때 고객이 변화를 탐색하는 데 도움이 되도록 강력한 모델 두 가지를 자주 사용한다. 첫 번째는 그림 32에서 볼 수 있는 사티어 변화 모델이고, 두 번째는 코터의 변화 8단계이다. 두 모델을 더 자세히 살펴볼 수 있는 참고 자료는 이번 장 마지막에 소개한다.

내가 보기에 사티어 모델은 변화 마인드셋 도구에 가깝고, 코터 모델은 변화 계획을 탐색하기 위한 전략 계획 도구에 가깝다. 두 모델 모두 매우 유용하며 여러분의 코칭 도구함에 포함되어야 하지만, 이번에는 사티어 모델에 초점을 맞추고자 한다. 코터 모델에 대한 공부는 여러분의 숙제로 남겨 둔다.

버지니아 사티어(Virginia Satir)는 변화 모델을 만들 당시 사회 복지사이자 가족 치료사였다. 애자일 커뮤니티 이전과 이후의 많은 이들이 이 모델을 말 그대로 모든 변화가 이루어지는 단계를 설명하는 모델로 활용하고 있다. 나는 고객이 개인, 그룹, 조직의 변화 경험을 생각해 보고 조율하고 탐색하도록 돕는

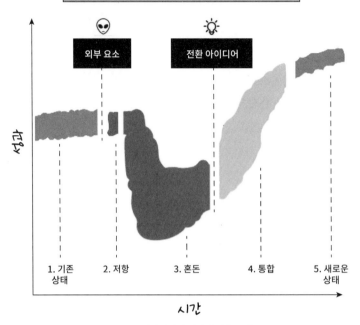

버지니아 사티어의 변화 모델

외부 요소

전환 아이디어

상태

1. 기존 상태　2. 저항　3. 혼돈　4. 통합　5. 새로운 상태

시간

그림 32 버지니아 사티어의 변화 모델

데 이 모델이 도움이 된다는 사실을 알게 되었다.

사티어 변화 모델은 모든 변화가 다음과 같은 단계를 따른다고 말한다.

1. **기존 상태:** 이 단계는 변화 이전 상태이다. 좋거나 나쁜 것은 아니다. 그냥 현재 상황을 나타내며 안정적인 상태 또는 기존 상태라고 생각하면 된다. 어떤 방식으로든 가치를 제공하고 성과를 내고 있었지만, 누군가가 어떤 방식으로든 지속적인 개선을 위해 최적화하기로 결정했다.

2. **외부 요소 도입:** 이것이 변화이다. 애자일 환경이라면 새로운 팀 구성, 새로운 프레임워크 채택, 새로운 도구 도입, 일련의 접근 방식 또는 전술 조정 등 애자일 도입과 관련된 것일 수도 있다. 그러나 이 변화가 승진, 기업 합병, 조직 개편, 인력 감축일 수도 있다. 사실상 모든 변화(또는 일련의 변화)는 여러분을 내리막길로 데려간다.(그림 32)

3. **저항**: 외부 요소가 들어온 직후에는 즉각적으로 이에 저항하는 반응이 나타난다. 이러한 저항에는 반발, 노골적인 거부 또는 이전 상태로 돌아가고자 하는 바람 등이 있을 수 있다. 이러한 저항을 개인적 반응으로 치부하지 말고 변화 과정의 정상적인 일부로 보는 것이 중요하다. 저항은 좋거나 나쁜 것이 아니라 정상적인 현상이다.

4. **혼돈**: 아, 혼돈! 이 단계는 변화 곡선에서 눈여겨봐야 할 지점이다. 여기에서는 모두가 상황을 이해하려고 애쓴다. 5장에서 살펴본 커네빈을 활용하자면, 모든 이들이 행동-감지-반응의 루프에 놓인다. 사람들은 무엇을 해야 할지 확신이 없으며, 변화 중에 혼돈을 벗어나고 싶다면 개인 또는 조직 차원에서 실험을 해야 한다. 애자일 코칭 관점에서 볼 때 혼돈에서는 실험과 성찰을 장려할수록 통합으로의 이동이 더 빨리 이루어진다.

5. **전환 아이디어 발견**: 뱃머리를 돌리고 혼돈에서 벗어날 방법을 보여 줄 필요가 있다. 이것이 바로 변화에서 전환 아이디어의 발견이다. 예를 들어 팀은 변화의 이면에 놓인 이유를 발견하고 그 변화의 가치와 의미, 즉 변화를 통해 새롭게 가능해질 수 있는 것이 무엇인지 발견할 수 있다. 이러한 아이디어와 그 안에 내재된 흥분은 방향을 바꾸는 원동력이 될 수 있다.

6. **통합**: 혼돈 속에서 깨달음을 얻는 순간이다. 혼돈에서 즉각 벗어날 수는 없지만 변화에 무엇이 포함되어 있는지 인식하고 변화를 통합하는 초점을 포착하게 된다. 혼돈이 얼마나 오래 지속될지 알 수 없지만(왜냐하면 혼돈이니까) 터널 끝에서 빛을 발견하고 변화로 인한 가치 또는 영향력이 높아지는 것이 통합의 일부분이다.

7. **새로운 상태**: 변화로 인한 결과가 궁극적으로 실현되는 단계이다. 새로운 안정을 찾는 시기이다. 그러나 곡선을 제대로 해석한다면, 변화를 기반으로 성과가 높아지는 시기(그림 32)이기도 하다. 변화는 효과성을 낮추기 위한 것이 아니라 높이기 위한 것이다. 따라서 시스템에서는 변화(즉, 외부 요소)를 둘러싼 긍정적인 결과를 확인할 수 있어야 한다.

8. **숨 고르기**: 애자일 환경을 위해 내가 모델에 추가한 단계이다. 변화의 피로감을 유발하는 요인 중 하나는 변화를 안정시키고 정착시키고 그 영향을 확

대할 시간을 잠시도 주지 않고 시스템에 또 다른 외부 요소를 들여오는 것이다. 나는 이 단계를 시스템(개인, 그룹·팀, 조직)이 다른 변화를 도입하기 전에 숨을 고르고 변화의 긍정적 영향을 만끽할 수 있는 시간을 주는 것이라고 비유한다.

보다시피 사티어 변화 모델은 변화의 경로를 논의할 수 있는 틀을 제공한다. 사티어에 관한 최고의 책 중 하나는 제럴드 와인버그의 "Quality Software Management" 시리즈의 4권인 《Anticipating Change》이다. 와인버그는 이 책에서 사티어 변화 모델을 활용해 시스템 변화의 의미를 확장한다. 이 모델은 고객 코칭 대화에 용어와 맥락을 제공한다. 또한 고객이 각 변화에서 자신의 여정을 이해하는 데 도움이 되는 모델을 제공하기도 한다.

내가 사티어 모델을 활용하는 주된 이유 중 하나는, 변화의 피로감이 고객에게 미치는 영향에 민감하게 반응할 수 있도록 하기 위해서다. 코치로서 내가 만나는 거의 모든 애자일 도입·전환의 가장 큰 장애물 중 하나는, 사람들이 한 번에 너무 많은 변화를 받아들이는 것이다. 그리고 변화로 인한 피로감의 가장 흔한 이유는 이전 변화가 새로운 현상으로 자리 잡기도 전에 계속해서 더 많은 변화를 도입하기 때문이다. 혼돈 상태에서 더 많은 변화를 계속 도입하면 혼돈이 길어지거나 때로는 혼돈 속에서 영원히 빠져나오지 못할 수도 있다.

코치는 모델에 대한 고객의 인식뿐 아니라 숨 쉴 틈 없이 계속되는 변화의 위험성에 대한 고객의 인식도 높이려고 노력해야 한다.

마지막으로, 끝내주는 애자일 코치라고 해서 혼자 힘으로 변화 전문가가 되어야 한다는 뜻은 아니다. 나는 회사의 거의 모든 인사 또는 HR 부서가 조직 개발 및 변화 관리 역량을 갖추고 있음을 발견했다. 이러한 역량에 대해서는 그들과 협력하는 것이 합리적이다.

메타스킬 3: 영감

나는 2020년 10월 애자일 온라인 서밋 주간에 애자일 코칭 클리닉을 진행했다. 코치 12명이 나와 함께 날마다 참석자 약 50명을 코칭했다. 많은 애자일 실천가를 위한 이 무료 서비스 진행은 멋진 경험이었다. 코치들은 훌륭했고 참석자들의 피드백은 한마디로 대단하다는 말로 표현할 수 있었다!

개인 코칭을 원하지 않는 사람들을 위해 매일 '무엇이든 물어보세요'라는 그룹 기반 코칭 세션도 제공했다. 이것도 매우 잘 진행되었다. 그런데 나는 한 가지 질문에 코칭 답변이 매우 다양한 것을 보고 놀랐다. 어느 날 참석자 중 한 명이 "어떻게 하면 애자일 코치로서 성장하고 일자리를 찾을 수 있을까요?"라고 질문했다. 다른 애자일 코치 세 명이 그 질문에 답변했다.

첫 번째 코치는 균형 잡힌 다재다능한 코치로서 성장해야 한다는 관점에서 답변했다. 애자일 코칭 역량 프레임워크의 모든 측면을 학습하고 성장하는 것이 얼마나 중요한지 언급했다. 균형 잡힌 다재다능한 코치가 되면 남들보다 눈에 띄고 채용될 가능성이 높아질 것이라고 말했다.(스킬 및 역량 기반 접근)

두 번째 코치는 먼저 경력 계획, 즉 과거·현재·잠재적 미래의 여정 지도를 정의하는 데 초점을 맞췄다. 여기에는 개인적 동기를 설정하고 목표를 수립하고 무엇이 자신에게 기쁨을 주는지 파악하는 것이 포함된다. 그런 다음 무엇을 발견했는지에 따라 해당 영역에서 역할을 목표로 삼는 것이다.(본질·기쁨 기반 접근, 즉 자신이 좋아하는 일을 하라.)

세 번째 코치는 실용성에 중점을 두었다. 예를 들어 자신의 역할에서 벗어나는 일은 맡지 않는 것이다. 기대치를 현실적으로 정하고 작은 단계를 밟아 나간다. 위험을 최소화하는 것이다. 세상을 바꾸려고 하지 않고 선을 지킨다.(즉, 할 수 있는 일을 하고, 급여를 받으며, 작은 성공에 만족하고, 안전을 지키며, 배를 흔들지 않는 것이다.)

모든 답변이 타당하고 도움이 되기 때문에 일일이 따지고 싶지는 않지만, 나는 마지막 답변의 실용주의가 인상적이었다. 실용적인 입장과 영감을 주는 입장 사이의 균형을 찾기 위해 애자일 코치인 우리가 할 수 있는 역할에 대해 생각해 보게 되었다.

알겠지만 실용적인 답변이 타당한 면도 있으나 그다지 영감을 주지는 못한다. 이 사람은 스크럼 얼라이언스의 CST 및 CEC인 매우 경험이 풍부한 코치이자 트레이너였고, 애자일 분야에서 주제 전문가이자 커뮤니티의 많은 사람에게 체인지 에이전트, 역할 모델이면서 영감을 주는 사람이었다. 그러나 이 코치는 매우 신중한 입장에서 조언했다. 개인적으로 기억에 남은 것은 조직이 애자일로 효과적으로 전환하는 데 수십 년이 걸리더라도, 직장을 유지할 수 있을 정도의 작은 성공을 거둘 수 있다면 평범한 코치가 되어도 괜찮다는 것이었다. 가혹하게 들릴지도 모르지만 나는 그 답변에서 이런 인상을 받았다.

나는 애자일 코치에게는 영감을 주는 책임이 있다고 생각한다. 사람들이 코칭 역량과 스킬만이 아니라 우리를 역할 모델로 바라본다고 생각한다. 우리는 긍정의 모범이다.

- 예! 그리고…
- 예, 당신은 할 수 있어요!
- 예, 당신은 높이 뛰어오를 수 있어요. 높이 뛰어오르는 것이 어떤 모습인지 보여 줄게요!
- 예, 큰 목표를 세울 수 있도록 도와 드리겠습니다!
- 예, 모든 가능성을 담은 비전을 함께 만들 수 있도록 도와줄게요!

우리는 말투, 태도, 자세를 정하고 가능성을 모색하는 방법을 강하게 간직한 채 모범을 보임으로써 긍정의 본보기를 보여 준다. 모든 코칭 기회에서 우리는 다음과 같은 메타스킬을 장착해야 한다.

- 전도사
- 에너자이저
- 열렬한 지지자
- 인플루언서
- 몽상가
- 변화 전문가
- 격려자
- 스포츠 코치
- 실증주의자

내가 하고 싶은 말은, 우리가 좋든 싫든 동의하든 그렇지 않든 우리는 인플루언서라는 것이다. 그리고 우리 모두가 자신을 보여 주는 방법을 선택하는 만큼, 영감을 주는 모습을 의도적으로 보여 주자!

메타스킬 4: 역할 모델

내가 제안하는 마지막 메타스킬은 역할 모델, 즉 '말한 대로 실천하는' 역량이다. 이것은 우리가 길을 보여 주고 모범을 보이고 행동 모델이 됨으로써 코칭을 하는 것이다. 다시 말해 우리는 말이나 코칭 대화를 통해서가 아니라 행동으로 코칭한다. 여기에는 우리의 행동, 언어, 취약성, 진정성 등 우리가 코치로서 기여하는 모든 것이 포함된다.

나는 역할 모델이 코치에게 가장 강력한 스탠스가 될 수 있음을 발견했다. 언뜻 납득이 잘 안 될 수 있음을 알고 있지만 나는 그렇다고 믿는다. 모델이 된다는 것은 말하기나 코칭이 전혀 아니다. 오히려 애자일 전문가가 된다는 것이 어떤 모습인지 모두에게 보여 주는 일이다. 마인드셋을 실천하는 것이라고 할 수 있다. 더 중요한 것은 일이 쉽게 진행될 때뿐 아니라 어려운 상황에서도 핵심 행동을 드러내는 것이다.

그리고 이 스탠스에는 약간의 반전이 있다. 여러분이 좋아하든 아니든 믿든 안 믿든 여러분은 항상 모델이다. 여러분의 역할과 관련된 특성과 특권으로 인해 사람들은 여러분의 모든 말과 행동을 주시하고 있다. 여러분은 매일 매시간 걸어 다니며 말하는 모범이다.

진짜 질문은 '당신은 어떤 모델인가?'이다. 여러분은 모범이 되는 사람인가, 아니면 반면교사가 되는 사람인가? 나는 완벽하지도 않고 로봇도 아니라는 점에서 양쪽 모두에 해당한다. 나는 인간이다. 하지만 모델이 된다는 것이 끝내 주는 애자일 코칭에 주는 힘을 알고 있기 때문에 가능한 한 자주 모범이 되고자 한다.

실험으로 하는 마무리

각 장을 순서대로 읽어 왔다면 8장과 9장에서 세부적인 코칭 아크를 설명하면서 다양한 상황의 코칭 아크를 다루었음을 알고 있을 것이다. 마크 서머스는 휠 이야기를 훌륭하게 전달하고, 코칭 대화에서 휠을 활용하는 방법을 보여 주었다. 다음은 내가 여러분에게 제안하는 학습 실험이다.

먼저, 각 코칭 대화를 자세히 살펴보자. 여러 번 읽어 보고 핵심을 파악한다. 그런 다음 고객 맥락과 함께 휠과 스탠스를 마음속에 떠올리면서, 내가 코칭을 한다면 어떻게 바꿔 볼 수 있을지 생각해 보자.

- 대화를 바꿀 것인가? 더 길게, 더 짧게 또는 범위를 더 좁혀서 대화할 것인가?
- 다른 비유를 활용하거나 새로운 비유를 만들 것인가?
- 다른 스탠스를 활용할 것인가? 다른 시기에 동일한 스탠스를 적용할 것인가? 그 이유는 무엇인가?
- 다른 도구나 접근 방식을 활용할 것인가?

코칭 대화를 자세히 분석하는 연습을 통해 이 대화를 나만의 것으로 만들어 보자. 우리가 했던 방식을 무시하고 나만의 방식으로 해 보기를 두려워하지 말자. 그런 다음 그 방식의 차이점을 생각해 보고 조정해야 하는 이유를 찾아보자.

그다음에는 이번 장에 나오는 추가 메타스킬인 리더십, 변화 기술, 영감, 역할 모델에 대해 생각해 보자. 이러한 메타스킬을 8장과 9장의 코칭 대화에 적용해 본다. 그룹 및 개인 대화뿐 아니라 워크숍에도 적용해 보자. 그리고 계획 및 코칭 후 성찰도 잊지 말자. 예를 들어 두 장을 모두 검토하고 영감 메타스킬을 적용할 수 있는 기회가 있었는지 확인해 본다. 나는 몇 군데에서 그 기회를 발견했지만 직접 언급하지는 않았다. 여러분은 무엇을 발견할 수 있을지 궁금하다. 또는 역할 모델 메타스킬을 고려해 보자. 사례 연구에서 '보여 주기' 방식이 '말하기' 또는 '질문하기' 방식보다 더 효과적일 수 있는 몇 가지 상황을 발견할 수 있다.

기회를 찾아본 후에는 새로운 메타스킬을 활용해 대화를 재구성해 본다. 실제로 메타스킬을 적용해 보고 그것이 대화의 흐름, 통찰, 결과에 어떤 영향을 미칠 수 있는지 살펴본다.

모험을 해 보고 싶다면, 이 실험에서 제안한 모든 내용을 나만의 코칭 아크에 적용하는 과감한 목표를 시도해 보는 것도 좋다. 과거에 이미 했던 코칭(과거 아크)을 활용하거나 향후 아크를 위한 계획으로 연습해 볼 수도 있다. 얼마나 멋지게 바뀔까?

실험과 학습을 즐겨 보자!

더 읽어 보기

- 나는 사티어 변화 모델에 대한 스티브 스미스(Steve Smith)의 견해를 특히 좋아하는데, 내가 1990년대 후반 또는 애자일 이전 맥락에서 처음으로 발견했던 참고 자료였기 때문이다: *https://stevenmsmith.com/ar-satir-change-model/*

- 이번 장에서 존 코터(John Kotter)와 그의 변화 모델에 대해 언급했다. 코터는 이 주제에 대해 여러 권의 책을 썼지만 나는 《기업이 원하는 변화의 리더》(한정곤 옮김, 김영사, 2007)부터 시작하기를 추천하고 싶다. 다음은 이모델의 개요를 볼 수 있는 그의 웹사이트 링크이다: *https://www.kotterinc.com/8-steps-process-for-leading-change/*

- 이번 장에서 전혀 언급하지 않았지만, 제이슨 리틀(Jason Little)의 《Lean Change Management: Innovative Practices for Managing Organizational Change》(Happy Melly Express, 2014)는 끝내주는 애자일 코치에게 거의 필독서나 마찬가지이다.[1]

---

1 (옮긴이) 다음 링크에서 제이슨 리틀의 '린 체인지 매니지먼트 워크숍'을 살펴보고 참여할 수 있다: *https://congruentagile.com/services/workshop/leanchange/*

리더 역할은 심지가 굳지 못한 이와 전혀 어울리지 않는다. 잘해도 본전인 어려운 역할이다. 애자일 리더십에서는 올바른 균형을 잡아야 하기에 훨씬 더 어렵다.

그러나 나는 어떤 종류의 애자일 전환이든, 성공하려면 리더가 혁신하고 변화하고 성장해야 함을 알게 되었다. 그리고 애자일 코치는 리더와 리더십 팀이 스스로의 벽을 넘어 이러한 전환을 이룰 수 있도록 하는 부싯돌이 될 수 있다.

즉, 용기, 코칭 스킬, 경험, 방식에서 엄청나게 끝내주는 코치는 이러한 성장에 불을 붙일 수 있다. 스스로 리더인 코치 그리고 심지가 굳은 코치 말이다.

들어가기

나는 다른 코치들을 코칭하는 데 많은 시간을 할애하는데, 대부분의 코치가 가장 어려워하는 분야가 바로 상급자 코칭이다. 거기에는 두 가지 주장이 있는 것 같다. 팀을 대할 때와 똑같이 리더를 대하면서 애자일의 기본을 갖추도록 코칭하거나, 아니면 리더에게 무수히 많은 질문을 던지면서 효과적인 애자일 리더십이 무엇인지 스스로 발견하기를 바라는 것이다.

어느 쪽이든 효과가 없을 것이다. 이 고객은 리더이며 리더는 다르다. 리더의 전반적 맥락은 팀 맥락과는 많이 다르기 때문에 여러분이 코치로서 그들과 관계를 맺는 방식은 달라야 한다.

휠의 관점에서 보면 리더를 코칭할 때에는 다음과 같은 스탠스를 활용하고 싶은 마음이 들 것이다.

- 코치
- 퍼실리테이터
- 학습 안내자

이러한 스탠스를 전혀 쓰지 말아야 하는 것은 아니지만 그 사용은 선택적이어야 한다. 그리고 다음과 같은 스탠스를 받아들일 필요가 있다.

- 조언자
- 변화 관리
- 리더

그 이유는 무엇일까? 적어도 내 경험에 비추어 보면, 이것이 리더가 코칭에서 채우고 싶어 하는 것들이기 때문이다. 이러한 스탠스는 리더들의 공감을 불러일으키고, 코치와 고객 사이에 더 좋은 상호 협력적 코칭 관계를 만들 수 있다.

그러나 이번 장에서는 이것이 간단하거나 쉽지만은 않다는 점을 자세히 살펴보고자 한다.

경험의 역할

여러 리더십 역할을 맡아 오면서 "저를 코칭해 주세요."라면서 다가오는 애자일 코치가 가장 괴로웠다. 그들은 거만하고 공감 능력이 부족하며 리더십 경험도 그다지 없어 보이는 경우가 많았다. 그런데도 그들은 내 행동이 충분히 애자일하지 않고, 나를 가리켜 말한 대로 실천하는 사람이 아니라고 말하곤 했다. 오히려 조직을 더 효과적으로 이끌 수 있는 방법을 내게 일러 주려고 했다. 나는 물론이고 대부분의 리더는 이런 말을 들을 때마다 신경이 거슬린다.

리더를 코칭할 때에는 자신이 리더십 스킬과 경험을 갖추고 있음을 보여 주는 것이 중요하다. 코칭 대상과 반드시 같은 비즈니스 영역에 있을 필요는 없지만, 리더를 코칭하기 전에 잠시라도 리더 입장이 되어 본 적이 있어야 한다. 어떤 식으로든 리더 경험이 있다면 리더와 리더의 맥락을 더 잘 이해할 수 있고 공감할 수 있으며 리더들이 왜 그렇게 행동하는지 알 수 있다. 다음 이야기에서는 이런 아이디어를 더 자세히 살펴본다.

리더십 코치와 나눈 코칭 대화

시카고에서 온 동료 애자일 코치인 앤서니 머시노(Anthony Mersino)와 저녁 식사를 하고 있었는데 바로 이 주제가 나왔다. 앤서니는 리더를 코칭하려면 리더십 경험이 필요하다는 내 생각에 이의를 제기하며 불만을 드러냈다. 그는 이렇게 말했다. "밥, 내가 리더십 역할을 해 본 적이 없다면 리더를 코칭할 수 없다는 말씀이신가요? 그건 말도 안 된다고 생각해요. 저는 지금 리더들을 코칭하고 있어요. 그리고 꽤 오랫동안 해 왔죠."

나는 물었다. "그래서 어떻게 되고 있나요?"

"만족스럽지는 않죠." 앤서니는 말했다. "그들은 제 코칭을 받아들이지 않는 것 같고 변화를 원치 않는 것 같아요. 새로운 아이디어에 마음이 열려 있는 사람은 많지 않아요. 그리고 항상 '하지만 앤서니, 그건 현실에서는 통하지 않을 거예요' 하는 말을 듣습니다."

"그중 일부는 당신이 보여 주고 있는 모습 때문일 수 있어요." 나는 대답했다. "공감하는 태도를 보여 주고 있나요? 그들 입장에서 생각한다는 것이 무엇인지 정말 알고 있나요? 당신이 리더십 역할을 해 본 적이 없다면 잘 모를 거에요. 그리고 설령 리더십 역할을 해 본 적이 있더라도 혁신적 변화를 추진하는 과정에서 리더를 코칭하는 일은 여전히 어려운 일입니다."

"어떻게 해야 할까요?" 앤서니가 물었다. "코치 일을 그만두고 5년 이상 리더십 역할을 수행해야 코칭을 다시 시작할 수 있다는 말씀이신가요?"

"물론 아니죠. 제가 제안하고 싶은 것은 코칭 중인 리더를 몇 주 동안 수행하거나, 인터뷰를 하거나, 그림자처럼 따라다녀 보는 것입니다. 코칭은 하지 말고요. 그 대신 그들의 세상을 경청하고 관찰하세요. 그들의 도전, 목표, 불안, 두려움, 일상적인 상호 작용에 대한 이해를 높이고 나서 이를 코칭 계획, 스탠스, 세션, 코치로서의 모습 등 당신의 코칭에 반영하세요. 그런 다음 고객을 코칭할 때 그 효과에 차이가 있는지 확인해 보세요."

앤서니는 흥미로운 아이디어라고 생각한다며 고려해 보겠다고 말했다. 그런 다음 우리는 사이좋게 저녁 식사를 마치고 헤어졌다.

한 달 정도 후에 나는 앤서니가 내 제안을 시도했다는 사실을 알게 되었다. 그리고 나는 그 시도로 인해 앤서니가 리더를 코칭하는 방법과 그 효과가 상당히 달라졌으리라고 믿는다. 그는 이 경험을 블로그 게시물로 작성하기도 했다.(이번 장의 마지막 부분에서 링크를 찾을 수 있다.)

내가 이 이야기를 공유하는 요점은, 어떤 식으로든 리더를 코칭하고 싶다면 그들의 공감을 얻어야 한다는 것이다. 그리고 진정으로 그렇게 할 수 있는 유일한 방법은 리더의 입장에 서 보는 것이다. 그러니 일단 자리에서 일어나자.

관계 형성

특히 조언자 또는 리더 스탠스에서는 코칭할 리더와 빠르게 친밀감을 쌓는 것이 중요하다. 이러한 스탠스에서 리더, 그들의 조직, 그들의 경력에 영향을 미치는 조언을 제공하게 될 것이다. 그러기 위해서는 리더와 빠르게 신뢰 관계를 구축해야 한다.

물론 처음에는 경험, 이력서, 평판이 도움이 될 수 있다. 그러나 그런 것들은 단지 스킬일 뿐이다. 능력뿐 아니라 판단력, 동기, 성격, 윤리 등 모든 면에서 각 리더십 고객과 유대감을 형성해야 한다. 많은 경우 그들은 자신의 경력과 생계를 여러분의 손에 맡기고 있으므로 여러분은 약속을 이행할 수 있는 능력을 갖추고 있어야 한다.

그래서 나는 보통 내가 코칭하는 리더들과 파트너 관계를 구축하기 위해 열심히 노력한다. 나는 리더들이 나를 계약 관계에 의한 존재나 활용할 수 있는 '자원'으로 생각하지 않기를 바란다. 그래서 나는 코칭을 시작하기 전 첫 번째 대화에서, 그들의 목표를 추구하는 과정에서 서로 파트너로서 어떤 역할을 할 것인지를 강조한다. 그리고 코칭에서는 그들과 '직접적 이해관계' 속에서 함께 노력하겠지만, 궁극적으로는 그들 스스로가 더욱 애자일한 리더십 마인드셋으로 생각을 전환해야 함을 강조한다.

대부분은 이렇게 솔직하게 파트너 관계를 언급하는 첫 대화에 감사해 하지만 그렇지 않은 경우도 있다. 그런 경우라면 이 방향으로 코칭하기에 지금이 가장 좋은 시기가 아닐 수도 있다는 데 합의하고 헤어진다.

밀어붙이기 또는 끌어당기기

코칭을 시작할 때 고려해야 할 초기 상황 중 하나는, 누군가를 코칭하도록 지정받았는지(밀어붙이기, 명령, 지시, 할당) 아니면 그들이 코칭을 받겠다고 요청했는지(끌어당기기, 요구, 코칭 요청) 여부이다. 코칭 활동의 초기 추진력이 밀어붙이기(push)인가 끌어당기기(pull)인가에 따라 코칭 시작 방식에 큰 차이가 있다. 그리고 이 부분을 여러분이 어느 정도 통제할 수 있다면 밀어붙이기 코칭보다는 끌어당기기 코칭이 더 좋다. 고객이 코칭을 받기로 선택했다면 일이 훨씬 더 원활하게 진행된다.

그렇기는 하지만 밀어붙이기 상황을 만나면 나는 그 상황을 끌어당기기로 바꾸려고 노력한다. 즉, 고객이 내게 코칭을 받도록 떠밀려 왔는지 물어보거나 판단해 본다. 그렇다면 고객이 코칭을 거절할 수 있게 해 준다. 나는 고객에게 아무런 불이익 없이 코칭을 중단할 수 있도록 모든 노력을 다하겠다고 말할 것이다. 나는 코칭을 받으라고 지시받은 사람들이 아니라, 코칭을 받고 싶어 하는 사람들을 코칭하고 싶다는 점을 강조하기 위해 밀어붙이기와 끌어당기기라는 표현을 사용한다.

이런 대화를 나누기만 해도 고객이 끌어당기기 식으로 바뀌는 경우가 많다. 즉, 고객에게 선택권을 주기만 해도 모든 것이 바뀌고 관계 형성의 문이 열릴 수 있다.

리더십 스타일

애자일 리더십 코칭에 참고할 수 있는 리더십 스타일 모델은 꽤 많다. 그중 어떤 모델은 설문 조사 또는 도구를 통해 리더를 개별적으로 평가할 수 있고, 또 어떤 모델은 리더에게 해당 모델을 대략적으로 검토하도록 한 후 스스로 평가해 보라고 요청하기도 한다. 개인적으로 사용해 보았고 조직에서 코칭할 때 상당히 도움이 되었던 네 가지 모델을 공유하고자 한다.

나는 '리더십 어질러티 360'과 '리더십 서클 프로파일'이라는 두 가지 모델을 사용해 왔고 인증도 갖고 있다. 둘 다 다면 설문 기반 모델이다. 첫 번째 모델인 빌 조이너(Bill Joiner)의 '리더십 어질러티'는 17장에서 간략히 다룬다. 전문가-성취자-촉진자 모델과 이러한 용어를 통해 리더의 선호를 파악하고, 그 스펙트럼 전반에 걸쳐 성찰하고 성장하도록 영감을 주는 언어를 제공하는데, 얼마나 유용했는지 이루 말할 수 없다.

두 번째인 리더십 서클 프로파일은 창의성 역량과 반응성 성향 전반에 걸쳐 개별 리더의 일치성을 파악하는 또 다른 리더 평가 도구이다.[1] 창의성 역량은 애자일 리더십 원칙 및 마인드셋과 더 잘 어울리고 미래 지향적이고 성장 중심이며 전략적인 특징이 있다. 반응성 성향은 전통적인 리더십 방식과 더 잘 어울리며 좀 더 전술적이고 현재 중심이다.

리더십 서클에서 가장 유용하다고 생각하는 점은 각 주요 역량 또는 성향 영역에서 개별 행동을 구분해서 강조하는 방식이다. 예를 들어 다음과 같다.

- 창의성 역량에서 '자기 인식'은 이타적 리더, 균형, 침착, 자기 개발자 행동으로 세분화된다.

---

1   https://leadershipcircle.com/en/products/leadership-circle-profile/

• 반응성 성향에서 '순응'은 보수적, 비위 맞춤, 소속감, 수동적 행동으로 세분화된다.

리더십 서클이 개별 리더에게 제공하는 강력한 통찰은 리더가 애자일 리더십 마인드셋으로 진화하고 성장하도록 도울 때 매우 중요하다. 나는 고객과 함께 설문 결과를 검토하고 성찰하고 통찰을 모으고 서클에서 제시하는 성장 기회를 찾도록 한다. 나와 고객이 많은 발견을 할 수 있도록 이 설문이 도움이 된다고 말하고 싶다.

내가 유용하다고 생각한 세 번째 모델은 컬처 디자인 캔버스를 만든 피어리스 컬처(Fearless Culture)의 구스타보 라제티(Gustavo Razzetti)의 모델이다. 구스타보는 다음 사분면으로 구성된 리더십 스타일 캔버스[2]를 만들었다.

두려움 없음(Fearless): 두려움 없는 리더십은 변혁적 리더십과 비전적 리더십에 비유할 수 있다. 이 스타일은 강한 목적의식, 영감, 혁신적인 비전을 바탕으로 한다.

도전자(Challenger): 도전자 리더십은 선도적 리더십 및 거래적 리더십[3]과 비슷하다. 이 스타일은 높은 기준, 책임감, 보상을 기반으로 한다. 사람들은 도전자 리더를 비즈니스 친화적이고 영웅적이며 솔선수범하고 끈질긴 사람으로 인식하는 경우가 많다.

코칭(Coaching): 코칭 리더십은 신뢰, 존중, 강력한 관계를 기반으로 한다. 참여적 리더십, 서번트 리더십, 친화적 리더십과 비슷하다. 이러한 리더는 팀 빌딩, 구성원 협력, 참여를 이끌어 낸다. 사람들은 이들을 정원사, 멘토, 부모와 같은 존재로 인식하는 경우가 많다.

두려움(Fearful): 두려운 리더십은 강압적 리더십 또는 명령적 리더십과 비슷하다. 이 스타일은 지위, 위계, 통제를 기반으로 한다. 사람들은 두려운 리더

---

2 *https://www.fearlessculture.design/blog-posts/the-four-different-leadership-styles-and-how-to-find-yours*
3 (옮긴이) 리더십의 한 가지 유형으로 리더와 구성원 간의 교환 관계에 기반을 둔다. 리더는 구성원들이 가치 있게 여기는 것을 제공하고, 그 제공에 대한 대가로 바람직한 행동이나 성과를 구성원들로부터 유도해 낸다.

를 인간적 감정을 배제한, 독재적·위계적이며 모든 것을 아는 사람으로 인식하는 경우가 많다.

이러한 모든 모델에서 중요한 점은, 고객을 이분법적으로 해석해서는 안 되고 고객이 그런 식으로 해석하지도 않도록 해야 한다는 것이다. 대부분의 리더는 리더십을 발휘할 때 맥락에 따라 이러한 스타일들을 전부 드러낸다. 그러나 누구에게나 가장 우세하거나 선호하는 스타일이 있고, 압박감을 느낄 때 드러내는 스타일도 있다. 이러한 개별적인 스타일의 미묘한 차이점을 이해하면 코칭 대화를 나누고 고객이 스스로를 이해하는 데 도움이 될 수 있다.

또한 모든 모델은 코칭 대화에 유용한 표현을 제공한다. 예를 들어 내가 리더를 코칭하는 경우에는 다음과 같이 말할 수도 있다.

> 밥, 오늘 베타 스크럼 팀에서 당신이 취한 스타일 또는 스탠스는 '두려운 리더십'이었어요. 왜 그렇게 했죠? 좋았거나 나빴다는 말이 아니라 그 뒤에 숨어 있는 동기와 생각이 궁금합니다.

그러고 나서 나는 밥이 무슨 말을 하는지 경청하고 함께 탐색해 보곤 했다. 그런 다음 다른 질문을 하기도 했다.

> 밥, 당신이 왜 그 스탠스를 활용했는지 알 것 같아요. 같은 상황에서 다른 스탠스를 취했더라면 전달 방식과 가능한 결과에서 어떤 차이가 있었을 것이라고 생각하나요? 예를 들어 그 상황에서 코치 스탠스를 더 활용했더라면 어땠을까요?

이런 표현을 마음대로 사용할 수 있다면 얼마나 도움이 되겠는가?

마지막으로, 내가 사용하는 네 번째 모델은 CTI의 코액티브 리더십 모델 (Co-Active Leadership Model)[4]이다. 이 모델은 상황에 따라 다른 다섯 가지 리더십 차원으로 구성되어 있다.

---

4   *https://learn.coactive.com/your-leadership-approach*

1. **내부**에서 이끌기, 즉 **목적 중심 리더**

2. **앞**에서 이끌기, 즉 **비전 제시 리더**

3. **현장**(왼쪽)에서 이끌기, 즉 **직관적 리더**

4. **옆**(오른쪽)에서 이끌기, 즉 **협력적** 또는 **공동 리더**

5. **뒤**에서 이끌기, 즉 **서번트 리더**

나는 이 모델에서 차원을 표현하는 방식이 좋고, 리더가 애자일 코치와 매우 비슷한 모습으로 변해 가는 과정을 설명하는 방식도 마음에 든다. 다양한 리더십 상황에 따라 리더가 춤을 추어야 할 위치(즉, 스탠스)를 설명하고 있다.

안타깝지만 이 책에는 이러한 모델을 자세히 설명할 지면이 부족하다. 하지만 리더 고객과 유대감을 높이고 코칭에 도움이 될 수 있기 때문에 언급했다. 이 중 하나라도 관심이 있다면 더 많이 살펴볼 것을 강력히 추천한다.

리더를 코칭할 때의 전술과 도구

리더십 코치로서 지속적으로 성장하고 개선해야 할 가장 중요한 전술은 아마도 다음 두 가지일 것이다. 바로 권력에 맞서 진실을 말할 수 있는 스킬과 용기의 개발 그리고 적극적 경청 스킬의 연마이다. 대부분의 코치는 이 두 가지 습관을 갖추기 위해 애쓴다.

많은 애자일 코치가 코칭하면서 용기, 심리적 안전, 신뢰 등 무수히 많은 애자일 문화의 원칙과 그 중요성을 이야기한다. 그러나 막상 코칭을 하다 진실을 말해야 하는 상황이 닥치면, 이를 모조리 회피하거나 메시지를 모호하게 표현한다.

다양한 요인이 여기에 영향을 미치는데, 팀과 리더가 할 말을 하지 못하게 만드는 것과 그 원인이 비슷한 경우가 많다. 그러나 나는 우리 스스로가 엄청나게 끝내주는 애자일 코치로서 더 높은 활동 기준을 유지해야 한다고 주장하고 싶다.

따라서 여러분의 도구함에서 연마할 단 하나의 도구를 강조한다면, 그것은 어떤 상황에서도 권력에 맞서 진실을 말하고, 그 진실에 대한 태도와 반응을 적극적으로 경청(감지)하는 능력일 것이다.

중요한 이야기

나는 2017년부터 스크럼 얼라이언스의 인증 애자일 리더십 과정을 가르치고 있다. 이 교육에서 우선순위가 가장 높은 모듈 중 하나는 의사소통 및 피드백인데, 《실리콘밸리의 팀장들》과 《결정적 순간의 대화》라는 책을 활용한다. 대개 참석자들은 까다로운 대화에서 활용할 수 있는 레시피, 체크리스트, 도구 같은 것들을 원하는데 두 책 모두 이를 제공한다.

그러나 나는 참석자들에게 항상 다음을 강조한다. 결정적인 대화의 성패를 좌우하는 것은 대화 스킬이 아니다. 스킬도 물론 좋지만 우리 대부분이 간과하는 것은 대화하고자 하는 의지이다.

나는 여러분에게 스킬을 가르쳐 줄 수 있고 여러분은 연습을 통해 더 노련해질 수 있다. 그러나 여러분은 의지를 찾아 깊이 파고들 수 있어야 한다. 그건 내가 가르쳐 줄 수 없다.

그 밖의 도구

권력에 맞서 진실을 말하고 적극적으로 경청하는 것이 리더를 효과적으로 코칭하는 데 가장 중요한 스킬일 수 있지만 그 외에도 필요한 스킬이 많다. 나는 코칭 여정에서 긍정적 결과를 얻기 위해 활용하는 중요한 스킬, 전술, 방식을 자주 생각해 보았다. 리더 또는 리더 그룹을 코칭할 때에는 다음이 중요하다는 것을 알게 되었다.

- **선택지, 스토리, 사례 제공:** 경험이 많을수록 고객에게 선택지로 알려 줄 수 있는 좋은 경험, 나쁜 경험의 목록이 많아진다. 필요할 때 꺼내 쓸 수 있도록 일지와 글에 이러한 경험을 목록으로 작성해 두는 것이 좋다. 여기에는 즉흥 스토리텔링 능력을 포함한다. 나는 조언자, 변화 관리, 리더 스탠스를 적용할 때 역할 모델과 스토리텔링이 가장 강력한 전술임을 알게 되었다.

- **장단점, 절충안:** "애자일을 시도해 보세요" 또는 "애자일이 다른 결과를 가져올 거예요" 하고 말하는 것만으로는 충분하지 않다. 모든 전술, 접근법, 프레임워크에 대해 균형 잡힌 견해를 설명할 수 있어야 한다. 나는 내가 본 성공과 실패 가능성을 자주 공유한다. 예를 들어 애자일 환경에서 교차 기능 팀

을 구성할 때와 구성하지 않을 때를 이야기하면서, 나는 두 가지 모두 효과가 있지만 교차 기능 팀이 더 나은 조직 흐름과 전달을 제공한다고 말한다. 조직의 기술 스택 일부만 포함하는 팀이 성공하는 경우는 거의 본 적이 없으며, 90% 정도는 가치 제공에 어려움을 겪는다.

- **단순함 유지, 원칙 준수:** 코치로서 내 슈퍼파워 중 하나는 복잡성에 사로잡히지 않고 이를 인생의 현실로 받아들이는 능력이다. 아니, 오히려 나는 인간, 즉 우리가 대개는 필요 이상으로 일을 훨씬 복잡하게 만든다고 생각한다. 그래서 나는 조언자, 리더, 변화 관리 스탠스를 적용할 때 복잡한 설계, 조직, 해결책을 끊임없이 거부한다. 그런 것들을 단순화해야 하는 사람이 누구냐고 물을 수도 있다. 음, 물론 고객이다. 그 고객은 아마도 퍼실리테이터 스탠스를 취하는 내 도움을 받게 될 것이다.

- **시스템 사고:** ORSC가 내 코칭에 전해 준 가장 큰 축복 중 하나는, 코칭할 때 시스템에 대한 인식을 높여 준 것이다. 나는 오랫동안 개인과 그룹만을 코칭해 왔지만, 이들 주위에는 항상 시스템이 존재하고 사람들의 행동에 영향을 미친다는 사실을 알게 되었다. 시스템을 인식하고 경청하고 코칭에 적극적으로 활용하면서 나와 내 고객의 인식이 높아졌다. 시스템 사고는 변화 관리 스탠스를 적용하고 변화를 통해 시스템을 안내할 때 가장 중요하다.

- **인내심과 자기 인식:** 나는 코칭 중인 리더에게 감정적 반응을 보이거나 편견을 지닌 코치들과 이야기를 나누는 경우가 많은데, 그들이 변화 관리, 리더, 조언자 스탠스를 많이 적용하고 있는데도, 그 리더가 진정으로 조언을 경청하거나 따르지 않을 때 특히 그렇다. 나도 직접 겪어 봤기 때문에 공감한다. 그러나 우리는 리더를 코칭할 때 자신의 감정적 반응에 대한 인식을 높이고 경계를 늦추지 않고 주의를 환기해야 한다. 또한 모든 고객이 각자 속도에 맞게 성장하고 학습할 수 있도록 열린 마음을 유지하자. 인내심은 리더를 코칭할 때 코치에게 가장 중요한 메타스킬 중 하나이다.

상급자 코칭 시나리오

이 시점에서 공유할 구체적인 리더십 코칭 시나리오 아이디어를 구상하던 중, 코칭에는 레시피나 체크리스트가 없다는 사실이 떠올랐다. 리더십 코칭이 특히 그렇다. 리더십 코칭은 미묘하고 상황에 따라 엄청나게 달라진다. 시나리오 별로 여러 방식을 공유할 텐데, 이후에 나올 제안을 통해 그 점을 확인해 보기 바란다. 이 네 가지 시나리오는 각 상황에서 가능한 코칭 전략과 접근 방식 중 빙산의 일각에 불과하다.

각 시나리오를 살펴보면서 한 가지 원인으로만 반응하고 판단하지 않도록 행동과 행위에 대해 가능한 원인을 최소한 세 가지 이상 고려해 보는 습관을 들이는 것이 좋다. 와인버그의 3의 법칙(Weinberg's Rule of 3)을 적용하는 것이다.(이번 장 끝부분에 있는 참고 자료)

지나치게 간섭하는 리더

팀 관리자들은 중요한 문제가 발생할 때마다 해당 팀을 '침범'하고 있다. 이들은 문제 해결 능력과 책임을 계속 앗아 가고 있고 모든 팀에서 사기, 주인의식, 권한 부여가 약화되는 모습을 볼 수 있다. 연륜과 경험이 풍부하며 존경받는 특정한 관리자 한 명이 여러분의 코칭에 호응하지 않고 있다.

이 행동에 가능한 동기는 무엇일까?
1. 리더들이 평가를 받고 있는 방식
2. 팀에 미치는 부정적인 영향을 이해하지 못함
3. 사소한 일까지 통제하려는 전통적인 관리(조이너의 리더십에서 전문가 수준) 행동
4. '일을 마치라'는 상부로부터의 압박
5. 애자일 리더로서의 역할을 전혀 이해하지 못함

가능한 애자일 코칭 대응은 무엇일까?
그 동기에 따라 다음과 같은 대응을 할 수 있다.

- 관리자 그룹을 모아 이들이 스스로의 행동에 대한 자기 인식을 높이고, 자신이 미치는 영향을 이해하고, 그 행동을 완화하는 방안을 모색할 수 있도록 학습 안내 활동이나 그룹 기반 코칭을 실행한다.
- 리더를 개별적으로 만나 리더, 리더의 역할, 리더의 영향, 가능한 변화에 초점을 맞춘 코칭 대화를 나눈다. 이 대화는 주로 조언자 스탠스에서 이루어진다. 관계가 좋다면 다른 리더의 역할 모델이 되어 달라고 요청할 수도 있다.
- 이 관리자 그룹의 리더를 코칭 대화에 초대한다. 이 경우 관리자들의 행동에 대한 리더의 역할, 리더의 인식과 의도, 리더가 관리자들을 코칭할 수 있는 가능성 등을 살펴볼 수 있다. 이 경우에도 조언자 스탠스를 적용할 것이다. 힘들어하는(또는 저항하는) 관리자를 코칭해 달라고 직접적인 도움을 요청할 수도 있다.
- 코칭 효과가 거의 또는 전혀 없는 관리자의 경우, 리더 스탠스를 좀 더 활용해 대화를 이끌어 내는 것이 좋다.

물론 이러한 방법을 조합해 사용하거나 자신만의 선택지를 만들 수도 있다.

최고 제품 책임자의 추정

여러분은 최고 제품 책임자(chief product owner, 이하 CPO)가 백로그 개선 세션에서 계속해서 업무량 추정에 영향을 미치고 있는 모습을 목격했다. 좋은 소식은 CPO가 이러한 팀 회의에 매우 관심을 갖고 참여하고 있다는 것이다. 나쁜 소식은 그가 추정에 영향을 미치고 있으며, 더 중요한 것은 대화에도 영향을 미치고 있다는 점이다. 여러분은 이 문제를 여러 차례 지적했지만 이 CPO의 행동은 점점 더 악화되어 여러 팀의 자신감과 사기에 큰 영향을 미치고 있다.

이 행동에 가능한 동기는 무엇일까?

1. 이 주제에 대해 CPO와 조직이 평가를 받고 있는 방식
2. 팀에 미치는 부정적인 영향을 이해하지 못함
3. 사소한 일까지 통제하려는 전통적인 관리(조이너의 리더십에서 전문가 수준) 행동

4. '일을 마치라'는 상부로부터의 압박
5. 제품 책임자로서의 역할과 업무량 추정 사이에 두어야 하는 거리를 전혀 이해하지 못함
6. 비즈니스 요구 사항에 얼마나 많은 노력이 드는지 더 잘 알고 싶어 하는 단순한 호기심

가능한 애자일 코칭 대응은 무엇일까?

이러한 행동의 동기들을 더 잘 이해하기 위해 호기심과 긍정적 의도 가정(assuming positive intent) 메타스킬 그리고 코치 스탠스로 CPO와 대화를 나눠 볼 것을 추천한다. 내가 '동기들'이라고 말했음에 주목하자. 여러 가지 요인이 작용하고 있을 수 있으며 코칭의 초점을 뚜렷하게 하려면 근본 원인을 파악하기 위해 양파 껍질을 벗겨 내야 할 것이다. 그 동기들에 따라 다음과 같은 대응을 할 수 있다.

- CPO가 자신의 역할 또는 팀의 사기와 결과에 미치는 영향에 대해 이해가 부족한 데서 이러한 상황이 생긴다고 판단되면, 후속 코칭 세션에서는 교육 또는 멘토링 스탠스를 좀 더 활용하여 CPO가 더 잘 이해할 수 있도록 안내할 수 있다. 여기서는 CPO가 호기심이 있고 코칭받을 준비가 되어 있는지 판단하는 것이 중요하다.
- 이것이 조직적 또는 개인적 압박감과 사소한 일까지 통제하려는 관리 행동의 결과라고 판단되면 코치 스탠스에 집중해서 그 역동을 더 잘 이해한 다음, 파트너를 조언하는 스탠스로 전환해서 압박감의 방향과 초점을 바꾸는 데 취할 수 있는 조치 사항을 파악할 수 있다. 또한 이는 좀 더 광범위한 리더 그룹을 코칭해서 그 초점을 CPO에서 동료 그룹 및 그 이상으로 바꿀 수도 있다는 의미일 수 있다.
- 여기에서 좀 더 미묘한 다른 방식이 있다. 내가 이 조직의 CTO를 코칭하고 있는데 CTO도 CPO와 같은 압박감에 시달리고 있다고 가정해 보자. 하지만 이들은 그 압박감을 해석하고 행동하는 방식을 바꾸고 있으며, 좀 더 긍정적인 반응으로 진화하는 데 커다란 진전을 이루고 있다. 아마도 나는 이 두 동

료, 즉 CTO와 CPO가 '파트너'가 되어 협력적 멘토링 및 코칭으로 영감을 얻을 수 있도록 할 수 있다. 이것이 능숙함과 존중을 바탕으로 이루어진다면 엄청난 힘을 발휘할 수 있다.

물론 이러한 방법을 조합해 사용하거나 자신만의 선택지를 만들 수도 있다.

시나리오: 잠시 멈춤

이러한 상급자 코칭 시나리오에서 코칭 마인드셋, 사고, 흐름에 대한 감을 얻고 있는가?

이러한 전략은 매우 미묘하며 상황에 따라 다를 수 있다. 모든 상황에 효과적인 단 하나의 전략은 절대 존재하지 않는다. 바로 이 지점에서 나는 커네빈(5장에서 살펴봤음), 즉 감지-반응 사고가 코칭에 큰 도움이 된다는 것을 알게 되었다. 감지는 한 번으로 끝나는 것이 아니라는 점을 명심하자. 코칭이 어떻게 진행되고 있는지, 그 결과는 어떤지 그리고 그 과정에서 필요한 방향 조정(스탠스 변경, 메타스킬, 전술)은 무엇인지 지속적으로 감지해야 한다.

개인을 코칭하는 경우에는 한 사람을 감지하고 반응하면 되기 때문에 좀 더 단순한 경우가 많다. 그룹이나 팀을 코칭하는 경우에는 그룹(시스템)을 코칭하는 것 말고도 해당 시스템 내의 개인을 코칭해야 할 수도 있기 때문에 훨씬 더 어려워질 수 있다.

이제 상급자 코칭 마인드를 계속 유지하기 위한 몇 가지 시나리오를 더 살펴보자.

80:20 규칙

여러분은 조직 관리자와 고위 관리자에 대한 적극적인 코칭이 문화로 스며들기 시작하기를 바랐다. 즉, 리더들이 애자일 원칙을 더 잘 이해하기 시작하면서 행동이 바뀌고, 탄탄한 애자일 원칙을 따르도록 팀원들을 코칭하기 시작할 것이다. 다시 말해 리더들이 '말한 대로 실천하기' 시작할 것을 기대했다.

하지만 이 전환을 실제로 돕고 있는 관리자는 약 10~15%에 불과하다. 나머지는 좀 더 애자일한 리더십 마인드셋으로 변화하는 데 저항하는 것으로 보이며, 심지어 20%는 변화를 방해하고 있다. 후자의 범주에 속하는 관리자 세 명을 개인적으로 알고 있다.

이 행동에 가능한 동기는 무엇일까?

1. 전통적인 문제 해결식 관리(조이너의 리더십에서 전문가 수준) 행동
2. '일을 마치라'는 상부로부터의 압박 및 결과에 대한 관리자의 '개인 책임' 강조
3. 관리자로서의 역할 그리고 권한을 부여하고 팀을 구축하는 데 필요한 새로운 역할을 전혀 이해하지 못함
4. 권력을 빼앗겼다는 느낌, 통제력을 잃는다는 두려움, 개인적으로 위험에 처해 있다는 느낌
5. 소속감 상실, 조직에서 '제 역할을 하고 있다'는 느낌을 받지 못함

가능한 애자일 코칭 대응은 무엇일까?

그 동기에 따라 다음과 같은 대응을 할 수 있다.

- 이 시나리오에서는 최상위부터 시작하여 이들에게 보고하는 고위 리더 또는 경영진과 함께 대화하는 것을 고려할 수 있다. 나는 그들이 새로운 방향에 관해 어떻게 소통하고 개별 관리자를 어떻게 멘토링하고 있는지 살펴보는 것부터 시작할 것이다. 내 기본 메타스킬은 호기심이지만 내가 보고 있는 것과 리더의 전반적인 전략에 미치는 영향을 명확히 파악할 수 있도록 용기와 사자후도 활용할 것이다. 코치 스탠스로 시작하겠지만 아마도 리더 또는 조언자 스탠스로 빠르게 전환할 것이다.
- 또 다른 전략은 변화를 잘 헤쳐 나가고 있는 리더들과 코칭 시간을 갖고, 그들이 동료에게 모델과 멘토가 되도록 격려하는 것이다. 이는 리더-파트너 관계 스탠스에서 개별 코칭 형태로 이루어질 수도 있고, 학습 안내자 스탠스를 활용해 공감대 형성 문제를 드러내고 재조정할 기회를 모색하는 그룹 기반 코칭 형태로 이루어질 수도 있다.
- 이 상황에서 나는 때때로 관리자의 역할과 리더십의 역할을 서로 매핑해 보는 실습을 통해 조직 맥락에서 관리자의 활동 및 중점 사항 그리고 리더의

책임 및 활동을 파악한다. 그런 다음 리더들이 현재 조직 맥락에서 적용해야 할 전체적인 활동과 책임에 대한 새로운 역할을 함께 이해하는 통합 활동을 퍼실리테이션한다.

물론 이러한 방법을 조합해 사용하거나 자신만의 선택지를 만들 수도 있다.

더 빨리! 더 빨리!

핵심 리더십 스폰서가 여러분을 불러서 여러분의 코칭 스타일이 약간 불안하게 느껴지고, 코칭 성과가 미흡한 점이 가장 심각한 문제라고 이야기한다. 이 스폰서는 조직에 팀이 20개가 넘는데 그중 단 세 팀만이 일관성 있고 속도가 빨라지고 있다고 보고 있다. 그리고 이 세 팀이 가장 열심히 하는 것 같다고 한다. 두세 번의 스프린트 내에 나머지 15개 이상의 팀을 다른 팀처럼 '끌어올리기'를 원하며, 그렇게 하지 못한다면 다른 코치를 찾아볼 것이라고 말한다.

이 행동에 가능한 동기는 무엇일까?
1. 애자일 팀이 지속적인 개선을 달성하는 방법을 전혀 이해하지 못함
2. 리더가 평가를 받고 있는 방식
3. 이러한 행동이 팀과 조직에 미치는 부정적인 영향을 이해하지 못함
4. 사소한 일까지 통제하려는 전통적인 관리(조이너의 리더십에서 전문가 수준) 행동
5. '일을 마쳐라'는 상부로부터의 압박

가능한 애자일 코칭 대응은 무엇일까?
솔직히 이런 종류의 대화와 반응은 내게 반감을 불러일으킨다. 리더가 나쁜 의도를 지니고 있다고 생각하기 시작하고, 리더와의 상호 작용에 선입견이 생긴다. 그래서 코칭 전략을 적용하기 전에 가장 먼저 할 일은 마음을 차분히 가라앉히고 스스로 중심을 잡고 시간이 지나가도록 기다리는 것이다. 그리고 나서 내 메타스킬을 긍정적 의도 가정, 공감, 호기심(근본 원인을 이해하려는 노력), 용기(리더에게 진실을 말할 수 있는 대담함) 쪽으로 전환하려고 노력한다.

또한 이 맥락에 적합한 반응을 이전 시나리오에서 살펴볼 수 있다. 거기에서 몇 가지를 고려해 볼 수 있을 것이다.

또한 아직 언급하지 않은 다른 이야기도 꺼내고 싶다. "그렇게 하지 못한다면 다른 코치를 찾아볼 것"이라는 발언에 대한 반응이다. 조언자 스탠스로 시작해서 이런 방식이 얼마나 해로운지 설명하는 어려운 대화를 나눌 수 있다. 그들이 성과가 높은 애자일 조직을 진정으로 만들고 싶어 한다면 말이다. 또한 상대방이 계속해서 이 방식이 효과적인 전략이라고 생각한다면, 그렇다, 자신이 적합한 코치가 아닐지도 모른다고 말해야 할 수도 있다.

물론 이러한 방법을 조합해 사용하거나 자신만의 선택지를 만들 수도 있다.

시나리오: 잠시 멈춤

애자일 코치들 사이에서 애자일 환경에 있는 중간 관리자는 (덜 유용한 다른 완곡한 표현도 많지만) '얼어붙은 중간 지대(the frozen middle)'라고 불리는 경우가 많다. 물론 고정 관념이지만 나는 맥락을 위해 이 말을 공유하고 싶었다. 이번 장의 끝부분에 제러미 브레이든(Jeremy Braden)이 이 용어와 그 영향을 훨씬 더 자세히 설명한 글의 링크가 있다.

그래도 핵심은 유효하다. 애자일 전환을 코칭했던 모든 경험에서 볼 때 팀과 경영진이나 고위 리더십 사이에 있는 관리자 계층, 즉 얼어붙은 중간 지대는 일반적으로 개인 및 조직 변화로 인해 가장 큰 어려움을 겪는 사람들이다. 또한 이들이 팀에 미치는 영향과 권한이 크기 때문에 모든 전환에서 성공에 중요한 요인이라고 생각한다.

그래서 엄청나게 끝내주는 애자일 코치로서 상급자를 코칭하려면 상황 인식, 요령, 중간 리더를 코칭하는 연습이 필요하다. 내 생각에 이 세 가지가 모든 수준의 애자일 코칭에서 성공의 핵심이다.

도장 수련

이번 장을 마무리하는 가장 좋은 방법으로 18장을 읽고 연습의 힘을 발견하기를 추천한다.

리더십 코칭만큼 코칭 스킬 연습이 더 중요한 분야는 없다. 간단히 말해 리더십 코칭은 한 가지 도구, 전술, 스탠스만으로는 부족하다. 리더 고객과 함께 춤을 출 때에는 민첩해야 하며, 사람들을 대상으로 직접 연습하기에는 위험이 너무 크다.

다양성은 리더십 코칭의 양념이다. 어떤 시나리오가 주어지더라도 다음을 연습할 수 있다.

- '맑은 날' 방식으로 도장 수련을 한다. 즉, 리더 역할을 맡은 사람이 매우 협조적이고 열린 자세를 취한다.
- '비 오는 날' 방식으로 도장 수련을 한다. 즉, 리더 역할을 맡은 사람이 매우 폐쇄적이고 방어적인 자세를 취한다.
- 주로 조언자(또는 변화 관리, 코치, 리더) 스탠스로 도장 수련을 하면서 스탠스를 거의 또는 전혀 바꾸지 않는다.
- 다른 사람이 코치 역할을 맡고 다시 도장 수련을 하면서 다양한 스타일, 전략, 접근법을 발견한다.

까다로운 리더십 코칭 세션과 스탠스에 들어가기 전에 이렇게 도장 수련을 한다면 얼마나 유리할지 알겠는가?

또한 도장 수련은 약한 스탠스를 강화하고 그 스탠스에 대한 스킬과 편안함을 얻을 수 있는 훌륭한 방법이기도 하다.

더 읽어 보기

- 다음은 리더를 코칭할 때의 공감대 형성에 대한 앤서니 머시노의 글이다: *http://web.archive.org/web/20230925202353/https://vitalitychicago.com/blog/empathy-for-technology-managers-in-agile/*

- 다음 블로그 글에서는 코칭과 퍼실리테이션에서 관점을 확보하기 위한 다양한 도구를 살펴본다. 그 도구 중 하나가 와인버그의 3의 규칙이다: *https://www.agile-moose.com/blog/2021/7/19/gaining-perspective*

- 다음은 애자일 얼라이언스 사이트에 있는 'Thawing the Frozen Middle'이라

는 제레미 브래든의 글이다: *https://www.agilealliance.org/resources/experience-reports/thawing-the-frozen-middle-to-create-a-self-organizing-transformation/*

- 《결정적 순간의 대화: 상황과 사람을 내 편으로 만드는 성공적 대화 기술》 (조셉 그레니 외 지음, 김경섭 외 옮김, 김영사, 2023)

- 《실리콘밸리의 팀장들: 까칠한 인재마저 사로잡은 그들의 지독한 솔직함》 (킴 스콧 지음, 박세연 옮김, 청림출판사, 2019)

돌아보기

각 부가 끝날 때마다 잠시 멈추고 성찰의 시간을 갖기를 추천하고 싶다. 다음 질문에 답해 보자.

애자일 코칭 그로스 휠의 모든 측면을 완전히 이해하는 데 시간을 할애하면서, 특히 역량에 주의를 기울여 보자.

마크는 2부에서 여러분과 구체적인 코칭 대화를 살펴보는 데 많은 시간을 할애했다. 그 대화를 다시 한번 돌아보자.

• 각 시나리오를 통해 어떤 생각을 하고 무엇을 발견했는가?
• 여러분의 관찰과 학습에서 무엇이 중요했는가?
• 그리고 가장 중요한 점이다. 이제 그 학습한 내용으로 무엇을 할 것인가?

끝내주는 애자일 코칭 저장소(맺음말에 링크가 있다)에서 휠 관련 학습 자료를 살펴보고, 읽어 보고 싶은 두세 가지 책이나 글을 선택해 보자.

여러분의 코치와 함께 2부에 나왔던 몇 가지 아이디어와 영감을 탐색해 보자. 그들을 성장, 실험, 학습을 위한 피드백 장치로 활용해 보자.

그려 보기

조용히 눈을 감아 보자. 끝내주는 애자일 코치라는 개념에 주의를 집중해 보자. 바로 여러분이다. 어떤 모습이고 어떤 느낌인지 상상해 보자.

일반적인 코칭 대화, 스탠스, 방식에 대해 생각해 보자. 이제 2부를 깊이 성찰해 보자. 전반적인 코칭 스타일과 방식에서 어떤 부분을 조정하고 싶은가?

그리고 그냥 재미 삼아, 새로 발견한 아이디어와 전술을 활용해 실제 코칭 대화 몇 가지를 마음속으로 연습해 보자.

이제 눈을 뜨고 그 아이디어, 영감, 통찰, 계획, 희망, 꿈 등을 일지에 적어 보자.

일지 작성을 아직 시작하지 않았는가?

그렇다면 *https://www.agile-moose.com/blog/2019/6/23/journaling-how-to-get-started*를 읽어 보고 저장소에 있는 애자일 코치 일지 작성 캔버스 활용을 고려해 보자.

좀 더 미묘한
애자일 코칭 속으로

Nuanced Agile Coaching

언어가 중요하다. 어떻게 전달하느냐도 중요하다. 시간이 흐르면서 어떻게 바꿔 나가느냐도 중요하다. 표현, 의도, 몸짓, 심지어는 말하지 않기로 한 선택의 일관성도 중요하다. 이것이 애자일 코칭의 난제이다. 나는 30% 정도만 코치가 말하고 나머지 70%는 고객이 말해야 한다고 자주 말한다. 이는 고객에게 소통하고 고민할 수 있는 충분한 여지를 제공하기 위해서이기도 하고, 또 고객을 지원하기 위해서이기도 하다. 말을 아낄수록 그 말의 소중함과 가치 그리고 모든 언어가 미칠 수 있는 영향력이 커진다.

언어를 신중하게 고려하고 문제가 없도록 다듬고 명확하게 전달하자. 그렇다. 나는 개인적으로 이런 부분들을 여전히 노력 중이다.

들어가기

나는 엔지니어, 관리자, 고위 리더 그리고 애자일 코치로서 경력을 쌓아 오면서 내 언어에 문제가 있음을 깨달았다. 한 가지 예를 들면 나는 '저항'이라는 말을 들었을 때 항상 부정적 의미로 받아들였다.

- 이 스크럼 팀원은 애자일에 동참하지 않고 있다. 그 팀원은 팀이 애자일을 받아들이는 데 '저항'하고 있으며, 이는 팀이 실패하는 원인이 되고 있다.
- 이 리더는 애자일을 도입하거나 애자일 마인드셋을 받아들이는 데 '저항'하고 있다. 물론 말로는 옳다고 이야기하고 있지만, 그의 행동과 말투가 애자일 전환을 전반적으로 저해하고 있다.
- 이 조직은 애자일에 전혀 준비가 되어 있지 않다. 그들은 사사건건 애자일에 '저항'하고 있다. 해야 할 일을 하지 않거나 마인드셋을 바꾸지 않고 있다.

이 경우에 내 사고방식에서 '저항'이라는 단어는 '매우 부정적이고 진행을 방해하며 폐쇄적이고 동의하지 않음'의 의미를 지닌다. 그리고 이 단어를 말할 때 내 말투와 몸짓은 그 부정적인 견해를 드러낸다. 내가 '저항'을 어떤 말투로 말하는지, 그 단어를 쓸 때 내가 무엇을 생각하고 인식하는지 그리고 듣는 사람이 어떻게 받아들이는지가 중요하다. 나는 이 모두를 매우 높은 수준으로 통제할 수 있다.

이번 장의 첫 번째 요점은 언어가 중요하다는 사실에 민감하게 반응하는 것이다. 두 번째는 우리 모두가 고객을 지원할 때 우리 언어, 의도, 마인드셋의 재구성이 중요하다는 점이다. 다시 말해 우리는 가능한 한 고객의 언어 안에 머물러야 한다.

태초에 공감이 있었다

고객의 언어로 고객과 소통하기 위한 첫 번째 단계는 공감이다. 여기에서 공감이란 다른 사람의 감정을 느끼는 것, 즉 마치 상대방이 된 듯이 그 감정을 경험하고 더 잘 이해하는 것을 의미한다. 공감에는 고객의 감정에 친근감을 주는 정서적 요소가 있다.

공감과 연민은 다르다. 연민은 다른 사람의 어려움을 이해하는 것이다. 공감에 대해 생각할 때 나는 다른 이의 입장에 서 본다는 비유에서 자주 도움을 받는다. 내가 여러분의 상황을 전혀 모른다면 어떻게 여러분의 감정을 공감하고 느낄 수 있겠는가? 그럴 수 없다.

그림 33은 공감 스펙트럼을 보여 준다. 이 그림은 UX 코칭 회사인 닐슨 노먼 그룹(Nielsen Norman Group)에서 만들었는데, 그래서 이 그림은 고객·사용자에 대한 공감을 설명한다. 그러나 나는 이 그림을 다른 맥락에도 똑같이 적용할 수 있다고 생각한다.

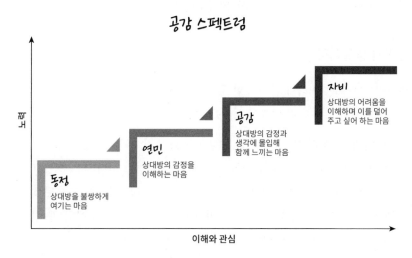

그림 33 공감 스펙트럼(출처: 닐슨 노먼 그룹에서 인용. *https://www.nngroup.com/articles/sympathy-vs-empathy-ux/*)

공감의 중요성은 애자일 코치와 전문 코치의 차이점 중 하나이다. 전문 코치도 공감과 관계를 다루지만 보통은 고객과 약간의 거리를 유지한다. 전문 코칭에서는 고객과 어느 정도 떨어져 있는 편이 도움이 되기 때문이다.

나는 애자일 코칭에 고객과의 친밀감과 공감이 더 많이 필요하다고 믿는다. 고객을 온전하고 유능하며 역량이 있다고 여기더라도, 개인적으로나 직업적으로나 양쪽 모두에서 고객과 그들의 세계가 어떠한지에 대한 인식과 공감을 높여야 한다.

페르소나로 보는 고객

소프트웨어 UI 또는 UX 업무에서 페르소나를 접해 본 적이 있을 것이다. UI를 개발할 때 고객의 사진이나 설명이 있다면 도움이 된다. 페르소나란 개인 정보와 고객의 역할, 즉 그들이 수행하는 업무에 대한 설명이 포함된 이력서나 직무 설명이라고 할 수 있다.

이러한 배경 정보를 이해하면 상호 협력적 코칭 관계 및 계획을 설계하고, 어떤 상황에서 어떤 스탠스가 고객에게 가장 도움이 될지 결정할 때 큰 도움이 된다.

훌륭한 페르소나를 활용하면 고객 이미지를 마음속에 떠올림으로써 고객을 더 잘 상상하고 더 잘 이해하고 더 잘 공감할 수 있다.

언어가 중요하다!

애자일 코치로서 우리의 언어 또한 중요하다. 어떤 측면에서는 코칭 언어가 체인지 에이전트로서 우리 역할의 성패를 가른다고 할 수 있다.

'나' 언어 대 '우리' 언어: 애자일 환경으로 옮겨 갈 때 '나'를 강조하는 언어에서 '여러분' 또는 '우리'를 강조하는 언어로 옮겨 가야 한다. 나 자신보다 팀, 그룹, 조직을 자주 이야기할수록 더 좋다. 그렇지만 애자일 코칭 관점에서 봤을 때 부적절한 상황이라면, 즉 여러분이 그룹의 일원이 아닐 때에는 '우리'라는 표현을 남용하지 않도록 주의해야 한다.

애자일 및 린 언어: 한때 나는 최고 경영진에게 애자일 리더십 과정을 가르쳤던 적이 있다. 교육이 끝날 무렵 그들은 애자일 전환의 다음 단계를 계획하면서 교육에서 배운 몇 가지 사항을 바탕으로 변화를 구상하고 있었다. 그들의 아이디어 중 하나는 '애자일'이라는 용어 사용을 중단하자는 것이었다. 애자일이 유행어가 되어 버려 이사회, 이해관계자, 고객에게 설명할 때 도움이 되지 않는다는 것이었다. 나는 이것이 그들의 깨달음이라고 생각했다.

비즈니스 언어: 앞서 언급한 내용과 관련하여 애자일 언어를 지속적으로 비즈니스, 고객, 리더십이 이해할 수 있는 언어로 바꾸는 것이 중요하다. 이것이 항상 투자 수익률, 성과, OKR이라고 바꿔 말하는 것을 의미하는지는 잘

모르겠지만, 우리가 제안하는 내용을 조직 전체가 이해할 수 있도록 하는 데 도움이 된다.

변화 언어: 애자일 전환과 관련된 흔한 유행어에는 어떤 것이 있을까? 우선 은 전환(transformation)이 있다. 또한 비즈니스 어질러티, 디지털 전환, 데브 옵스, 애자일 확장(agile scaling)·세이프도 있다. 일반적으로 전문 용어와 유 행어는 가급적 멀리하는 것이 좋다. 부득이하게 사용해야 하는 경우라면 명 확하게 표현하기 위해 곧바로 비슷한 다른 표현이나 용어를 제공하자.

표 2는 끝내주는 애자일 코치를 위한 몇 가지 언어 및 토론 지침을 보여 준다. 가급적 오른쪽 열에 있는 언어를 자주 활용하는 것이 좋다.

덜 집중해야 하는 용어	더 집중해야 할 용어
속도(velocity), 처리량(throughput), 흐름(flow)	예측성
성공 및 실패	결과
애자일, "그건 애자일이 아닙니다."	투명성
자기 주도	자율 및 참여
서번트 리더십	파트너 관계 및 협력
신뢰하되 검증한다	실험, 학습, 조정·방향 전환
테스트 단계 및 게이트	신뢰
개발자, 테스터, 비즈니스 분석가	품질
세이프, DAD(Disciplined Agile Delivery), LeSS(Large-Scale Scrum) 등[1]	팀원 및 팀 건강
	지속적인 개선
스크럼, 익스트림 프로그래밍, 칸반[2] 등	고객 가치
데브옵스	리더십·조직 공감대 형성
비즈니스 어질러티, 조직 어질러티	
조직 구조	

표 2 애자일 코치를 위한 언어 지침

1 (옮긴이) 엔터프라이즈 수준에 적용하는 확장 애자일 프레임워크들이다.
2 (옮긴이) 가장 널리 알려진 애자일 프레임워크 및 방법론들이다.

절대로 이건 하지 말자

이번 절을 마무리하면서 애자일 코치가 알아야 할 대표적인 '하지 말아야 할 말과 행동' 항목을 공유해 보려 한다. 여러분 중에 이렇게 하는 사람은 없겠지만 최소한 언급은 해야겠다고 생각했다.

첫 번째는 다음과 같은 말로 애자일이라는 단어를 무기화하려는 경향성이다.

- "그건 애자일 방법론이 아닙니다. 그러니까 여러분은 애자일하지 않아요!"
- "저는 코치이자 애자일 전문가이므로 이렇게 하는 것이 애자일입니다."
- "애자일 리더는 그런 식으로 행동하지 않습니다. 그건 우리의 애자일을 약화시킵니다."

이 주제에 대해 이와 같은 말이나 비슷한 표현은 피하자. 내 경험상 애자일 전문가는 애자일 실천법과 마인드셋이 좋은지 나쁜지 판단하려는 심판자가 되는 함정에 빠지기 쉽다. 그런 생각에서 멀리 벗어나자. 애자일이 자신에게 어떤 의미인지 발견하는 일은 전적으로 고객의 몫이다.

내가 보아 온 또 다른 습관은, 안타깝게도 때로는 나 자신에게서 나타나기도 하는데, 바로 사람과 상황에 대한 고정 관념이다.

- 테스터, 프로젝트 관리자, 중간 관리자, 리더십과 같은 일반적인 역할에 대한 고정 관념. 예를 들어 "관리자들은 전부 사소한 일까지 통제하려는 관리 방식으로 내 코칭을 방해한다."
- 그 밖의 특성에 대한 고정 관념. 예를 들어 "베이비 붐 세대는 전부 '경험'이 너무 많아서 애자일 마인드셋을 이해하고 효과적으로 운영할 수 없다."
- 또는 "관리자들만 제 역할을 해준다면 내 일이 훨씬 쉬워질 것 같다."

고객을 집단으로 고정 관념화하면 고객과 소통하기 어렵다. 그보다는 고객을 한 명의 개인으로, 고유하고 유능한 인간으로 바라보며 소통해야 한다.

나는 고정 관념이 행동에 대한 비난과 결합되는 경우가 많다는 사실을 발견했다. 예를 들어 나는 앞의 예시에서 경영진과 관리자의 행동을 비난하고 있다.

마지막으로 아마도 여러분이 계속 지켜봐야 할 가장 중요한 부분은, 여러분의 감정이 어떻게 반응하는지 그리고 그 결과 어떤 일이 일어나는지이다. 예를 들면 다음과 같다.

- 실패: "그 팀은 계속 실패하고 있어. 지난 네 번의 스프린트를 연속으로 실패했었지."
- 저항: "그들은 절대로 애자일 마인드셋을 갖추지 못할 거야."
- 특정 방식: "성공하려면 모든 팀은 추정할 때 반드시 피보나치 수열 기반의 스토리 포인트를 사용해야 해."
- 프레임워크: "스크럼은 IT 지원 업무를 수행하는 가장 좋은 방법이야. 다른 곳에서도 전부 효과가 있었으니 여기에서도 효과를 발휘하도록 만들어야 해."

나는 감정적 반응과 편견을 같은 것이라고 생각하며, 우리 모두에게는 감정적 반응이 편견으로 이어졌던 경험이 있다. 그러나 감정적 반응은 절대적이고 판단적인 자세인 경우가 많기 때문에 코치에게 결코 바람직하지 않다.

나는 애자일 조직 내에서 그리고 코치로서, 순수주의자 대 실용주의자의 관점에서 생각하는 경우가 많다. 순수주의자는 무언가를 할 때 특정한 방법이나 접근법 또는 도구가 유일한 방법이라는 생각에 사로잡힌 사람이다. 한 걸음 물러서서 생각해 보면 애자일의 핵심 원칙과 마인드셋을 고려했을 때 이러한 입장이 얼마나 아이러니한지 깨닫게 될 것이다. 주제에서 벗어난 이야기이기는 하지만 어쨌든 그렇다.

반면에 실용주의자는 훨씬 더 유연하고 방법에 덜 집착(반응)한다. 한 걸음 물러서서 몇 가지 일반적인 지침을 제공한 다음, 고객으로부터 어떤 방식이 창발되는지 지켜보는 것이 더 좋다.

언어는 성숙도 지표가 된다

내 친구 조시 앤더슨(Josh Anderson)과 나는 애자일 와이어(AgileWire) 팟캐스트[3]의 제프 부볼즈(Jeff Bubolz), 제프 말레스키(Jeff Maleski)와 합동으로 팟캐스트를

---

3 *https://www.theagilewire.com/recordings*

녹음했다. 우리가 이야기를 나눈 주제 중 하나는, 팀부터 고위 리더까지 모든 이를 포함한 문화 전반에서 특정 단어의 사용 여부가 조직의 애자일 성숙도(준비 수준, 문화)와 어떤 관련이 있는지였다.

우리는 특정 단어나 문구가 덜 성숙하거나 애자일에 준비가 되어 있지 않은 문화를 나타내고, 또 어떤 단어는 좀 더 성숙함을 가리킨다는 데 동의했다. 그런 단어의 전반적 사용과 추세를 종합해 보니 매우 흥미로웠으며 전반적인 성숙도를 잘 알 수 있었다.

(성숙도라는 단어에 집착하거나 감정적으로 반응하지는 말자. 준비성, 수용성, 생산성이라고 해도 무방하다.)

우리는 다음과 같은 단어와 문구가 더 훌륭한 조직 성숙도를 가리킨다는 데 동의했다.

- 우리가, 우리의, 우리를
- 무엇을 발견했는가? 무엇을 배웠는가?
- 어떻게 하면 같은 실패를 다시 반복하지 않을 수 있을까?
- 어떻게 도와줄 수 있을까?
- 도움이 필요한가?
- 어려움을 겪고 있으며 도움이 필요하다.
- 목표 달성에 도움이 되려면 내가 무엇을 해야 하는가?
- 항상 팀 또는 그룹을 지칭한다.
- 함께 살펴보자 또는 함께 실험해 보자.
- 당신의 관점을 이해할 수 있도록 도와 달라.
- 만약 다시 하게 된다면 어떻게 할 것인가?

물론 이 목록이 완전하지는 않지만 그 느낌을 대략적으로 파악해 볼 수 있다. 이와는 반대로 다음 단어와 문구는 조직 성숙도가 낮음을 가리킨다.

- 나를, 나의, 내가
- 고정된 범위와 날짜
- 지금 바로 끝내!

- 이 작업을 해서 가져와.
- 늦으면 누구 책임인가?
- (무엇에 대해서든) 누구 탓인가?
- 문제가 아니라 해결책을 가져와.
- 그냥 끝내기만 하면 된다.
- 이해를 못 하는군.
- 내 말을 들어.

다시 강조하는데, 이 목록이 완전하지는 않지만 무슨 느낌인지 이해할 수 있을 것이다. 우리는 문화에서 대화의 양쪽을 모두 측정한 다음, 그 대화에서 드러나는 현실을 기반으로 일종의 애자일 성숙도(행동, 말한 대로 실천하기) 지표 또는 수치를 제시할 수 있다고 생각했다.

이 내용을 공유한 이유는 개인이나 팀을 코칭할 때 애자일 코칭의 효과를 측정할 수 있는 좋은 방법이라고 생각하기 때문이다. 여러분은 코칭을 진행하면서 조직의 언어가 덜 성숙한 언어에서 더 성숙한 언어로 바뀌고 있음을 알아차리고 있는가? 그래야 한다. 그렇지 않다면 전반적인 코칭 전략과 유효성을 반성해 보아야 할 것이다.

언어 정렬

살펴봐야 할 또 다른 중요한 점은 언어 정렬(language alignment)이라는 개념이다. 예를 들어 한 코치는 코칭에서 특정 언어를 사용하는데 다른 코치는 이와는 다른 언어를 사용하는 경우, 고객과 조직에 혼동을 줄 수 있다. 나는 이런 일이 생겼던 사례를 블로그에 공유한 적이 있다.[4] 조직에서 경영진이 한 팀으로서 공감대가 없는 경우에도 이런 일이 발생할 수 있다.

두 경우 모두 혼동이 생기고 메시지가 흐릿해지며 이해하기 어려워진다. 그 이유는 무엇일까? 일관성이 없기 때문이다.

조직이나 팀을 코칭하는 모든 애자일 코치가 다른 코치의 복제 인간이 되어

---

4   *https://rgalen.com/agile-training-news/2020/8/28/a-coaching-alignment-story*

똑같은 언어를 사용해야 한다는 뜻은 아니다. 그것은 어리석은 일이다. 그러나 여러분은 절대로 자신이 이미 정렬되어 있다고 가정해서는 안 된다. 그것은 오만에 불과하다. 그 대신 시간을 내어 자신이 정렬되어 있는지 확인해야 한다. 다음 사항이 정렬되어 있는지 확인해 보자.

- 전반적 고객 전략
- 구체적 원칙
- 누가 이끄는 위치에 있는지 등과 같은 역할
- 타협 이루기, 고객 입장에서 그들을 만나기
- 실행, 전술, 마인드셋, 기준선 등

예를 들어 보자. 두 명의 코치가 한 고객에게 스크럼의 스프린트 플래닝(sprint planning)[5]을 진행하면서 서로 다른 의견(스프린트 플래닝에서 작업(task) 단위 업무를 포함할지 여부)을 제시하는 일은 절대로 없어야 한다. 권장하는 추정 수준(스토리 포인트)에 대해 의견이 일치하지 않는 경우도 마찬가지이다. 스프린트 목표 정의의 필요성도 마찬가지이다.

정렬이 중요하다! 우리 대부분은 자신이 실제보다 더 잘 정렬되어 있다고 믿는다. 따라서 애자일 코치는 고객을 혼란에 빠뜨리기 전에 자신의 정렬 상태를 확인하고 정렬을 이루도록 하자.

리더가 언어 사용에 주의하도록 코칭하자

리더십 고객과 나눌 수 있는 가장 강력한 코칭 대화 중 하나는 그들의 언어에 대한 코칭이다.(애자일 환경에서는 모두가 리더라는 점을 기억하자.) 나는 애자일 환경에서 언어의 변화를 더 잘 탐색해 보려는 리더들에게 다음 가이드라인을 활용하고 공유해 왔다.

- 사람들을 가리킬 때 '자원'이라는 말을 사용하지 않는다. 누군가 그런 말을

---

5 (옮긴이) 스크럼의 공식 이벤트 중 한 가지. 반복 주기(스프린트)를 시작할 때 스크럼 팀이 함께 협력하여 스프린트 동안 할 일을 선정하고 목표를 수립한다.

할 때마다 '벌금'을 부과한다. 그 수익으로 사람들에게 점심을 대접한다.

- 사람들을 가리킬 때 직무 이름(QA, 개발자, 아키텍트, 관리자)으로 부르지 않는다.
- 어떤 식으로든 개인을 대체 가능한 존재로 취급하지 않는다. 모든 이를 하나의 인격체로 생각하고 논의한다.
- 팀원의 가용률을 계산할 때 '매직 넘버'를 사용하지 않는다. 모든 인원의 가용률을 일률적으로 70%로 계획하는 것을 예로 들 수 있다. 그 대신 팀원 각각에게 자신의 가용률을 물어본다.
- 한두 사람의 의견이 그룹 전체의 의견을 대표한다고 생각하지 않는다. 이것이 바로 내가 플래닝 포커의 역동을 좋아하는 이유 중 하나이다. 플래닝 포커에서는 모두가 자신의 의견을 말할 수 있기 때문이다.
- 팀에서 일부 그룹이 자기들만 완료한 업무를 업무 완료로 간주하지 않는다. 팀 내 개발자들이 개발만 마친 상황을 예로 들 수 있다. 본질적으로 관련된 팀 및 직무에서 모두 완료해야 완료라고 할 수 있다. 완료는 팀의 결과물이어야 한다.
- 외부 파트너를 구할 때에는 자원 및 인력을 추가한다는 관점으로 생각하지 않는다. 파트너 관계의 관점에서 생각하고, 팀원을 채용할 때와 동일한 수준의 주의를 기울여 관계를 맺어야 한다.

중요한 것은 팀은 개인으로 구성되어 있다는 점이다. 모든 상호 작용에서 그 점을 고려하면서 개인을 놓치지 말자. 나는 애자일 팀이 서로를 존중하는 방식으로 행동하기를 기대하며, 팀 외부의 모든 이에게도 그렇게 해야 한다고 생각한다.

더 읽어 보기

나는 이 주제에 대해 L. 데이비드 마르케(L. David Marquet)가 쓴 《턴어라운드》(김동규 옮김, 세종서적, 2020)와 《리더십 리부트》(박정은 옮김, 시목, 2021)라는 두 권의 책을 추천한다. 순서대로 읽어 보는 것이 좋다. 이 두 책은 '애자일 코칭' 책이라고 할 수는 없지만 코칭에 도움이 될 만한 두 가지 영역을 다루고 있다. 《턴어라운드》는 효과적인 리더십이 어떤 모습인지, 특히 아주 어려운 상황에서는 어떤지를 보여 주며, 《리더십 리부트》는 이번 장의 주제인 언어를 정면으로 겨냥하고 있다.

인생에는 혼자 할 때 좋은 일이 있고, 믿을 수 있는 동료나 파트너처럼 다른 누군가와 함께할 때 좋은 일이 있다. 그것이 무엇인지는 개인마다 크게 다르며, 자신에게 무엇이 가장 적합한지 파악하려면 자기 인식이 필요하다.

마음이 열려 있다면 애자일 짝 코칭은 애자일 코칭 스킬 도구함의 깊이와 너비를 늘릴 수 있는 가장 진지하고 빠른 방법 중 하나가 될 수 있다. 그리고 재미있는 일이 될 수도 있다. 자존심을 잠시 내려놓고 적절한 파트너를 찾아 학습이라는 춤을 출 수 있다면 말이다.

적절한 코칭 파트너와 함께라면 엄청나게 끝내주는 애자일 코치가 될 수 있다. 그러니 혼자서 가지 말자!

들어가기

얼마 전 한 동료와 함께 애자일 전환 프로젝트에 참여할 기회가 있었다. 이런 프로젝트가 대부분 그렇듯이 초기에는 교육을 하고 그 이후에 팀별로 코칭을 진행했다. 이 프로젝트는 단순히 10개 이상의 팀을 구성하고 운영하는 것뿐 아니라, 팀 간 전술 및 실천법 측면에서 일관성을 확보하는 것이 목표였다.

우리는 두 코치가 동시에 고객사를 방문하는 정기 공동 코칭을 견적서에 포함했다. '고객사 상주'를 하지 않는 데에는 세 가지 이유가 있었다. 첫째, 그런 방식은 우리의 주요 코칭 모델이 아니었다. 우리는 반복 주기가 끝나는 시점에만 코칭하는 파트타임 모델을 선호했다. 둘째, 상주 방식은 고객이 코치에게 지나치게 의존하게 되면서 학습 속도가 느려지는 경우가 많다는 데에 의견이 일치했다. 마지막으로, 우리는 고객이 가능한 한 최고의(가장 경험이 많은) 코치와 함께할 수 있기를 원했고, 이 모델이라면 그렇게 할 수 있었다.

기본적으로 이 모델은 고객에게 실행, 경험, 학습의 여지를 제공함으로써 우리의 방문 효과를 높일 수 있었다. 일반적으로 이러한 모델에는 많은 질문과 코칭 기회가 있지만, 이는 고객에게 책임감과 실제 경험이 있어야 가능한 일이다.

우리는 고객에게 짝 코칭을 설득하는 일이 쉽지 않음을 알게 되었다. 가장 큰 저항 요인은 코칭 및 출장에 드는 비용 때문인 것 같았다. 그러나 좀 더 미묘한 요인도 있었다. 예를 들어 "왜 그냥 코치 한 명이 이 일을 전부 하면 안 되는 거죠?"라는 반응이 있었는데, 이는 아마도 코치의 역량이 혼자서는 고객의 모든 요구를 처리하지 못하는 수준이라고 짐작했던 것 같다. 짝 프로그래밍(pair-programming)[1]이 알려지기 시작하던 초기에 주변에서 들었던 저항의 목소리가 머릿속에 떠올랐다. 많은 사람이 단순한 경제성을 넘어 품질, 위험 완화, 실행에 따라오는 무형의(그러나 실질적인) 이익을 알아차리지 못했다.

현실에서는 아무리 뛰어난 코치라도 사각지대가 있고 코칭 중에 실시간으로 일어나는 중요한 측면을 놓칠 수 있다. 두 사람이 함께하면 이러한 사각지

---

1 (옮긴이) 애자일 소프트웨어 개발 실천법 중 하나로, 한 컴퓨터에서 프로그래머 두 사람이 함께 작업하는 기법이다.

대를 극복할 수 있으므로 각 코치는 고객에게 훨씬 효과적인 코칭을 제공할 수 있다.

짝 코칭에서는 이러한 이점을 강조함으로써 저항을 극복하거나 재구성할 수 있도록 해야 한다. 물론 맥락이 중요하다. 짝 코칭은 조직 전반에서 여러 팀을 코칭하거나 조직의 상급자와 하급자를 코칭할 때 더욱 의미가 있다.

단순히 팀이 아니다

나와 동료가 깨달은 또 다른 사실은 우리가 항상 같이 코칭하지는 않는다는 점이다. 우리가 비록 짝을 이루어 활동하지만 보통은 개별 코칭을 하려고 헤어지곤 했다. 다음은 우리의 '하루 일정'을 예시로 든 것이다.

- 아침 일찍 세 개 팀을 모아 백로그 개선 실천법을 논의했다. 우리는 이 팀들과 제품 책임자들이 해당 문제로 어려움을 겪고 있음을 알게 되었기 때문에, 스토리 개선에 초점을 맞춘 즉석 교육을 진행했다.
- 그다음에는 개별 팀의 백로그 개선 세션에 참석했다. 그 덕분에 우리는 더 넓은 범위를 다룰 수 있었고 사례나 멘토링을 통해 코칭할 수 있었다.
- 그 직후에 서로 기록을 비교했다. 공통 패턴이 있었는가? 각 제품 책임자에게는 충분한 스킬이 있는가? 제품 책임자 중 일부는 정말 어려움을 겪고 있는 것으로 드러났다. 그래서 동료는 팀과의 작업을 이어 갔고, 나는 제품 책임자 개인에게 집중하기 위해 그 자리를 떠났다.
- 점심시간에 우리는 팀뿐 아니라 조직 수준에서 관찰한 기록을 비교했다. 우리는 매일 팀과 리더십 모두에서 문화의 일면을 발견했다. 우리의 인식이 바뀌면서 전략도 함께 바뀌어 갔다.
- 오후에 나는 개별 관리자들과 그들의 역할에 대해 논의했는데, 애자일 환경에서는 관리자의 행동과 방식이 어떻게 변화해야 하는지 이야기하는 시간이었다. 여기에는 코칭도 일부 있었지만 신뢰할 수 있는 파트너라는 인식을 심어 주는 활동도 병행했다.
- 내 동료는 계속해서 팀에 집중했다. 특히 이날은 아키텍처에 초점을 맞추면서 그것이 백로그 및 팀 실행과 얼마나 잘 어울리는지에 중점을 두었기 때문

에 팀 리더 및 아키텍트들과 많은 시간을 보냈다.

- 우리는 회고로 하루를 마무리하며 하루 동안 관찰하고 경험한 것들을 논의했다. 그리고 나서 다음번 코칭 활동에서 조정이 필요한 전략을 논의했다.

보다시피 우리의 코칭 스탠스와 초점(렌즈)은 온종일 실시간으로 바뀌었다. 코치 한 명으로는 감당하기 거의 불가능했을 것이다. 그리고 참호 속에서 함께 실시간으로 의견을 나눌 수 있는 조언자가 있다는 점이 얼마나 큰 힘이 되었는지는 아무리 강조해도 지나치지 않을 것이다.

렌즈를 바꾸라

초점 변경은 애자일 코칭에서 강력한 도구가 될 수 있다. 짝 코칭은 애자일 전환의 다양한 측면 전반에 집중할 수 있는 능력을 촉진한다. 방금 설명한 짝 코칭 활동에서 우리는 세 가지 수준의 노력 모두에 주의를 기울일 수 있었다.

1. 팀 코칭
   a. 직접 팀
   b. 간접 팀(개발자, 비즈니스 분석가, 테스터)
   c. 역할(스크럼 마스터 및 제품 책임자)

2. 스킬 및 전술
   a. 관리자 코칭
   b. 직접 관련이 있는 관리자(애자일 팀원을 관리하는 관리자)
   c. 대리인(프로젝트 관리자, 릴리스 관리자)
   d. 활동(지표, 도구, 조직 구조, 팀 관리)

3. 리더십 코칭
   a. 직접 리더(기술, 개발, 품질, 제품)
   b. 간접 리더(교차 기능 팀 리더)
   c. 이해관계자(애자일 활동의 직접적 이해관계자, 고객의 고객일 수도 있음)

그리고 우리는 현장 상황 변화에 따라 이 모든 방향을 실시간으로 전환했다. 이는 믿을 수 없을 정도로 강력했고 고객에게 큰 영향을 미쳤다.

적응형 코칭 전략

우리는 매일 코칭을 준비하면서 그날의 전반적인 전략을 세우곤 했다. 이 전략은 다음을 기반으로 했다.

- 원래 코칭 계약(일정 및 전략)
- 우리가 전날 알게 된 것들
- 고객 팀 코칭에서의 조정
- 우리의 스킬 및 고객 맥락에 기반한 조정

활동을 진행하면서 우리의 초점은 기회에서 코칭으로 그리고 코칭에서 결과로 바뀌어 갔다.

한목소리

짝 코칭에서는 한목소리를 내는 것, 다시 말해 정렬 유지가 중요하다. 모든 코치는 큰 틀에서 동일한 기법과 방식을 참조하고, 조직 맥락에 맞는 비슷한 추천을 제시해야 한다. 코칭 스탠스, 경험, 스킬에는 전반적인 일관성이 있어야 한다.

두 코치가 서로의 로봇이나 복제 인간이 되기를 바라지는 않는다. 그건 분명히 도움이 되지 않을 것이다. 그러나 한 코치가 어느 날 어떤 전술적 조언을 했는데, 그다음 날 다른 코치가 정반대 조언을 하는 건 있을 수 없는 일이다. 코치들 간에는 일종의 철학적 정렬이 있어야 한다.

또한 짝 코칭 자체가 잘못된 정렬을 파악하고 코칭받는 팀 전반에 정렬을 장려하는 데에도 도움이 된다. 이는 고객이 혼란스럽거나 서로 반대되는 조언을 받지 않도록 하는 데 매우 중요하다.

짝 코칭 유형

짝 코칭에는 고려해야 할 몇 가지 유형이 있다. 나는 이러한 짝 코칭을 다양한 맥락에 각각 적용하고 있다.

전략 짝 코칭: 이 모델에서는 한 쌍의 코치가 코칭 세션에서 함께 보내는 시간이 거의 없다. 그 대신 매일 수시로 만나 전반적인 코칭 계획과 전략을 논의하고 서로를 발견, 아이디어, 다음 단계에 대한 피드백 장치로 활용하며 고객 목표에 대한 전반적인 전략을 대략적으로 재조정한다.

전술 짝 코칭: 일상적인 활동에 사용하는 짝 코칭이다. 예를 들어 앞에서 소개한 예시에서 나와 동료는 특정 팀의 백로그 개선 코칭을 함께 진행했다. 우리 둘 중 한 명은 주 코치, 다른 한 명은 퍼실리테이터 역할을 맡는 것이 고객에게 가장 도움이 되리라고 생각했다. 자주 사용하는 방법은 아니지만 상황에 따라 꽤 효과적이라고 입증된 전술이었다.

멘토 짝 코칭: 여기에는 주 코치와 멘티 코치가 있다. 멘티는 코칭을 거의 또는 전혀 하지 않지만 코칭을 보면서 배우고 나중에 요약하는 역할을 한다. 멘토 짝 코칭은 직접 관찰을 통해 조정이 필요한 부분을 감지하고, 코칭 세션을 요약한 내용을 학습 기회로 활용하는 등 코칭 스킬을 개발할 수 있는 좋은 방법이다.

인터뷰 짝 코칭: 이는 멘토 짝 코칭의 변형으로, 실제 코칭 세션이나 도장 수련에서 짝 코칭을 활용해 코치의 스킬, 정렬, 서로의 합을 파악해 볼 수 있다. 인터뷰 짝 코칭은 (내부 또는 외부) 후보자가 코칭 팀에 합류하기 전에 인터뷰하는 데 사용할 수 있다.

애자일 짝 코칭 캔버스

짝 코칭을 하면서 내가 발견한 것 중 하나는 두 코치 사이에 대화와 명확성이 필요하다는 점이었다. 이를 장려하는 가장 좋은 방법 중 하나는 코칭을 시작하기 전에 논의에 집중할 수 있는 캔버스 도구를 활용하는 것이다. 그래서 애자일 짝 코칭 캔버스(그림 34)를 만들었다.

애자일 짝 코칭 캔버스

이 캔버스의 목적은 짝 코치 간의 대화를 이끌어 내고
어떻게 활동할 것인지 명확히 하며
비전, 미션, 환경을 도출하는 것이다.

코치 #1: 코치 #2:	최종 업데이트:

코칭 스탠스, 합의, 계획
어떻게 함께 활동할 것인가? 왜 함께 활동하는가?

전체는 개별의 합보다 크다. 두 사람 모두의 슈퍼파워, 강점, 도전, 1+1=3을 위한 합의	**역할: 드라이버** 드라이버의 역할을 자세히 설명한다. (기대 수준, 경계)
고객 목표 고객의 결과를 명확히 설명한다.	**역할: 내비게이터** 내비게이터의 역할을 자세히 설명한다. (기대 수준, 경계)
정렬 정렬해야 할 부분에 대한 원칙, 전술, 도구, 전략. 두 사람 모두 이 칸에 서명해야 한다.	**멘토링 및 성장** 지속적인 성장을 위한 멘토링, 교육, 도장 수련, 역할극, 강점 기반 전략

그림 34 애자일 짝 코칭 캔버스

이 캔버스는 코칭에서 감지-반응을 제한하기 위한 것이 아니라 고객에게 어떤 모습을 보여 줄지 그리고 그 문제에 대해 서로에게 어떤 모습을 보여 줄지 두 코치가 합의하기 위한 것이다.

코칭 스탠스, 합의, 계획

이 칸은 활동 방식을 합의하기 위한 것이다. 역할 외에 어떤 종류의 모델을 활용할 예정인가? 이를테면 애자일 코칭 그로스 휠을 모델로 활용하기로 합의하는 것을 추천한다. 사용하기로 합의한 다른 도구, 그룹 기반 도구로서 ORSC의 컨스텔레이션 같은 것을 여기에 명시할 수 있다.

또한 파트너 관계 및 짝 코칭에 대한 구체적인 합의 사항은 무엇인가? 지원, 기밀 유지, 안전감, 솔직함, 존중, 긍정적 의도 가정 측면에서 생각해 보자.

이 경우에는 고객의 목표를 달성하기 위한 개인 계획을 돌아본다. 다시 말해 고객이 목표를 달성할 수 있도록 어떻게 짝으로서 지원하고 집중할 것인가? 여기에서는 전술적으로만 생각하지 말고 전략적으로도 생각해 본다.

주요 코칭 스탠스를 탐색하는 칸으로 활용할 수도 있다. 예를 들어 코치 스탠스를 더 필요로 하거나 원하는 고객도 있지만 반면에 조언자, 즉 더 규범적인 스탠스가 필요한 고객도 있다. 여기에서 그 균형에 대한 생각과 합의를 정리한다.

정렬

이미 서로 정렬을 이루고 있다고 생각할 수도 있는데, 나는 이 부분이 탐색해야 할 매우 중요한 영역임을 깨닫게 되는 경우가 많다. 애자일 실천법, 도구, 전술에는 미묘한 차이가 너무 많기 때문에 의견과 경험 차이로 인해 쉽게 이견이 생길 수 있다. 이 영역을 미리 탐색한 다음, 한 번에 한 영역씩 고객을 위해 일관성 있게 처리할 방법에 합의하는 것이 가장 좋다. 이러한 짝 코칭 관계의 핵심은 실천법에 대한 영구적인 합의가 아니라 일관성이다.

논쟁이 일어날 수 있는 흔한 영역으로는 추정 및 계획 방식은 어떻게 할 것인가, 작업은 어느 수준으로 분할할 것인가, 사용자 스토리는 어떤 작성 방식을 따를 것인가, 어떤 코칭 스탠스를 활용할 것인가, 얼마나 세부적으로 조언할 것인가, 수파리 수준에 따라 어떻게 코칭하고 상급자는 어떤 정도로 코칭할 것인가, 각각에서 정렬이 이뤄지지 않으면 어떤 위험 요소가 있을 수 있는가 등이 포함될 수 있다.

또한 두 코치 중 한 명이 어떤 사안에 대해 의견이 맞지 않는다고 느낄 때, 그 사실을 알릴 수 있는 '안전 단어' 또는 신호 문구를 정의하는 것도 좋은 방법이다.

역할

짝 코칭을 할 때에는 두 사람 중 한 명이 드라이버 역할을 맡게 된다. 드라이버는 특정 코칭 세션·상황·대화를 이끌어 가는 코치, 주요 발언자, 대변인이라고 생각하면 된다. 다른 코치는 내비게이터, 즉 관찰자 역할을 맡는다.

짝 코칭을 할 때 우리는 가장 적절한 시점에 서로 역할을 바꾸려고 노력한다. 예를 들면 다음과 같다.

• 하나의 코칭 대화가 끝났을 때
• 특정 고객 또는 개인, 팀, 그룹과 코칭 목표를 마무리했을 때
• 한 세션이 끝난 후 멘토링이나 교육 등을 제공할 때

상황 기반 코칭 관계에서는 일관성이 가장 중요하기는 하지만, 역할을 자주 바꾸지 않기보다는 지나치다 싶을 정도로 자주 바꾸는 편이 아마 더 좋을 것이다. 그렇게 하려면 두 사람이 어떻게 행동하고 운영할지 몇 가지 규범을 정하고 역할을 전환하는 전술에 합의하는 것이 좋다.

드라이버는 기본적으로 끝내주는 애자일 코치의 역할을 담당한다. 마치 내비게이터가 존재하지 않는다는 듯이 코칭하는 것이다. 사실 내비게이터가 피드백을 통해 주의를 환기하지 않는 한 내비게이터의 존재는 거의 무시하고, 코칭 아크를 이끌어 가며 고객에게 적절한 스탠스로 전환한다.

내비게이터 역할은 생각보다 훨씬 더 흥미롭고 활동적일 수 있다. 사람들은 흔히 내비게이터를 수동적 관찰자로 생각하지만, 나는 이 역할이 드라이버만큼 중요하고 능동적인 역할이라고 생각한다. 다음은 내비게이터 역할에 해당하는 몇 가지 활동이다.

• 모든 대화 채널을 적극적으로 경청하며, 특히 정서적 장에 주의를 기울인다.
• 상세한 흐름을 기록으로 작성한다.
• 다음의 경우 개입 권한을 요청한다.
  ◦ 관찰 결과를 알려 주거나 의견을 제시하거나 다른 전략이나 스탠스를 제안하고자 할 때
  ◦ 놓치고 있는 중요한 사항을 알려 주고자 할 때

- 코칭 역할의 일시 중지 또는 전환을 제안하고자 할 때
- 고객, 코치, 제삼자(시스템)를 관찰한다.
- 코칭 세션이 끝난 후 리드 코치에게 피드백을 제공할 준비를 한다. 피드백은 구두로 제공할 수도 있고 (가급적이면) 도장 수련 세션에서 두 명이 다른 코칭 방식으로 역할극을 하면서 제공할 수도 있다.

자, 생각보다 흥미롭지 않은가? 내비게이터는 수동적인 역할이 아니며, 두 코치는 내비게이터 역할을 어떻게 운영할지 정해 두어야 한다는 점을 기억하자.

멘토링 및 성장

이 칸은 두 코치 모두의 학습, 멘토링, 지속적인 개발 활동에 대한 토론, 합의, 행동을 포함한다. 나는 이 칸이 다소 자기중심적이라는 생각이 들 때가 있다. 즉, 짝 코칭 활동을 하는 동안 두 사람이 코치로서 어떻게 자신을 발전시키고 강화할 것인가? 이 칸과 다음 칸 사이에는 강력한 연관 관계가 있다는 점에 주목하자.

전체는 개별의 합보다 크다

이 캔버스를 작성하면서 자신의 슈퍼파워, 강점, 약점이나 단점에 대해 상당한 자기 성찰을 해야 할 것이다. 짝 코치와 함께 자신의 역량을 투명하게 드러내야만 짝 코칭의 힘과 영향력이 커진다. 그렇다. 여기에는 약간의 취약성, 투명성, 겸손함이 필요하다.

슈퍼파워는 항상 내게 흥미롭다. 즉, 슈퍼파워가 무엇이고 짝 코칭에서 슈퍼파워를 어떻게 활용할 수 있을지 인식하는 것이다. 그리고 이러한 능력의 밝은 면뿐 아니라 그늘진 면을 이해하는 것도 중요하다.

슈퍼파워의 핵심을 파악하는 한 가지 방법은 다른 코칭 파트너로부터 받은 피드백을 성찰하는 것이다. 우리 대부분은 자기 인식이 부족하며, 강점과 약점이라고 생각하는 것이 실제로는 그렇지 않은 경우가 많다. 완전히 다를 수 있다. 종합적인 피드백의 수집과 성찰은 진실에 더 가까이 다가갈 수 있는 훌륭한 방법이다.

고객 목표

고객 목표는 캔버스에서 가장 중요한 자리인 중앙에 위치하며, 여기에는 두 코치가 집중하는 모든 사항이 있어야 한다. 이러한 목표는 아무것도 없는 상태에서 둘이서만 결정하는 것이 절대 아니다. 이는 고객과의 초기 대화에서 직접적으로(그리고 간접적으로) 도출해야 한다.

고객과 함께 목표를 세울 때 다음 팁을 염두에 두자.

- 고객 목표를 결과 및 영향 기반으로 정하려고 노력한다.
- 인수 기준 또는 완료 기준의 개념과 일치시키려고 한다. 명확할수록 더 좋다.
- 확인을 위해 반드시 고객과 공유한다.
- 코치만을 위한 목표는 피한다.
- 코칭 계획을 수립하고 이를 고객 목표와 연결한다.

또한 목표를 캔버스의 다른 영역과 적절히 연결해 전체적으로 정렬 및 연결이 이루어지도록 한다.

짝 코칭에 새로운 호기심과 관심을 갖고 이번 장을 마쳤으면 좋겠다. 짝 코칭은 고객에게 최고의 코칭을 제공하는 데 도움이 되는 강력한 모델이다. 고려해 보고 실험해 볼 만한 가치가 있는 모델이니 꼭 한번 시도해 보기를 바란다.

더 읽어 보기

- 다음은 이번 장의 초점을 보완해 주는 애자일42의 글이다: *https://www.agile42.com/en/blog/2016/03/18/pair-coaching/*

- 나는 2018년 애자일 콘퍼런스에서 베를린에서 온 게리트 루터(Gerrit Lutter)를 만났는데, 그는 그곳에서 짝 코칭 경험담을 발표했다. 그 이후에는 멋진 글을 공개하기도 했다. 그 글은 다음에서 볼 수 있다.
  - *https://medium.com/@gerrit.lutter/pair-coaching-a-non-definitive-guide-part-1-a3e92d5b0191*
  - *https://medium.com/@gerrit.lutter/pair-coaching-a-non-definitive-guide-part-2-29f7c0abf1ea*

14장

끝내주는 역할 기반 코칭

모든 조직에서 가장 큰 위협 중 하나는 역할의 혼동이다. 이는 애자일 전환이 다양한 기존 역할에 미치는 영향 때문이다. 자기가 해야 할 일이 무엇인지 알고 있던 사람들이 갑자기 아무런 실마리도 찾지 못하게 돼 버린다. 그리고 조직은 이들에게 교육이나 코칭을 거의 또는 전혀 제공해 주지도 않은 채, 새로운 역할이라는 불구덩이로 던져 버리는 경우가 많다.

끝내주는 애자일 코치인 우리는 애자일 환경에서 우리가 일반적으로 코칭하게 될 다양한 역할, 이를테면 스크럼 마스터, 팀, 제품 책임자, 관리자·리더 등을 인식하고 이해해야 한다. 각 역할은 코치인 우리에게 필요로 하는 것들이 저마다 다르다. 우리는 개별적으로 또는 그룹으로 그들의 입장에서 만나 그들이 원하는 곳으로 이끌어야 한다.

물론 과거에 이런 역할을 맡았던 경험이 있다면 높은 공감과 이해가 있어서 도움이 된다. 이번 장과 다음 장에서는 애클런 애비뉴(Acklen Avenue)의 제니퍼 필즈와 함께 역할 기반 및 맥락 기반 코칭의 역동을 살펴볼 것이다. 실전 경험이 풍부한 역동적인 코치인 제니퍼보다 이 두 장을 더 잘 쓸 수 있는 사람은 없을 것이며, 그녀의 경험을 통해 배우고 그녀의 강력한 관점을 받아들이기 바란다.

들어가기

이번 장에서는 애자일 환경에서 특정 역할을 코칭할 때의 미묘함을 좀 더 자세히 살펴볼 것이다. 현실 세계에 존재하는 역할은 그 수가 거의 무한대에 가깝지만, 우리는 다음 세 가지로 요약해 보려 한다.

- 스크럼 마스터 및 코치
- 제품 관리자 및 제품 책임자
- 리더

목록에 팀이 없다는 사실을 눈치챘을지도 모르겠다. 내가 팀 코칭에 관심이 없다는 뜻일까? 물론 아니다. 애자일 코치 역할의 목적상 굳이 언급하지 않더라도 애자일 팀, 스크럼 팀, 칸반 팀, 데브옵스 팀 등 모든 종류의 팀은 언제나 잠재적으로 코칭 대상이다.

그러나 어떤 역할을 코칭하느냐에 따라 그 방식은 맥락마다 미묘하게 달라진다. 예를 들어 다른 코치를 코칭하는 경우라면 나는 내가 어떤 스탠스를 취하고 있고 그 이유가 무엇인지 솔직하게 밝힐 것이다. 리더, 고위 리더, 조직에서 중요한 이해관계자를 코칭하는 경우라면 아마도 코치 스탠스에 머무는 시간을 줄이고 다른 스탠스에 더 많은 시간을 할애할 것이다.

코칭 세션을 준비하고 진행할 때에는 피드백과 상호 작용에 따라 유연하게 코칭을 조정할 수 있는 자유가 있음을 이해하는 것이 중요하다. 코칭이 춤이라면 안무대로 추는 춤이 아니라, 두 파트너가 모든 스텝을 알고는 있지만 댄스 플로어를 자유롭게 돌아다니며 경험하는 즐거움과 느낌에 따라 패턴을 만들고 활용하는 그런 춤이 될 것이다.

스크럼 마스터 및 코치

스크럼 마스터가 되려고 처음으로 도전했던 때가 기억난다. 이틀간의 인증 스크럼 마스터 과정에서 나는 모든 기술을 학습했고, 매우 재미있는 시뮬레이션으로 배운 내용을 바로 실습하기도 했다. 그러나 첫 번째 일일 스크럼(daily scrum)이 엄청난 실패로 끝나면서 내 열정은 금세 식어 버렸다. 교육을 받을 때 질문을 제대로 하지 않았던 것을 후회하기도 했고, 트레이너에게 당신이 교육에서 이야기했던 스크럼은 현실에 존재하지 않더라고 항의하는 이메일을 보내고 싶기도 했다. 아무도 규칙을 따르지 않았고, 제품 책임자는 한 명도 없었으며, 팀은 헌신적이지 않았고, 철의 삼각형(Iron Triangl)[1]은 가혹한 현실이었다.

당시 처음 몇 달을 생각하면 아직도 그 불안과 실패감이 느껴진다. 내게는 파트너가 되어 함께할 애자일 코치가 없었기 때문에 실패를 거듭하면서 비틀거리며 열악한 팀을 끌고 갈 수밖에 없었다. 나는 스크럼 마스터를 코칭해 달라는 요청을 받을 때마다 그때 교훈을 되새기며 그 시절에 내가 바랐던 코치가 되기 위해 항상 노력한다.

무대 설정

다음 시나리오는 내가 현장에서 스크럼 마스터를 코칭하면서 겪은 일이다. 다른 많은 이들과 마찬가지로 나도 실제 업무를 하면서 가장 많이 배우지만, 코칭 아크를 읽고 토론에 참여하는 것도 매우 도움이 된다는 사실을 알게 되었다. 코칭 아크는 분해해서 실험해 볼 수 있는 코칭 사례 연구와 같다.

이 코칭 대화는 코칭을 해 달라고 요청한 스크럼 마스터와의 대화이다. 팀은 이 스크럼 마스터가 지나치게 통제적이라는 불만을 여러 차례 제기했다. 업무량 추정의 타당성에 의문을 제기하고 더 빠른 속도를 압박하며 요구한 것은 팀이 말한 몇 가지 예시에 불과했다.

스크럼 마스터와 첫 번째 세션 일정을 잡았는데 두 번이나 취소되고 나서 드디어 만나기로 했다.

---

1 철의 삼각형은 프로젝트 관리의 세 가지 제약 조건(시간, 비용, 일정 그리고 때로는 품질 간 역동의 균형)을 설명할 때 자주 사용한다.

초반전

- 세션을 시작하기 전에 사용할 메타스킬을 정한다. 이번에는 호기심, 용기, 명확성, 공감이다.
- 감성 지능을 높여 정서적 장에 귀를 기울인다.
- 코칭 합의를 도출한다.
- 코치 스탠스로 시작한다.

중반전

- 탐색:
  - 자신의 행동과 팀에 미치는 영향에 대한 인식을 확인한다.
  - 아마도 애자일 성숙도 모델(수파리)을 공유할 것이다.
  - 자신에게 책임이 있는 일은 무엇이고, 팀에 책임이 있는 일은 무엇이라고 생각하는가?
  - 그러한 행동의 동기는 무엇인가?
- 학습 안내자 스탠스로 전환하고 '스크럼 가이드(The Scrum Guide)'에서 언급하는 스크럼 마스터의 역할을 논의하면서, 현재 자신의 행동과 일치하는 부분과 일치하지 않는 부분을 구별해 달라고 요청한다.[2]
- 다시 코치 스탠스로 전환하고, 정의된 역할이 마음에 와 닿지 않는다면 어떻게 할 것인지 물어본다.

종반전

- 세션 중 얻은 정보를 바탕으로 실행해야 할 구체적인 조치 사항을 탐색해 본다.(스크럼 이벤트 참관에 동의를 구하고, 스크럼 마스터 역할에서 가장 어려운 부분과 가장 쉬운 부분 그리고 그 이유를 기록한다.)
- 확인 및 피드백을 위해 2주 후에 약속을 잡는다.

그림 35 역할 기반 코칭 아크: 스크럼 마스터와의 첫 번째 대화

준비

코칭을 원하지 않았는데 코칭을 받으라는 지시를 따라야 하는 사람들과는 신정성 있는 관계를 구축하고자 하는 진심 어린 열망을 갖고 시작하는 것이 항상 중요하다. 열린 소통과 공유를 장려하는 안전하고 존중하는 공간을 제공하는 것은 약에 설탕 한 숟갈을 더하는 것과 같으며, 그러면 약을 좀 더 쉽게 삼킬 수 있다.

---

2 (옮긴이) *https://scrumguides.org*

코칭 합의는 가볍게, 하지만 핵심을 짚어야 하고 코칭 활동의 목표와 규칙을 확실히 도출하는 것이 좋다. 또한 고객이 강요에서 벗어나 세션 및 그 결과에 주인의식을 지니는 방향으로 전환하도록 힘을 북돋워야 한다. 내 목표 중 하나는 고객이 가능한 한 빨리 코칭 여정에 기꺼이 참여할 수 있는 환경을 제공하는 것이다.

해설

이 아크의 핵심 초점은 코칭 합의를 도출하고 무엇이 스크럼 마스터의 역할에 해당하고 해당하지 않는지에 대해 공통의 이해를 구축하는 것이었다. 이러한 공통의 이해는 후속 세션의 토대를 제공하고 건강한 코칭 관계의 기반을 마련해 준다. 구체적인 조치 사항이나 과제에 합의하면 세션 중에 논의했던 영역에 지속적으로 집중할 수 있다.

대화가 어떻게 진행되는지에 따라, 고객이 코칭 세션에 억지로 참석하는 상황이라면 조치 사항이나 다음 단계를 정하기 위해 좀 더 지시적인 조언자 스탠스로 전환해야 할 수도 있다. 이러한 유형의 세션을 시작할 때에는 가능한 방향 전환 또는 우회 경로를 미리 생각해 두면 도움이 된다.

우리는 여기에서 가능성이 있는 두 가지 아크를 탐색할 예정이다. 첫 번째는 지속적인 코칭과 성장으로 이동하는 시나리오이고, 두 번째는 새로운 역할로 전환하는 데 저항을 드러내거나 어려움을 겪는 시나리오이다.

성장 여정 시나리오

2주가 지났다. 이 스크럼 마스터는 자신이 프로젝트 관리자라는 이전 역할에 여전히 머물고 있다는 사실을 깨달았다. 그는 이 간극을 해결하고 새로운 역할에 더 익숙해지기 위해 추가 코칭을 요청했다.

준비

코칭 합의를 다시 도출하거나 아니면 적어도 코칭의 목표 및 원하는 결과를 다시 검토해 볼 수도 있다. 세션 전에 시간을 내어 명령 및 통제 스타일로부터 서번트 리더로 바뀌어 가는 과정의 어려움과 관련된 참고 자료(블로그, 글, 팟캐스트)를 수집하는 것도 좋다. 이를 통해 해당 주제를 정리하고 좋은 추천 자료를 제시할 수 있도록 준비할 수 있다.

무엇보다 고객의 변화 의지를 인식하고 지지하는 격려자로서 코칭에 임해야 한다. 특히 초기에는 고객이 예전 습관으로 돌아가고 싶은 유혹에 빠지기 쉬우므로 긍정적 진전에 박수를 보내는 것이 매우 중요하다.

초반전

- 세션을 시작하기 전에 사용할 메타스킬을 정한다. 이번에는 호기심, 용기, 공감, 긍정적 의지이다.
- 코칭 합의를 살펴본다.
- 이번 코칭 세션의 목표를 설정한다. 어디서부터 시작할 것인가?
- 코치 스탠스로 시작한다.

중반전

- 탐색:
  - 스크럼 마스터 역할의 어떤 부분에서 자신이 뛰어나다고 느끼는가? 어떤 부분에서 보람을 느끼는가? 그 이유는 무엇인가?
  - 스크럼 마스터 역할에서 가장 어려운 점은 무엇인가?
  - 이전 역할에서 내려놓아야 하지만 여전히 붙들고 있는 것은 무엇인가? 왜 아직 붙들고 있는가?
- 시도해 보고 싶은 것, 중단하고 싶은 것, 시작하고 싶은 것은 무엇인가? 어떤 실험을 해 보고 싶은가?

종반전

- 어떤 조치 사항을 시도해 보고 싶은가?
- 코칭을 통해 필요한 추가 지원이 있다면 무엇일까?
- 확인을 위해 2주 후에 약속을 잡는다.

그림 36 역할 기반 코칭 아크: 스크럼 마스터와의 두 번째 대화

해설

이번 코칭 아크의 핵심 초점은 장기적인 코칭 활동의 목표를 정하고, 코칭을 요청하고 수락하는 데 필요했던 용기에 박수를 보내는 것이었다. 변화는 매우

어렵기 때문에 모든 기회를 활용해 변화를 받아들이기로 한 노력과 결정을 격려하는 것이 매우 중요하다. 새로운 역할에 편안함을 느끼기까지 인내심과 시간이 필요한 흔한 상황이다.

저항 여정 시나리오

2주가 지났다. 여러분은 팀의 스크럼 이벤트를 여러 차례 참관했으며 이 스크럼 마스터의 명령 및 통제 행위를 직접 목격했다. 스크럼 마스터는 서번트 리더 스타일의 새로운 역할로 전환하는 데 분명히 저항하고 있거나 어려움을 겪고 있으며, 팀이 어떤 영향을 받고 있는지에 대해 진정한 관심을 보이지 않고, 여전히 업무와 팀을 관리하고 결과를 이끌어 내는 데에만 집중하고 있다.

팀에서 스크럼 마스터의 행동을 바꾸기 위해 처음에 여러분을 초대했던 해당 스크럼 마스터의 관리자는 이제 여러분에게 '그를 코칭하라'고 압박을 가하고 있다. 솔직히 말해서, 스크럼 마스터의 성과를 코칭하는 일은 그 관리자의 일인 것 같아 약간 부담스럽지만 기꺼이 시도해 보려고 한다. 그 이유는 무엇일까? 여러분이 이 조직의 애자일 코치이기 때문이다.

준비

이 시나리오에서 가장 중요한 것은 코칭 활동 시작에 책임이 있는 관리자에게 관찰한 내용을 명확히 전달하는 일이다. 명확한 전략에 도달하는 것이 필수다. 이 스크럼 마스터를 코칭하고 멘토링하는 데 여러분과 파트너 관계를 맺고 있는 사람은 그의 관리자이므로, 함께 방법을 찾는다면 가장 진정성 있게 지원할 수 있을 것이다. 이 회의에서 다룰 사항에는 관리자가 세션에 참석해야 하는지, 상황을 지속적으로 탐색해야 하는지, 아니면 더 직접적이고 규범적인 조언을 할 수 있는 충분한 증거가 있는지, 코칭에서 지향하는 결과 또는 선택지는 무엇인지 등을 포함할 수 있다.

이 시나리오에서 관리자는 여러분이 스크럼 마스터와 또 다른 세션을 진행하면 좋겠다고 결정했다. 또한 역할의 기대 수준에 대해 훨씬 더 컨설팅에 가깝고 규범적인 태도를 취하기를 원한다. 진실과 솔직함이 필요한 중요한 대화를 처음으로 나누는 경우라면, 동료 코치와 함께 코칭 도장을 운영해 보며 이 어려운 메시지를 전달할 때 다양한 스탠스를 넘나드는 연습을 해 보는 것이 도움이 될 수도 있다.[3] 다양한 표현을 해 보고 여러 가지 방법으로 요점을 설명하는 실험을 해 보면 큰 도움이 될 수 있으며, 격한 감정과 갈등의 지뢰밭 같은 상황에서 좀 더 효과적으로 코칭할 수 있도록 준비할 수 있다.

초반전

- 세션을 시작하기 전에 사용할 메타스킬을 정한다. 이번에는 호기심, 용기, 공감, 긍정적 의도이다.
- 코칭 합의를 살펴본다.
- 이번 코칭 세션의 목표를 설정한다. 어디서부터 시작할 것인가?
- 코치 스탠스에서 조언자 스탠스로 전환한다.

중반전

- 탐색:
  - 지난 2주 동안 어떻게 지냈는가?
  - 어떤 성공을 거두었다고 생각하는가? 어떤 실패가 있었다고 생각하는가?
  - 스크럼 가이드에서 설명하는 스크럼 마스터의 역할에 대해 지난 세션 이후에 깨달은 점이 있는가?
- 스크럼 가이드에 정의된 스크럼 마스터 역할에 부합하지 않는 행동에는 어떤 것이 있는가?
- 스크럼 마스터 역할을 제대로 수행하는 데 관심이 있는가? 다시 말해 팀과 함께 일하는 방식을 바꾸는 데 관심이 있는가?

종반전

- 다시 코치 스탠스로 전환한다.
- 중반전 결과를 바탕으로 다음 단계를 함께 정의한다.
- 코칭을 통해 필요한 추가 지원이 있다면 무엇일까?
- 확인을 위해 2주 후에 약속을 잡는다.

그림 37 역할 기반 코칭 아크: 스크럼 마스터와의 세 번째 대화

또한 감정 때문에 생산적인 수준을 유지할 수 없다고 생각되면 잠시 쉬었다 하자고 제안할 수도 있으므로 휴식 시간 요청을 망설일 필요는 없다. 다시 강조

---

3 18장에서 코칭 도장 수련의 개념을 살펴본다.

하지만 여러분은 궁극적으로 고객(스크럼 마스터)을 지원하고 있으며 생산적이고 안전한 공간을 제공해야 할 책임이 있다. 따라서 여러분에게는 더는 진행이 불가능한 세션을 중단할 수 있는 전적인 권한이 있다.

해설

코치로서 코칭 대상이 행동 변화를 노력할 준비가 되어 있지 않거나 관심이 없다고 판단되면 활동을 마무리할 준비를 해야 한다. 이 경우 여러분은 스크럼 마스터의 직속 상사와 파트너 관계를 맺고 있기 때문에 좀 더 복잡하지만, 이 상황에서도 코치는 코칭을 지속하는 것이 올바른지 여부를 결정할 책임이 있다.

이 상황에서는 생산적인 코칭 활동의 문을 여는 돌파구를 찾을 수도 있고, 스크럼 마스터가 자신의 역할을 바꾸거나 조정할 의지가 없는 상태로 끝날 수도 있다. 이 스크럼 마스터가 애자일 프로젝트 관리를 추구함으로써 자신과 조직을 더 잘 지원할 수 있다는 사실을 발견하고 그 여정을 코칭하게 될 수도 있다. 여러분은 모든 상황에 대처할 준비가 되어 있어야 하며, 그중 어느 것도 좋거나 나쁜 것이 아니라 단지 성공적인 코칭 세션의 결과일 뿐이라는 사실을 깨달아야 한다.

또한 관리자와 결정적인 대화를 나눌 준비가 되어 있어야 한다. 이 경우에는 관리자가 직원 성과를 직접 코칭하도록 하고, 여러분은 뒤로 물러나는 것이 코치로서 여러분의 역할이다. 어떤 의미에서 관리자는 여러분을 활용해 자신이 해야 할 일을 해 온 것이다. 관리자가 주도적이고 책임감 있는 코치가 되는 방향으로 옮겨 가야 한다.

제품 관리자 및 제품 책임자

나는 제품 책임자를 비롯해 스크럼 팀의 모든 역할을 맡아 봤기 때문에 각 역할을 코칭할 때 나만의 고유한 관점을 가질 수 있게 되었다. 내가 제품 책임자였던 시절은 그다지 즐겁지 않았다. 나는 그 일에 진정한 열정이 없었고 그런 태도가 겉으로 그대로 드러났다. 그래서 풀타임 코칭을 시작했을 때, 나는 효과적인 코치가 되기에는 제품 책임자 역할을 충분히 알지 못하거나 부족하다고 생각하면서, 제품 책임자 코칭은 피하려고 했다.

다행히도 제품 책임자 역할을 좋아하고 진정한 열정이 있었지만 애자일 마인드셋 영역에서 어려움을 겪고 있는 두 사람이 내게 코칭을 요청한 적이 있었다. 나는 몇 주 동안 두 사람을 따라다니며 그들이 일하는 모습을 지켜보고, 그림자처럼 행동하며 그들을 지원했다. 시간이 지나면서 나는 제품 책임자 역할에 매료되었고, 어느새 다른 제품 책임자들을 코칭하고 있었다. 이 모든 것은 내게 이 역할의 기쁨과 복잡성을 가르쳐 준 두 사람 덕분이었다.

새로운 제품 책임자

이번에는 매우 열정적이지만 애자일이나 제품 책임자 역할에 경험이 전혀 없는 새로운 제품 책임자를 코칭해 달라는 요청을 받은 경우이다. 왜 스크럼 마스터가 이 불쌍한 친구를 직접 돕지 않았는지 궁금할 수도 있겠다. 대개 그렇듯이 나는 스크럼 마스터인 동시에 코치였고, 그 당시에는 실제 애자일 경험이 있는 유일한 사람이었다. 우리가 스크럼 마스터를 코치이자 리더로 성장할 수 있도록 코칭하고 지원해야 하는 또 다른 이유는, 이들은 코치이자 리더이고 반드시 그 역할을 할 수 있는 준비가 되어 있어야 하기 때문이다.

준비

완전히 처음부터 시작해야 하는 상황이라 학습 안내자 스탠스를 취하게 될 가능성이 높다는 점을 염두에 두고, 자주 사용하는 교육 자료를 정리해 두면 좋은 출발점이 될 것이다. 가장 선호하거나 가장 자신 있는 스탠스가 교육이 아니라면, 논의를 돕고 부족한 부분을 채워 줄 수 있도록 몇 가지 기본 주제를 다루는 동영상을 찾아보자. 또는 관련 주제를 다루면서 그냥 여지를 약간 제공하고 싶은 경우에도 동영상은 좋은 선택이다.

나는 누군가를 처음부터 가르칠 때 부담감을 주지 않고 편안한 속도로 나란히 걸어가는 방식이 가장 좋다는 것을 알게 되었다. 단순함을 유지하면서 천천히 그들의 호기심이나 탐구심을 따라가며 교육과 멘토링을 진행하도록 한다.

마지막으로, 여러분이 왜 애자일 방식으로 일하고 있는지, 왜 애자일이 최선의 업무 방식이라고 생각하는지 잠시 되새겨 보기 바란다. 애자일 여정을 이제 막 시작한 사람과 함께할 때에는 스스로의 열정을 끌어올리고 상대방이 애자일에 대한 믿음과 열정을 느낄 수 있도록 하는 것이 꼭 필요하다. 변화는 어려운 일이고 다른 책임을 맡고 있는 성인이라면 새로운 것을 배우는 일이 벅찰 수도 있으므로, 그 여정의 시작을 신나게 받아들이는 누군가가 있다면 큰 도움이 된다.

초반전

- 세션을 시작하기 전에 사용할 메타스킬을 정한다. 이번에는 호기심, 용기, 긍정적 의도, 공감, 적극적 경청이다.
- 코칭 합의를 도출한다.
- 코치 스탠스로 시작한다.

중반전

- 탐색:
  - 이 역할의 어떤 점이 흥미로운가?
  - 어떤 점이 불안하거나 걱정되는가?
  - 한 가지를 완전히 이해하고 싶다면 그것은 무엇인가?
- 코치 스탠스를 유지하면서 새로운 역할에서 이를 성공이 어떤 모습인지 설명해 달라고 요청한다.
- 학습 안내자 스탠스로 옮겨 가서 학습하거나 다루어야 할 가장 중요하다고 생각하는 한 가지 또는 영역에 대해, 가능한 한 단순하게 시작하면서 이야기한다.

종반전

- 코치 스탠스로 돌아간다.
- 세션 중에 얻은 정보를 바탕으로 실행해야 할 구체적인 조치 사항을 탐색해 본다.
- 확인 주기를 결정하고 일정을 잡는다.

그림 38 역할 기반 코칭 아크: 새로운 제품 책임자

해설

이번 아크의 핵심 초점은 제품 책임자에게 애자일 여정의 시작을 격려하고 지원을 제공하는 것이었다. 나는 코칭 합의에 가능한 한 시간을 적게 쓰면서, 그 대신 어떤 스탠스를 취할지 그리고 스크럼 마스터로서 제품 책임자와 어떻게 지속적으로 협력할지 간단히 설명했다. 이렇게 하면 제품 책임자가 알아야 하거나 배워야 할 가장 중요한 것이 무엇인지 충분히 이해하는 데 더 많은 시간을 할애할 수 있다. 교육 일정에 맞춰 코칭을 시작하거나 '애자일 여정을 시작하는 방법' 따위의 틀에 박힌 기성품을 사용하면, 내가 그랬던 것처럼 무관심하고 혼란스러워하는 고객을 만나게 될 수도 있다.

이 세션에서 제품 책임자가 제품 아이디어를 머릿속에서 쉽게 끄집어내어 정리할 수 있는 방법이 있으면 좋겠다는 말을 했다고 생각해 보자. 짜잔! 우리에게는 스토리 맵⁴이 있지 않은가? 잠깐, 사용자 스토리와 인수 기준부터 시작하는 것이 좋을까? 아니다. 포스트잇을 집어 들고 한 가지 예시를 들면서 그 원리를 설명한 다음, 한 유형의 사용자가 제품을 어떻게 사용할 수 있는지 한 줄로 설명해 달라고 할 수도 있다. 이것은 제품 책임자의 여정이고 여러분은 그를 지원하는 입장임을 잊지 말자. 사용자가 제품을 어떻게 사용할지 체계적으로 파악하지 못해서 스트레스를 받고 있다면 바로 그 부분에서 시작해야 한다.

또한 이 세션에서는 확인 주기도 논의 대상임을 알 수 있다. 조치 사항과 논의 내용을 참고하여 유연하게 주기를 결정한다. 사람마다 스트레스에 대한 반응이 다르기 때문에, 어떤 초보자는 일상적인 상호 작용을 통해 자신감을 얻을 수도 있지만, 또 어떤 초보자는 자신이 무능하고 준비되지 않았다고 느낄 수도 있다. 결국 이는 여정이며 도중에 언제든지 조정할 수 있다.

경험 많은 제품 책임자

이제 경험 많은 제품 책임자를 코칭하는 사례로 넘어가서, 한 스탠스에서 다른 스탠스로 전환해야 할 필요성과 사람들의 여정에 동참하는 도전과 기쁨을 보여 주고자 한다.

이번에는 몇 년 동안 제품 책임자 역할을 맡아 왔으며, 현재 지나치게 많은 업무를 맡고 있는 한 제품 책임자와 대화를 나누었다. 그는 거의 전적으로 제

4　(옮긴이) 제품의 큰 그림을 제시하는 내러티브 흐름에 따라 여러 사용자 스토리를 구성하는 애자일 제품 개발 실천법

품 책임자 역할 중에서 대외 업무에만 집중하고 있고 팀과 함께하는 시간, 특히 백로그 개선 시간을 확보하는 데 어려움을 겪고 있다. 백로그 개선에 시간을 쓰면 그만큼 다른 업무 완료가 지연되고, 이로 인해 더 깊은 수렁으로 빠져들 뿐이었다.

문제는 지나치게 많은 업무가 팀, 결과, 사기에 큰 영향을 미치고 있다는 점이다. 모든 사람의 비위를 다 맞추려 하다 보니 이 제품 책임자는 자신뿐 아니라 팀과 조직에도 해를 끼치고 있다. 가장 걱정스러운 점은 팀이 완전히 망가진 것처럼 보이고 모두가 그 사실을 분명히 알게 되었다는 점이다.

초반전

- 세션을 시작하기 전에 사용할 메타스킬을 정한다. 이번에는 호기심, 용기, 긍정적 의도, 공감, 적극적 경청이다.
- 코칭 합의를 도출한다.
- 코치 스탠스로 시작한다.

중반전

- 탐색:
  - 어쩌다가 이렇게 됐을까? 지난 1년간의 여정을 돌아본다.
  - 자신의 책임은 무엇이라고 생각하고, 어쩔 수 없었던 부분은 무엇이라고 생각하는가?
  - 업무에서 어떤 활동이 즐거운가? 무엇 때문에 힘든가?
- 코치 스탠스를 유지하면서 업무를 할 때 이상적인 하루를 설명해 달라고 요청한다. 맡고 있는 여러 책임 전반에서 완벽한 균형은 무엇일까?
- 학습 안내자(교육) 스탠스로 옮겨 가서 우선순위가 상충하는 업무들을 관리하는 데 도움이 될 수 있는 진행 중 업무 제한 기법 및 우선순위 부여 방식을 알려 준다.

종반전

- 코치 스탠스로 돌아간다.
- 세션 중에 얻은 정보를 바탕으로 실행해야 할 구체적인 조치 사항을 탐색해 본다.
- 확인 및 피드백을 위해 2주 후에 약속을 잡는다.

그림 39 역할 기반 코칭 아크: 경험 많은 제품 책임자

준비

여러분이 제품 책임자와 협력해 본 지 오래되었다면, 이 코칭 세션을 시작하기 전에 제품 책임자 역할과 관련된 사항을 전부 숙지하는 것이 좋다. 제품 책임자 역할을 완전히 이해하면 그들의 일상 업무를 공감하는 데 도움이 될 것이다. 나는 이런 문제가 시간 관리 역량 또는 동시에 진행 중인 업무량을 제한하는 역량이 부족해서일 수도 있음을 알기 때문에 이러한 영역에 시간을 들여 집중할 것이다. 즉, 고객에게 전에는 몰랐지만 바로 활용 가능한 지원을 하는 데 필요한 모든 것을 준비한다.

마지막으로, 준비 작업에 너무 집착하지 말고 고객을 지원하는 이 세션이 어떤 방향으로 진행되든 열린 마음으로 임해야 한다고 스스로에게 상기시키는 시간을 잠시 갖는다.

해설

이 아크의 핵심 초점은 코칭 합의를 도출하고 고객의 일상적인 현실이 어떤 모습인지에 대한 이해를 공유하는 것이었다. 일터에서 하루가 어떤 느낌인지 완전히 이해하면, 상황이 아니라 사람에 더 잘 공감하고 코칭에 접근할 수 있다. 상황을 코칭하기 시작하면 거의 항상 '고치려는 사람'의 함정에 빠지게 된다. 핵심은 고객이 문제를 언어로 표현하고 지속적인 호기심을 가질 수 있는 여지를 제공하여, 깨달음의 순간에 도달할 때까지 한 겹 한 겹 벗겨 내어 문제의 근원을 찾을 때까지 계속 파헤칠 수 있도록 하는 것이다.

이러한 깨달음이 첫 번째 세션에서 일어나지 않을 수도 있다. 이 사례에서 제품 책임자는 도와 달라는 요청을 받을 때마다 자신이 '아니요'라고 대답하기를 어려워한다는 사실을 드디어 깨달을 때까지 세 번의 세션이 필요했다. 그는 위원회에 자원했고, 후배 직원의 멘토로 활동하기로 약속했으며, 그 밖의 다른 활동을 맡고 있었기에 일정이 꽉 차서 실제로 해야 할 일을 할 시간이 거의 없었다.

몇 번의 세션을 마친 후 우리는 일정표에 자리를 차지하고 있는 모든 업무에 우선순위를 부여함으로써 상황을 잘 이해하고 시각적으로 파악할 수 있었다. 하루를 돌아보는 동안 나는 그에게 자신이 약속하기 내키지 않았던 것이 있다면 무엇인지 알려 달라고 요청했다. 이 질문을 통해 그는 악몽 같은 일정에 대한 책임이 자신에게 있음을 깨닫게 되었다. 세션을 끝내면서 정의한 조치 사항이 이 상황을 실질적으로 완화하기 시작했다. 그는 자신의 리더를 만나서 업무량을 관리 가능한 수준으로 줄이기 위한 조치를 취했고, 다양한 그룹 및 팀원을 만나 자발적인 지원을 당분간 줄여야 할 필요성이 있음을 힘들게 전달했다.

순수한 코치 스탠스에서 벗어날지 여부와 그 시기를 결정하는 데에는 항상 균형이 필요하다. 이 경우 나는 고객이 너무 많은 일을 기꺼이 감당하고 있다는 사실을 첫 번째 세션에서 깨달았지만, 코치 스탠스를 유지하면서 고객이 스스로 탐구하고 성찰하여 깨달음에 도달할 수 있도록 했다. 때로는 코치 스탠스 유지가 매우 위험하거나 심지어 무책임할 수도 있다. 엄격하면서도 빠른 규칙은 없다. 직관과 경험이 필요하며 때로는 실패하고 잘못된 판단을 내릴 수도 있다. 이는 인간을 코칭하는 인간 코치가 되는 일의 일부이다.

리더

나는 개발자 경력 초기에 내 위의 리더십 역할에 있는 사람들의 결정을 불평하거나 판단하면서 많은 시간을 보냈다. 내가 처음으로 리더십 위치에 올라서 상황이 역전되었을 때를 아직도 기억한다. 내가 이전 리더들과 그들의 결정을 부당하게 판단했던 경우가 많았다는 사실을 깨닫고, 모든 이전 관리자에게 사과 편지를 보내야겠다고 생각했다.

이러한 경험을 통해 나는 리더의 애자일 여정을 지원하는 데 더 큰 공감과 진정한 열정을 갖게 되었다.

최고 재무 책임자

이번 사례는 최고 재무 책임자(chief financial officer, CFO)와의 코칭 대화이다. 그는 조직에서 활용하기 시작한 예측 및 추정 기법과 관련된 질문을 논의할 시간을 요청했다. 이 리더를 만나는 것은 이번이 처음이며 만남은 30분으로 예정되어 있다.

준비

리더십 역할을 맡은 사람을 코칭할 때에는 항상 신중하게 접근해야 한다. 리더에게는 다른 역할 못지않게, 아니 그 이상으로 공감과 안전감이 필요하다. 우리 사회는 보통 다른 역할에서는 무지나 실패의 인정을 훨씬 더 잘 받아들이는 반면, 리더가 무언가를 모른다고 인정하는 모습에는 인색하게 군다. 이를 이해하면 학습 안내자 스탠스에 훨씬 더 책임감 있게 접근하는 데 도움이 될 것이다.

그래도 명확하고 간결한 예시를 통해 애자일 추정 및 예측이 어떻게 작동하고 적용될 수 있는지 이야기 나눌 것이다. 또한 질문 뒤에 숨어 있는 질문, 즉 이 리더가 필요로 하지만 듣거나 얻지 못하고 있는 것은 무엇인지 발견할 준비를 할 것이다.

또한 30분이라는 시간 제한도 염두에 두어야 한다. 이는 리더의 스타일이나 우선순위를 가리키는 강력한 지표가 될 수 있다.

초반전

- 세션을 시작하기 전에 사용할 메타스킬을 정한다. 이번에는 호기심, 용기, 공감이다.
- 코치 스탠스로 시작한다.

중반전

- 탐색:
  - 오늘 우리가 만난 이유는 무엇인가?
  - 애자일 추정·예측에 대해 무엇이 궁금한가?
  - 얻지 못하고 있다고 생각하는 정보가 있는가?
  - 팀의 출시 정보를 알리거나 보여 줄 더 좋은 방법이 있는가?
- 학습 안내자(교육) 스탠스로 옮겨 가서 애자일 추정 및 예측을 효과적으로 사용하는 방법에 대한 예시를 제공한다.

종반전

- 코치 스탠스로 돌아간다.
- 세션 중에 얻은 정보를 바탕으로 실행해야 할 구체적인 조치를 탐색해 본다.
- 확인 및 피드백을 위해 2주 후에 약속을 잡는다.

그림 40 역할 기반 코칭 아크: 최고 재무 책임자

해설

이 아크의 핵심 초점은 신뢰를 쌓고 코칭이 좀 더 생산적으로 이루어질 수 있는 지속적인 관계의 기반을 마련하는 것이었다. 코칭 합의를 도출하지 않았다는 점에 주목하자. 이 시점에서는 리더가 코칭을 요청하지 않았으므로 코칭은 배제하고 짧은 시간 동안 리더를 가장 잘 지원할 수 있는 방법을 찾는 데만 집중하는 것이 적절하다. 회의의 진짜 이유나 질문 뒤에 숨어 있는 질문을 찾아내는 것도 이 대화의 또 다른 핵심이다. 이 예시에서 나는 리더가 상대 추정을 제대로 이해하지 못하고 있으며, 이에 대해 배우고 싶어 한다는 사실을 발견했다.

학습 안내자(교육) 스탠스로 옮겨 가서 적절한 수준의 세부 정보를 제공하는 것이 핵심이다. 리더가 추가 세션이 필요한지 또는 이 주제에 대한 추가 조치를 취할지 결정할 수 있도록 더 많은 코칭이나 다음 단계를 제안할 수도 있다. 준비되어 있거나 다룰 필요성이 있다고 느끼는 영역으로 강요하지 않고 리더를 끌어당기는 것이 중요하다.

최고 제품 책임자

이 코칭 대화는 앞서 이야기한 지나치게 많은 업무를 맡고 있는 제품 책임자와 관련이 있다. 팀을 코칭할 때에는 팀의 애자일 여정을 진심으로 지원하기 위해 직접 관련이 있는 경영진에게 연락하여 협력해야 하는 경우가 많다. 이 경우 여러분은 지금까지 CPO와 두 번 만나 코칭 합의를 이루고 어느 정도 신뢰와 파트너 관계를 구축했지만, CPO는 지금까지 해결책이나 조치 사항과 관련된 논의는 꺼렸다.

준비

이 회의는 실제 조치 사항이 없는 세 번째 만남이므로 코칭 합의를 다시 살펴보고 함께 집중할 문제나 도전 과제에 대한 인식의 필요성을 명확하게 전달할 준비를 해야 한다. 그러한 합의가 없다면 추가 코칭은 시간과 비용 낭비일 뿐이다. 코칭은 밀어붙이기가 아니라 끌어당기기라는 점을 기억하자. 다른 사람들이 문제를 아무리 명확하게 파악하고 있더라도 CPO가 이를 인정하거나 해결할 준비가 되어 있지 않다면 할 수 있는 일은 더 이상 없다. CPO가 시간과 에너지를 투자할 가치가 있다고 판단할 때까지 기다려야 한다. CPO가 문제를 해결하고 싶어 하지 않는다는 뜻이 아니라 그 단계에 아직 이르지 못했다는 의미일 뿐이라는 점을 기억하자.

이를 이해하면 감정 개입 없이 CPO의 감정과 현재 관점을 공감하고 이해하면서 논의를 준비하는 데 도움이 될 것이다. 탐색 질문을 생각해 보는 데 시간을 쓰는 것이 좋다. CPO가 편안함을 느끼도록 하고 아무리 사소하더라도 조직에 도움이 되는 변화를 일으키기 위해 조치를 취하고 행동을 시작하도록 격려할 수 있다. 이러한 서번트 코치의 자세를 보여 주는 것은 진정한 애자일 코칭의 핵심을 애자일 팀에 보여 줄 수 있는 방법 중 하나이다.

초반전

- 세션을 시작하기 전에 사용할 메타스킬을 정한다. 이번에는 호기심, 용기, 공감이다.
- 코치 스탠스로 시작한다.

중반전

- 탐색:
  - 오늘 해결하고 싶은 과제나 문제는 무엇인가?
  - 이 과제가 지금 당장 당신의 관심과 시간이 필요한 일이라고 생각하는가?
- 앞에서 발견한 것을 바탕으로 코칭 합의를 다시 검토한다.

종반전

- 세션 중에 얻은 정보를 바탕으로 실행해야 할 구체적인 조치를 탐색해 본다.
- 확인 및 피드백을 위해 2주 후에 약속을 잡는다.

그림 41 역할 기반 코칭 아크: 최고 제품 책임자

해설

이 아크의 핵심 초점은 CPO가 해결하고자 하는 일이 무엇인지 파악하는 것이었다. 코칭 합의에 대한 논의는 몇 가지 탐색을 마친 후에야 진행되었다는 점에 주목하자. 코칭 합의 도출은 보통 처음에 하지만 이 경우에는 먼저 더 많은 정보가 필요했다.

이 논의에서 CPO는 제품 책임자를 제대로 이끌기 위해 애자일을 더 잘 이해하고 싶다는 의견을 제시했다. 이 리더는 자신이 실무로 일할 때에는 애자일 방식으로 하지 않기 때문에, 제품 책임자가 무엇을 왜 하는지 이해하는 데 어려움을 겪고 있다고 인정했다. 그래서 조치 사항을 정하는 것 말고도 더 자주 만나자는 새로운 코칭 합의를 이루었다.

또한 세션을 진행하는 동안 내가 코치 스탠스에서 벗어나지 않았다는 점에도 주목하자. 우리는 교육이 필요하리라고 이야기했지만 이 세션의 진정한 필요성은 CPO가 진심으로 취할 준비가 된 조치 사항을 명확히 하는 것, 즉 고객 입장에서 만나는 것이었다. 밀어붙이지 않고 고객 속도에 맞춰 함께 조정하는 것이다.

여기서 중요한 점은 리더의 코치로서 우리가 어떻게 리더를 애자일 코칭의 리더 및 파트너로 만들 수 있는지 엿볼 수 있다는 것이다. 리더에 대한 우리의 목표는 항상 그들이 우리와는 독립적으로 애자일 코칭과 리더십을 제공할 수 있도록 하는 것이어야 한다.

마무리

역할 기반 코칭을 할 때에는 역할에 대한 날카로운 이해와 그 복잡성에 대한 진정한 공감이 중요하다. 나는 코칭 세션에 들어가기 전에 구체적인 역할 정의를 다시 한번 살펴보고, 해당 역할에 대한 내 경험을 생각해 보는 시간을 갖는다. 이 연습을 통해 나는 고객의 여정에 동참하는 파트너로서 그들 옆에 자리 잡을 수 있고, 고객을 더 효과적으로 지원할 수 있다고 믿는다.

특정 역할에 대한 코칭을 요청받았는데 그 역할을 수행해 본 적이 없다면, 이 역할을 코칭하기 전에 직접 경험을 쌓을 수 있는 방법을 찾는 것이 좋다. 다음은 내가 경험을 쌓고 역할 기반 코칭을 할 수 있는 자격을 갖추기 위해 활용한 몇 가지 방법이다.

- **짝 이루기:** 온종일 그 역할을 하는 누군가와 적극적으로 짝을 이룬다. 나는 이를 '다이나믹 듀오' 스타일이라고 부른다.

- **관찰 및 그림자 수행**: 누군가를 따라다니며 적극적으로 기록하고 매일 그 사람과 함께 검토하고 토론한다.
- **자원**: 나는 그저 경험을 쌓기 위해 교육을 진행하고, 경영진 회의를 퍼실리테이션하고, 위원회 및 제품 책임자의 기록자 역할을 하는 등의 일에 자원했다.

마지막에는 어떤 방식이 진정성을 느끼게 하고 코칭 활동 반경 안에서 역할을 코칭할 수 있는 자신감을 주는지 실험해 보자. 코칭은 여정이며 실패는 언제나 학습하고 역량을 성장시키기 위한 선택지라는 점을 기억하자.

15장

끝내주는 맥락 기반 코칭

코칭이란 춤과 같다. 음악이나 다른 댄서에게 맞춰 리듬을 타며 방향을 바꾸거나 도는 것이 춤이라면, 세션 도중 적절한 스탠스를 선택해 이끌고 매끄럽게 바꾸는 것이 코칭이다. 음악에 어울리는 춤을 추어야 하는 것처럼, 맥락에 어울리는 코칭을 해야 한다. 왈츠를 준비 중이었더라도 밴드가 살사를 연주하면 거기에 맞춘다거나, 노래 도중 박자가 바뀌면 패턴이나 스텝을 다르게 해야 하는 것처럼, 코치는 맥락에 따라 어떤 스탠스를 취해야 할지 빠르게 바꿀 수 있다. 댄서는 경험이 많을수록 다양한 리듬과 음악 스타일을 더 능숙하게 다룰 수 있다. 마찬가지로 코치는 맥락 변화, 차이점, 뉘앙스에 능숙할수록 더 효과적이고 즐거운 코칭을 할 수 있다.

맥락을 무시하는 코칭은 음악 없는 춤이나 마찬가지이다. 물론 맥락을 거의 또는 전혀 고려하지 않고 코칭할 수도 있고, 때로는 그렇게 해야 할 때도 있지만, 고객을 가장 잘 지원하려면 코칭 맥락의 빠른 수집이 중요하다. 이제 제니퍼가 맥락을 탐색하는 방법, 맥락이 달라지거나 서서히 바뀔 때 코칭 세션을 조정하고 원활하게 진행하는 방법으로 우리를 안내할 것이다.

들어가기

코칭하는 동안 모든 것에 주의를 기울일 수는 없지만 평범한 코치와 끝내주는 애자일 코치를 구분하는 요소 중 하나는 시스템 인식 그리고 매우 리듬감 있고 유동적인 방식으로 다양한 맥락을 다루는 능력이다.

이번 장에서는 고객 코칭과 관련이 있는 맥락 요소를 살펴본다.

- **고객 성숙도**: 고객이 얼마나 노련하며 경험이 많은가? 어떤 역할을 맡고 있고 개인적 또는 사회적 성숙도는 전반적으로 어느 정도인가?
- **고객과의 이력**: 여러분과 고객 간의 이력을 고려한다. 이 고객을 얼마나 자주 그리고 오랫동안 코칭해 왔는가? 지금까지 여정은 어땠는가?
- **고객의 자기 인식 및 안전지대**: 고객의 자기 인식 수준은 어느 정도인가? 특정 주제, 행동, 이슈와 관련한 고객의 안전지대는 어디인가? 고객의 감성 지능 수준도 여기서 중요한 요소이다.
- **고객의 스트레스 및 위험 요인(안전감)**: 고객이 겪고 있는 구체적인 스트레스 및 위험 요인에 귀를 기울이고 이해하는 것이 중요하다. 여기에는 실제로 존재하는 요인과 고객이 인식하는 요인 두 가지를 모두 포함한다.
- **(코치 및 고객의) 자기 돌봄 수준**: 최근 여러분은 스스로를 돌보고 있는가? 완전히 충전되어 코칭할 준비가 되어 있는가? 고객의 자기 돌봄 수준은 어느 정도인가? 고객은 효과적으로 코칭을 받을 수 있는 상태인가?
- **조직 및 비즈니스 가시성과 영향**: 고객은 조직 계층 구조에서 어디에 있는가? 고객의 전반적인 영향력은 어느 정도인가?(이 두 가지는 별개일 수 있다.)
- **문화 및 규범**: 상사나 팀과 같은 직접적인 영향부터 전반적인 조직 문화에 이르기까지 고객의 생태계를 고려한다. 그 생태계 내에서 코칭에 영향을 미

칠 수 있는 일이 일어난 적이 있는가?

- **개인:** 마지막으로, 가장 중요한 것은 고객의 개인 생태계 고려이다. 고객은 어떤 시기에 있는가? 최근 삶에 중요한 변화가 있었는가? 얼마나 많은 변화를 경험하고 있는가? 사티어 변화 모델에서 어느 단계에 있는가? 이러한 질문에 대한 답을 얻으려면 감성 지능을 대폭 활용하도록 한다.

물론 이것이 완전한 목록은 아니다. 코칭 맥락은 무수히 많은 요인에 의해 영향을 받는다. 그러나 코칭 세션을 시작하기 전에 이 목록을 빠르게 검토해 볼 수 있다. 이와 같은 체크리스트를 만들거나 적용하여, 각 고객과 코칭 대화를 시작하기 전에 맥락 레이더를 활성화하고 주변 환경을 탐색해 보기를 강력히 추천한다. 이 체크리스트가 인식의 폭을 넓히는 데 얼마나 도움이 되는지 바로 느낄 수 있을 것이다. 이번 장의 목록으로 시작해서 새롭게 발견한 항목 또는 도움이 되는 다른 항목을 추가할 수 있다. 세션 전에 이 목록을 검토하고 세션이 진행될 수 있는 가능한 시나리오 또는 방향을 고려해 보면, 각 스탠스 사이를 좀 더 원활하게 전환하고 고객을 더 잘 지원할 수 있다. 이러한 방식으로 고객과 친숙해지는 데 시간을 투자하면, 진정으로 공감하면서 긍정적 의도를 가지고 세션을 시작하는 데 도움이 될 것이다.

많은 경우, 특히 초기에는 고객에 대해 잘 모르는 경우가 많으므로 맥락을 거의 또는 전혀 파악하지 못한 채로 시작할 텐데, 익숙한 영역으로 바꿔 나가야 한다. 코칭 아크의 초반전을 시작할 때 탐색 질문을 준비하면 향후 코칭 세션에서 다룰 수 있는 맥락을 발견하고 탐색할 수 있다. 나는 흔히 첫 번째 세션이 끝난 후 고객에게 자기 성찰 과제를 부여하는데, 이는 고객이 주제와 관련해 공통의 맥락을 만드는 데 적극적인 파트너가 될 수 있도록 하기 위함이다.

나는 가능한 한 빠르게 모든 세션을 검토하면서 세션에서 다룬 맥락 범주와 관련된 모든 관련 정보뿐 아니라 다음에 탐색하고 싶은 새로운 발견을 기록한다. 이 작업은 세션이 끝난 직후에 하는 것이 가장 좋지만, 몇 시간 또는 며칠 후에 하더라도 이 아크 후 활동을 생략하지는 말자. 포착한 사소한 정보가 나중에 가장 큰 성과로 이어지는 경우가 많다.

먼저 네 자신을 알라

고객 맥락으로 들어가기 전에 우리는 또 하나의 매우 중요한 맥락, 즉 자신의 맥락을 살펴볼 필요가 있다.

끝내주는 애자일 코치는 개인 또는 그룹을 대상으로 코칭 세션을 시작하기 전에 스스로에게 다음과 같은 몇 가지 질문을 던진다.

- 오늘 내게 일어난 일 중에서 고객을 코칭하는 내 마인드셋에 영향을 미칠 수 있는 일은 무엇인가? 코칭을 시작하기 전에 이를 어떻게 내려놓을 수 있을까?
- 코칭을 대하는 내 현재 마음가짐은 어떠한가? 활력이 넘치는가, 아니면 지쳐 있는가? 좌절하고 있는가, 아니면 균형이 잡혀 있는가? 나는 열려 있는가, 아니면 닫혀 있는가?(어떤 모습을 보여 주는지가 코칭 프레즌스에 영향을 미친다는 점을 기억하자.)
- 이 코칭 세션에 얼마나 준비되어 있는가? 해결해야 할 사각지대나 편견이 있는가?(자기 인식을 확인하기 위해 다른 코치나 신뢰할 수 있는 동료에게 내가 얼마나 준비되어 있다고 생각하냐고 물어볼 수도 있다.)
- 이 코칭 활동에서 내 동기는 무엇인가? 나는 고객을 우선시하는 마인드셋을 갖고 있는가? 섬김, 함께하기, 용기 중 하나가 있는가?

자기 성찰은 개인적으로 하는 것이 가장 좋으며 코칭 절차의 일부가 되어야 한다.

이제 맥락 범주를 고려하면서 이전 아크 중 몇 가지를 살펴보자.

팀 리더 문제(시나리오 1)

4장에서 살펴봤던 팀 리더와의 코칭 대화로 시작해 보자. 이 사람은 자신의 지식과 경험은 지나치게 보호하면서 팀과는 잘 협력하지 않으려 한다. 다시 말해 이 리더는 극히 통제적인 성향이다.

지금까지 세 차례 코칭 대화를 나눴지만 그의 행동에는 큰 변화가 없었다. 지난 회고에서 팀은 이 문제를 장애 요인으로 지목했고, 팀 리더는 자신이 '언급'되었다는 사실에 화가 나서 그 자리를 떠났다. 다음은 그 상황의 후속 아크이다.

세션을 준비할 때 체크리스트를 검토하고 고객을 다각도로 바라보는 데 도움이 되는 몇 가지 맥락 범주를 선택한다. 세션을 진행하면서 맥락 목록에 정보를 추가할 것이다. 다음은 현재 검토 결과이다.

- **고객과의 이력:** 이전 세 번의 코칭 세션 이후, 팀 이벤트를 관찰하고 스크럼 마스터와 대화를 나누었다. 팀이 자신의 행동과 태도에 불만을 제기한 후, 팀 리더가 매우 흥분한 상태로 자리를 떠나는 모습을 목격했다.
- **고객 스트레스 및 위험 요인(안전감):** 실패를 두려워하거나 상사의 기대에 부응하지 못하고 있다고 생각하며 통제권을 놓지 못하는 것 같다.
- **문화 및 규범:** 지금까지 팀을 코칭해 오면서 이 리더의 관리자와는 대화가 거의 없었기 때문에, 관리자가 이 리더의 역할을 어떻게 바라보는지 더 잘 이해하면 도움이 될 수 있다.
- **개인:** 이전 세션에서는 극히 방어적이었고 코칭이나 그 밖의 개인적 대화에도 여전히 소극적인 것처럼 보인다. 이 부분도 살펴볼 수 있다.

이제 이러한 맥락에서 어떤 질문에 집중할지, 팀 리더를 가장 잘 지원하기 위해 어떤 영역을 탐색할지에 대한 아이디어를 갖고 코칭 아크에 들어갈 수 있다. 불만 사항에 초점을 맞추는 것이 아니라 현재 업무 환경에 대한 팀 리더의 인식과 감정을 표현하도록 돕는 데 초점을 맞춘다는 점에 유의하자. 그렇게 하면 이전 세션이나 팀으로부터 얻은 정보를 무시하지 않고, 팀 리더가 긍정적 의도를 갖고 있다고 가정하면서, 그의 여정을 존중하고, 판단 없이 자신의 견해와 감정을 표현할 수 있는 여지를 준다는 이점이 있다. 다음은 이를 달성할 수 있는 몇 가지 질문이다.

- 현재 역할에서 어떤 점이 마음에 드나요?
- 팀을 어떻게 지원하고 있다고 생각하나요?
- 관리자가 당신에게 애자일 방식으로 일하기를 기대한다고 생각하나요?

이런 질문으로 초반전을 구성한다. 첫 번째 질문에 그는 이렇게 대답했다. "저는 주도적으로 행동하고 최종 결정권자가 되는 것을 좋아합니다. 그렇게 해야 업무를 가장 잘 파악할 수 있고요. 저는 팀원들에게 업무를 할당하는 최선의 방법을 찾아내는 것이 좋거든요." 이제야 진짜 맥락을 알 수 있다. 그렇지 않은가?

다음 질문으로 팀을 어떻게 지원하고 있는지 생각을 묻자, 그는 잠시 당황한 듯 머뭇거렸다. 이제 좀 더 풍부한 데이터를 얻을 수 있다. 자신의 행동이 애자일 팀이 일하는 주요 원칙에 위배된다는 사실을 이해하지 못하는 것일까? 그는 마침내 이렇게 대답했다. "제가 팀을 이끌고 지시하는 이유는 팀이 제시간에 출시할 수 있도록 해야 하기 때문입니다."

알겠다. 이제 조언자 스탠스 쪽으로 좀 더 전환하여 그런 생각이 애자일 원칙과 자기 관리, 자기 조직화 팀에서 일하는 것과 어떻게 일치하는지 물어볼 때이다.

이번이 세 번째 세션이므로 그가 논의에 참여하기를 기대하면서 그의 행동이 팀에 어떤 부정적인 영향을 미치는지 분명하게 이야기할 준비를 해야 한다. 그의 현재 방식에서 어떤 점을 바꿔야 하는지 파악한 후에는 코치 스탠스로 돌아가 세션 마지막 질문을 한다. "관리자가 당신에게 애자일 방식으로 일하기를 기대한다고 생각하나요?"

세션을 마치는 방법은 해당 질문의 답변에 따라 달라진다. "아니요, 제 관리자는 제시간에 출시하라고 지시했습니다."라고 대답하는 경우와 그냥 "예."라고 대답하는 경우는 그다음 단계가 다를 것이다. 애자일 방식으로 일하는 게 관리자의 기대 사항이 아니라고 생각한다면, 세 사람이 함께 이 문제를 논의하고 앞으로 계획을 세울 수 있는 세션 일정을 잡는 조치 사항으로 마무리할 수 있다. 그렇지 않다면 이 리더가 팀과 효과적으로 협력하기 위해 시작해야 할 변화를 파악하고, 아무것도 하지 않는 것은 더 이상 허용할 수 없음을 분명히 할 수 있다.

세션이 끝나면 맥락 기록을 적절하게 업데이트한다. 애자일 방식으로 일하는 것을 관리자가 기대하는지 리더가 확인할 수 있는 시간을 잡을 수도 있다. 관리자의 관점을 파악하고 나면 다음 단계를 계획할 수 있다. 다음 세션에서 물어보고 싶은 질문과 이번 세션에서 얻은 직감이나 관찰 결과를 기록하는 것을 잊지 말자.

불필요한 일이 많은 듯 보일 수도 있지만, 그만한 가치가 있으며 코칭의 질에 큰 도움이 되리라고 확신한다. 그렇게 몇 번 하다 보면 자신만의 빠른 기록 방법과 맥락 목록이 생겨서, 더는 추가적인 일처럼 느껴지지 않는 리듬 속으로 들어가게 될 것이다.

팀 리더 문제(시나리오 2)

앞서 보았던 시나리오를 다시 살펴보자. 맥락 범주에 따라 전혀 다른 그림이 드러나고 코칭 세션과 결과도 완전히 달라지는 모습을 볼 수 있다.

세션을 준비할 때에는 가능한 한 많은 맥락 범주를 작성하는 데 시간을 할애한다.

- **고객과의 이력**: 이전 세 번의 코칭 세션 이후, 팀 이벤트를 관찰하고 스크럼 마스터와 대화를 나누었다. 팀이 자신의 행동과 태도에 불만을 제기한 후, 팀 리더가 매우 흥분한 상태로 자리를 떠나는 모습을 목격했다.
- **고객 스트레스 및 위험 요인(안전감)**: 다른 이들의 피드백에 따르면 이 리더의 새로운 상사는 사고방식이 극히 애자일하다.
- **문화 및 규범**: 새 상사와 휴게실에서 잠깐 대화를 나눠 보니 그는 애자일 리더십을 열렬히 지지하며 팀원들을 더 잘 코칭할 수 있는 방법을 논의하는 만남을 원하고 있었다.
- **개인**: 이전 세션에서는 극히 방어적이었고 코칭이나 그 밖의 개인적 대화에도 여전히 소극적인 것처럼 보인다. 이 부분도 살펴볼 수 있다.

약간의 맥락이 세션을 준비하고 접근하는 방법에 얼마나 큰 영향을 미칠 수 있는지 주목하자. 팀 리더의 새로운 상사가 극히 애자일한 사고방식을 갖고 있다는 정보를 얻었으므로 우리가 던지는 질문을 바꿔야 한다. 변하지 않는 것은 의견을 내세우거나 판단을 하지 않고 만남에 들어간다는 사실이며, 오히려 상황에 대한 더 풍부한 이해를 바탕으로 더 잘 준비할 수 있다. 이 모든 것을 고려하여 매우 애자일한 새로운 상사의 영향을 탐색할 수 있도록 질문을 조정한다.

- 현재 역할에서 어떤 점이 마음에 드나요?
- 팀을 어떻게 지원하고 있다고 생각하나요?

- 애자일 팀에서, 애자일 원칙에 따라 일하는 것이 마음에 드나요?
- 상사와 의견이 일치한다고 생각하나요?

첫 두 질문의 답변이 이전 시나리오와 똑같다고 가정해 보자. 이 리더는 팀의 두뇌 역할을 하면서 책임자가 되기를 좋아하고, 팀이 제시간에 출시하도록 해야 한다고 여긴다. 이 시점에서 세션이 끝났다면, 애자일 팀에서 일하는 것과 어떻게 어울리지 않는지 매우 솔직하게 논의하거나, 최소한 그가 자신의 행동이 어떻게 어울리지 않는지 그리고 그것이 팀에 어떤 영향을 미칠 수 있는지 생각할 시간을 갖도록 조치 사항을 논의해야 할 것이다.

진정한 변화는 새로운 질문과 함께 찾아온다.

애자일 방식이 마음에 드는지 물어봤는데 그 리더가 "아니요, 애자일은 시간 낭비이고 일을 처리하는 최선의 방법이 아니라고 생각합니다."라고 대답했다면, 최소한 그가 조직의 방향과 일치하지 않는다는 사실을 직시할 필요가 있을 것이다. 또한 이 문제에 대해 관리자와 더 논의해 보라고 제안하고, 이 대화의 결과를 그의 관리자와 논의할 것임을 알려 줄 수도 있다. 그가 "네, 저는 애자일이 훌륭하다고 생각하지만, 우리가 지금 하고 있는 방식이 애자일은 아니라고 생각합니다."라고 말한다면, 방향을 전환해서 어디에서 단절이 생겼는지 탐색하고, 교육 및 추가 코칭으로 그 간극을 줄일 수 있는지 여부를 결정해야 할 것이다. 다시 강조하지만 중요한 것은 맥락 그리고 세션 중 발견한 정보를 바탕으로 원활하게 방향을 바꿀 수 있는 능력이다.

마지막 질문인 의견 일치에 대한 질문으로 넘어갔는데, 이 리더가 "아니요, 저는 제 관리자와 의견이 일치하지 않습니다."라고 대답한다면 어떻게 될까? 내가 실제로 겪었던 시나리오이다. 까다로운 문제이다. 여러분은 코칭 중인 고객과 그가 함께 일하는 애자일 리더까지 모두의 입장을 확인하면서 신중하게 접근해야 한다. 나는 이 상황에서 매우 열린 질문으로 강력한 코치 스탠스를 취하는 것이 큰 도움이 될 수 있다고 생각한다. 이를 통해 고객은 여러분의 의견이나 판단에 방해받지 않고 자신의 관리자와의 현재 관계에 대해 원하는 만큼 안전하게 공유할 수 있다.

내가 이 시나리오에서 그를 깨달음으로 이끌었던 질문은 "새로운 상사가 당신에게 기대하는 것은 무엇인가요?"였다. 그의 대답은 "그는 내가 애자일에 대한 모든 내용과 애자일 팀을 이끄는 방법에 대한 모든 것을 알고 있기를 기대합니다."였다. 이 경우에 리더는 실제 애자일 경험과 지식이 부족하여 스트레스를 받고 있었는데, 새로운 상사는 자신이 지금보다 더 높은 수준의 애자일 경험과 마인드셋으로 일을 더 잘하기를 기대한다고 느꼈다. 흥미롭게도 이 리더의 저항은 지원이 부족하거나 애자일 방식으로 일하고 싶지 않아서가 아니라, 경험 많은 애자일 리더가 자신을 실패자처럼 느끼게 했기 때문에 발생했다. 우리는 리더가 동의한 조치 사항을 함께 만들었고 향후 코칭 세션 일정을 잡았다. 그리고 내 다음 목적지는 이미 짐작했겠지만 고객 상사의 사무실이었고, 앞선 휴게실 대화에서 약속했던 대로 나는 그의 여정에 동참했다.

이 세션은 첫 번째 시나리오와 완전히 다르게 끝났으며, 맥락이 다르기 때문에 다른 방향 전환과 스탠스가 필요했다. 때로는 방향 전환과 전략을 연습하기 위해 실제 시나리오를 바꿔서 맥락을 연습하거나 코칭 도장을 운영하는 것이 유용함을 알게 되었다. 그러나 이를 효과적으로 수행하려면 맥락을 기록하고 코칭 활동 내내 이를 유지하는 작업이 반드시 필요하다.

업무가 지나치게 많은 제품 책임자

다른 시나리오에서 몇 가지 추가 맥락 범주를 살펴보자.

이 코칭 대화는 14장에서 코칭했던 지나치게 많은 업무를 맡고 있는 제품 책임자와의 대화와 이어진다. 여러분은 이 제품 책임자의 직속 상사인 CPO와 두 번 만나 코칭 합의를 도출하고 어느 정도 신뢰와 파트너 관계를 구축했지만, CPO는 해결책이나 조치 사항과 관련된 논의는 꺼리고 있었다. 한편 코칭 중인 제품 책임자는 업무가 여전히 지나치게 많아서 팀을 효과적으로 지원할 수 없는 상태이다. 제품 책임자가 일정을 더 잘 관리할 수 있도록 코칭했지만, 실질적이고 지속적인 변화가 일어나려면, 제품 책임자를 이끌고 코칭하는 데 CPO가 적극적으로 참여해야 한다.

다음번 대화를 준비하면서 맥락 범주를 검토하고 업데이트해 실질적인 조치 사항이나 코칭 중단에 대한 합의를 이루어 세션을 마칠 수 있도록 한다. 몇 가지를 조사한 후 CPO의 재직 기간과 업무 습관에 대한 새로운 세부 정보를 발견하고 추가 탐색이 필요하다고 생각되는 부분을 파악한다.

- **고객과의 이력:** 이전 두 번의 30분 세션에서 고객은 매우 친절하고 호의적이었지만, 행동으로 옮기거나 문제를 진정으로 인정하기를 꺼렸다.
- **자기 돌봄 수준:** 일상적으로 주당 80시간 이상 일한다. 사무실에 가장 먼저 출근하고 가장 늦게 퇴근하는 것으로 유명하다.
- **문화 및 규범:** 이 회사와 역할에 익숙하지 않다. 회사의 전반적인 문화는 애자일하지만, CPO는 현재 직책을 맡으면서 처음으로 애자일 문화를 접한 듯 보인다.
- **개인:** 자녀가 이미 성인이기 때문에 장시간 자유롭게 일할 수 있는 자유가 있다. 사무실에서 보내는 시간을 즐기고 새로운 도전을 좋아하는 것 같다.
- **조직 및 비즈니스 가시성과 영향:** 고위 경영진, 높은 가시성, 현재 역할에 새롭게 채용된 상태(최근 1년 이내)

이런 추가 맥락이 있으면 다음과 같은 질문을 만들 수 있다.

- 애자일 팀과 함께 일하면서 어떤 점이 마음에 드나요? 어떤 점이 어려운가요?
- 가장 좋아하는 애자일 문화는 무엇인가요? 우려되는 점은 무엇인가요?
- 제품 책임자와 팀을 어떻게 지원하고 있다고 생각하나요?

첫 번째 질문을 하자 CPO는 애자일 팀과 일하기를 좋아하며 지금까지는 전혀 어려움이 없었다고 열정적으로 답해 여러분을 놀라게 했다. 문화에 대한 다음 질문으로 계속 이어 갔다. 다시 한번 그는 회사 문화가 얼마나 훌륭한지 극찬했다. 그래서 세 번째 질문으로 넘어가 제품 책임자와 팀을 어떻게 지원하고 있는지 물었다. 그는 혼란스러워 보였다. "'제품 책임자와 팀을 어떻게 지원하고 있는가?'가 무슨 뜻이죠? 그들이 저를 지원해야 하는 거죠."

여러분의 노력이 결실을 맺어 드디어 CPO가 제품 책임자의 업무가 지나치게 많은 문제를 계속 무시하는 이유의 맥락을 확보할 수 있게 되었다. 여러분은 CPO가 애자일에 반대한다는 가능성은 재빨리 배제했기 때문에, 그가 애자일 리더 역할이 전통적 리더 역할과 어떻게 다른지 이해하지 못하고 있다는 사실을 알게 되었다. 이는 큰 발견이었는데 장시간 사무실에서 일하며 시간을 보내기를 좋아하는 CPO의 성향과 연결 지어 보면, 그가 다른 사람들의 업무 과중을 자신으로 인한 문제일 수도 있다고 인식하지 못하거나, 심지어 전혀 문제로 인식하지 못하는 이유가 이해되기 때문이다.

여러분도 알아차렸는가? 이 부분은 다른 세션에서 더 탐색해 볼 것이다.

이전에 설명했듯이 리더는 자신이 모른다는 사실을 인정하는 것을 편하게 생각하지 않기 때문에 지금은 방향을 전환하되 조심스럽게 접근해야 한다. 애자일 팀은 자신을 적극적으로 지원하고 생산성을 높일 수 있도록 이끄는 사람을 리더로 간주한다고 간단하게 설명한다. 그 후 다음 질문을 하기 전에 리더가 이 내용을 받아들이고 생각할 수 있는 시간을 준다. 때로는 침묵이 고통스럽게 느껴질 수도 있지만 코치로서 침묵을 익숙하게 여기고 사람들이 생각하고 처리할 수 있는 여지를 허용하는 것이 중요하다.

똑같은 질문을 다시 한다. "제품 책임자와 팀을 어떻게 지원하고 있다고 생각하나요?"

이상하게 들릴지 모르겠지만 지금은 그만 해야 할 일이 무엇인지 공개적으로 논의하기보다, 시작할 수 있는 일에 집중할 수 있는 조치 사항으로 넘어가기 좋은 때일 수 있다. 특히 초기에는 긍정적인 행동에 초점을 맞추는 것이 가장 좋은 방법이라고 생각한다. 며칠 동안 그림자 역할을 자청해서 그의 요구와 그를 더 잘 지원할 수 있는 방법을 이해하고 맥락을 파악할 수도 있다.

이미 짐작했겠지만 이제 다시 맥락 시트를 업데이트해야 한다. 그리고 그의 근무 시간 및 사무실에서 보내는 시간 그리고 다른 사람의 상황은 다를 수도 있다는 인식 부족 간의 연관성에 대해 다시 한번 생각해 보자.

긍정적 의도 가정

코칭 아크에 들어갈 때 언제나 가장 중요한 맥락 중 하나는 고객의 의도가 긍정적이라고 가정하는 것이다.

여러분은 어떨지 모르겠지만 나는 고객에 대해 듣거나 전해 받은 이야기를 짐으로 들고 올 때가 자주 있다. 또는 내가 직접 관찰한 내용을 바탕으로 고객의 의도를 지레짐작하기도 한다. 코칭 시작 전에 이런 부분을 먼저 정리하는 것이 매우 중요하다. 나는 이를 위해 메타스킬을 활용하는 경우가 많다. 다음은 긍정적 의도 가정을 유지하는 것이 얼마나 중요한지 보여 주는 사례이다.

한 번은 어떤 사람을 코칭해 달라는 요청을 받은 적이 있다. 관리자의 의견과 인사 기록의 여러 부정적 평가에 따르면 그는 개선의 여지가 없는 사람이었다. 이 사람은 최근 몇 달 동안 성과가 현저히 떨어졌고, 다른 이들과 함께 일하기가 전혀 불가능했다. 되돌아보니 그 사람을 해고하기 전에 인사 절차상 형식적으로 나를 부른 것 같다. 나는 이 사람에 대해 아는 바가 거의 없었기 때문에 세션 전에 맥락을 파악하려는 활동을 진행해 봐도 정보가 거의 없었다. 그래서 나는 그에게 긍정적 의도가 있을 것이라고 가정했고 그의 행동에 숨어 있는 이유를 알고 싶었다. 나는 그가 자신의 성과와 행동이 부정적으로 인식되고 있음을 알고 있는지 살펴보기 위해 몇 가지 질문을 준비했고 다른 이유가 있는지 파악하기 위한 질문도 준비했다.

상황을 바꾼 것은 "지난 몇 달 동안 가정에서든 직장에서든 순수한 기쁨이나 행복을 가져다준 일은 무엇이었나요?"라는 질문이었다. 그의 대답은 그냥 "아무것도 없어요."였다.

생각해 보자. 이 사람에게 도대체 무슨 일이 있었기에 몇 달 동안 기쁨을 느끼지 못했을까? 나는 더 깊이 파고들면서 대답하기 불편하면 답변하지 않아도 괜찮다고 말하며 다음 질문을 던졌다. 나는 가정이나 직장에서 기쁨이 없는 이유가 무엇인지 물었다. 그는 다시 한번 짧게 말했다.

"암이에요."

그날 나는 그 사람의 성과가 낮아진 원인에 대한 판단이나 의견 없이 긍정적 의도를 갖고 제대로 준비하고 들어왔다는 사실에 정말 감사했다. 이 세션에서 드러난 맥락을 통해 그는 개선 여지 없음 범주에서 지원과 돌봄이 필요한 사람으로 바뀌었다. 몇 달 후 나는 그 사람으로부터 시간을 내준 데에 감사하고, 먼저 말을 꺼내기 곤란했지만 기꺼이 대답할 수 있는 질문을 해 주어서 고맙다는 이메일을 받았다. 나는 그 이메일을 보관해 두고 가끔씩 읽으면서 내가 하는 일이 얼마나 중요한지 그리고 긍정적 의도를 갖추지 않은 코칭이 얼마나 안일한 일인지 잊지 않기 위해 노력하고 있다.

마무리

이번 장의 내용이 세 가지 중요한 사실을 깨닫는 데 도움이 되었기를 바란다.

1. 맥락이 중요하다. 맥락을 모른다면 긍정적 의도를 가정한다.
2. 준비가 중요하다.
3. 각 코칭 대화의 후속 과정 및 학습이 중요하다.

우리는 반드시 직원, 리더, 고객, 역할이 아니라 사람을 코칭하고 있음을 잊지 말아야 한다. 고객의 전체 그림을 그리고 시나리오를 연습하면서 맥락을 바꿔 보고 도장 수련 등에 시간을 투자하면 더 좋은 코치가 되어 우리에게 맡겨진 사람들을 보호하고 섬기는 쪽으로 더 효과적인 방향 전환을 할 수 있다. 그리고 맥락을 파악할 때까지는 반드시 판단 없이 긍정적 의도를 갖고 들어가야 한다. 누군가의 여정에 초대받는 것은 큰 특권임을 기억하자.

우리는 상황을 인식할 때 대개 고객의 역할, 기술, 경험 등 고객 주변 상황을 생각한다. 고객 내면의 상황을 인식하겠다고 생각하는 경우는 드물지만, 그 부분이 상황 중에서도 가장 복잡하고 중요한 경우가 많다.

예를 들어 고객이 어느 문화권에서 왔고, 직업적으로 어떤 편견을 겪었으며, 인생에서 어떤 중요한 경험을 했는가? 이러한 정보가 고객 주변 상황 이해보다 훨씬 더 중요할 수 있다. 이는 섬김의 시작일 뿐이다.

기본적으로 우리는 모든 고객을 있는 그대로, 즉 고유한 인간으로 대해야 한다. 고정 관념이나 잘못된 집단화 또는 자신의 경험 반영을 피해야 한다. 모든 수준에서 이를 실천하기 위해 우리는 고객의 자기 인식을 높이는 동시에 우리 자신에 대한 인식 또한 높여야 한다. 이번 장에서는 내 딸인 리아논 갤런-퍼소닉에게 다양성에 대해 이야기해 달라고 부탁했다. 리아논은 15년 넘게 사회 복지 분야에서 일해 왔으며 직원 개발, 코칭, 리더십과 관련하여 다양성에 대해 깊고 폭넓은 이해를 갖추고 있다. 끝내주는 애자일 코칭 여정에서 다양성의 미묘함을 탐구하는 데 이보다 더 좋은 안내자를 찾을 수 없었다.

들어가기

책 앞부분에서 애자일 코칭은 광범위하고 깊은 상황 인식이 필요한 활동이라고 언급했다. 그러나 나도 그렇고 여러분도 그렇겠지만 코칭을 하다 보면 경우에 따라 보이지 않는 상황이 몇 가지 있다. 이 부분을 고려하려면 고객의 특성, 즉 무엇이 고객 개인과 그들의 관점을 형성했는지를 탐색하는 우리 자신의 인식을 높여야 한다.

이러한 인식은 고객의 입장에서 그들을 만나는 우리의 이해와 능력을 높여 주기 때문에 코칭에서 끝내줌을 달성하는 데 도움이 된다. 자기 인식의 기반을 다졌다면 우리가 코칭하는 사람들이 스스로 자기 인식을 할 수 있도록 더 잘 지원할 수 있게 된다.

따라서 이번 장에서는 다음 영역을 살펴본다.

- 성적 지향 및 성별·성 정체성(sexual orientation and gender/gender identity, 이하 SOGI)
- 신경 다양성(neurodiversity)
- 세대 인식
- 인종, 문화, 민족

이해가 필요한 영역이 이보다는 분명히 더 많을 것이다. 우리가 다양성 측면 중에서 이 영역들을 선택한 것은 코칭 관계를 지원하고 다양성을 탐색하는 여정을 시작하기 위해서다.

다양성의 폭을 알아보는 실험

그러나 먼저 여러분은 다양성을 어떻게 생각하는가? 이 광범위하고 깊은 주제에 대한 여러분의 생각과 경험은 어떠한가? 자신을 대상으로 직접 실험을 해보자.

일지를 꺼내 보자. 일지가 없거나 일지를 써 본 적이 없다면 지금이 시작하기 좋은 기회이다. 다양성이라는 단어를 생각해 보면 우리의 다양성은 자신과 가장 가까운 사람들에 대한 이해, 즉 우리 자신의 세계관에 의해 제한을 받는 경우가 많다.

잠시 시간을 내어 나를 정의하는 모든 것을 적어 보자. 다음 사항을 참고한다.

- SOGI
- 신경 다양성
- 세대 인식
- 인종, 문화, 민족

이 중에서 곧바로 떠올린 항목은 무엇인가? 이전에는 들어 본 적이 없거나 고려할 필요가 없었던 항목은 무엇인가? 이 질문은 나중에 다시 살펴볼 예정이다.

이제 나 자신이 누구인지 정의했으니 이러한 특성 중 몇 가지를 살펴보고 그 특성을 자신을 인식하는 데서부터 고객 코칭에 반영하고 고려하는 데까지 연결해 보자.

성적 지향 및 성별·성 정체성

SOGI는 성적 지향 및 성별·성 정체성을 스펙트럼으로 표현하는 광범위한 용어로서, 기존의 이분법적 관점과 대비된다. 예를 들어 우리는 전통적으로 성적 지향이라는 용어를 동성애자 또는 이성애자 둘 중 하나를 의미하는 것으로 이해해 왔지만, 이를 좀 더 포괄적으로 확장하는 것이 매우 중요하며 관계를 형성할 때 특히 그렇다. 개인을 있는 그대로 볼 때 우리는 더 깊은 수준에서 연결될 수 있다. 따라서 SOGI는 생물학적 성별, 성적 지향, 성별, 성 정체성의 개념을 모두 포함한다.

개인 코칭

다음 시나리오를 생각해 보자. 자신이 시스젠더[1] 여성 코치이고 함께 일할 사람을 시스젠더 남성으로 추측했다고 가정해 보자. 이 고객이 자신을 소개하면서 자기를 지칭할 때 성별 중립적 대명사(they-them-their)를 사용해 달라고 요청했다. 어떻게 반응할 것인가?

항상 그렇듯이 SOGI와 관련해서 개인과 소통할 때에는 나 자신부터 시작한다. 이전 활동에서 일지에 기록했던 다양성에 대한 자신의 반응을 떠올려 본다. SOGI에 해당하는 내용이 있는가? 그렇지 않다면 이는 여러분의 특권과 직결된다. 코치로서 누군가와 소통할 때 자신의 특권을 인정하는 것은 두려운 일일 수 있다.

나는 'she-her-hers'와 같은 대명사를 붙이며 내 자신을 처음으로 '시스젠더'라고 소개했던 때가 기억난다. 얼굴이 화끈거리는 불편함을 느낄 수 있었다. 그러나 그런 현상은 당연히 일어났어야 할 일이었다. 나는 불편함을 느끼면서 그리고 내 특권을 인식하면서 자리에 앉아야 했다. 불편함을 느끼며 자신의 특권을 인식할 수 있다면, 우리는 성장할 수 있는 기회를 얻게 된다. 우리가 고객이 무언가를 달성하도록 지원할 때 궁극적인 목표는 성장이며, 이를 위해서는 역할 모델이 되는 것이 가장 좋은 방법이다.

팀 코칭

다음 시나리오를 생각해 보자. 여러분은 7명으로 구성된 팀과 함께 일하고 있는데, 그중 한 명만 여성이다. 어느 날 이 여성 팀원이 여러분에게 다가와 자신에게 계속해서 남성 우월적 태도를 보이는 팀원이 한 명 있다고 불평한다. 어떻게 반응할 것인가?

---

1 (옮긴이) 생물학적 성과 성 정체성이 일치하는 사람

우선 성별 및 성별 역할에 대한 자신의 편견을 살펴본다. 여러분의 문화와 성별이 거기에 어떤 영향을 미치는가? 그다음에는 주저하지 말고 자신의 편견을 솔직하게 마주한다. 이는 여성 고객과 함께 일하는 남성 코치처럼, 특권을 누리는 위치에 있는 사람들에게 특히 중요하다. 고객의 불만을 무시하거나 심지어 고객의 우려를 다른 방향으로 돌린다면 고객과의 관계가 완전히 틀어질 수 있다.

마지막으로, 각 팀원의 관점을 듣고 공감하는 시간을 갖는다. 이 시나리오에서는 이를 확인하는 과정이 큰 도움이 될 수 있다. 역할극도 괜찮다. 팀을 코칭할 때에는 우리가 직접 들어가서 문제를 해결하는 것이 아니라 팀원이 문제를 해결할 수 있도록 힘을 실어 주는 것이 우리의 임무라는 점을 기억하자.

일지를 활용해 다음 질문을 고민해 보자.

자기 인식 질문

- SOGI와 관련하여 나에게는 어떤 특권이 있는가?
- 내 특권이 코칭 관계에 어떤 영향을 미칠 수 있는가?
- 고객과 내 특권에 대해 이야기할 준비가 얼마나 되어 있는가?
- 나는 무엇을 준비해야 하는가?

고객 질문

이러한 질문은 고객과의 관계에 맞춰 언제 어떻게 질문할지 유연하게 조정할 수 있다는 점에 유의하자. 고객이 이러한 질문에 이미 답변을 해 주었을 수도 있고, 한동안 고객과 함께 일하면서 질문의 필요성을 가늠해 볼 수도 있다.

- 코칭 관계에서 SOGI의 어떤 측면이 중요한 부분이라고 생각하나요?
- 내가 SOGI 영역에서 어떤 도움을 줄 수 있을까요?

신경 다양성

신경 다양성은 충분한 관심을 받지 못하고 있고 인력 관리 측면은 물론이고 코칭에서도 특히 그렇다. 우리 모두는 세상을 바라보고 정보를 처리하고 소통하는 방식이 서로 다르다. 기술 중심 직장과 애자일 커뮤니티는 신경 다양성을 지닌 사람들을 환영하는 곳이므로, 코치로서 우리는 신경 다양성을 더 잘 인식하고 능숙하게 탐색할 필요가 있다. 신경 다양성이라는 용어는 이 용어에 해당하는 다양한 진단에 대한 낙인을 없애는 데 도움이 된다는 점을 덧붙이는 것이 중요하다.

다음은 신경 다양성과 관련된 몇 가지 용어이다. 모르는 용어는 나중에 자세히 알아볼 수 있도록 잠시 시간을 내어 일지에 적어 둔다. 알고 있는 용어라면 자신에게 어떤 잠재적 편견이 있는지 인식을 높이기 위해 해당 용어에 대한 여러분의 첫 생각과 반응을 적어 본다.

- 자폐 스펙트럼 질환
- 주의력 결핍 과잉 행동·부주의 장애(ADHD)
- 일반 불안 장애
- 난독증

내가 이런 이야기를 하는 것은 오로지 여러분의 자기 인식을 높이기 위해서이지, 코치가 아니라 치료사 역할을 하라는 뜻이 아니다. 여기에서는 인식이 첫 번째 목표이고, 그다음으로 그 인식을 고객과의 코칭 관계로 가져오는 것이 두 번째 목표이다. 하지만 자격이 없는 영역에 너무 깊이 발을 들여놓지 않는 것이 중요하다.

개인 코칭

다음 시나리오를 생각해 보자. 여러분은 부주의한 행동으로 우려를 계속 불러일으키는 고객과 함께 일하고 있다. 고객은 여러분에게 그 문제에 대해 아무것도 상의하거나 털어놓고 있지 않지만, 여러분은 그의 부주의한 행동이 업무에 영향을 미치고 있다고 생각한다.

무엇보다도 신경 다양성을 지닌 사람과 함께 일할 때에는, 반드시 먼저 그들이 코치에게 어떻게 보이기를 원하는지 이해해야 한다. 낙인 때문에 진단명이 먼저 보이고 그다음에 사람이 보이는 경우가 많다. 신경 다양성을 지닌 개인 중에는 자신의 차이점을 논의하기를 원하는 사람도 있고, 또 이 주제를 코칭 관계에서 다루기를 원치 않는 사람도 있을 것이다. 자신이 누구인지 그리고 진단과 관련해 코칭의 초점이 무엇에 맞춰지기를 원하는지 그들이 여러분에게 알려 줄 수 있도록 한다.

우리 자신의 편견 또한 확인해야 하고 그 편견이 소통에 어떤 영향을 미치는지도 살펴봐야 한다. 코치에게는 편안한 정보 처리 방식이지만 상대방은 같은 방식에 어려움을 겪을 수도 있다. 우리는 훨씬 더 적응적이어야만 한다. 즉, 충분히 지원할 수 있는 코칭 환경을 만들기 위해 자신의 스타일, 메시지, 심지어 속도까지도 바꿀 필요가 있다는 뜻이다.

팀 코칭

다음 시나리오를 생각해 보자. 여러분은 새로운 팀과 함께 일하고 있으며, 재미있는 초기 팀 빌딩을 시작하는 것이 목표이다. 첫 번째 활동은 팀에서 알아야 할 개인 신상 관련 정보가 있으면 알려 달라고 팀원 한 사람 한 사람에게 요청하는 것이다. 이 활동을 통해 여러분은 팀 내에서 일을 잘하는 데 도움이 되는 정보를 얻을 수 있다.

팀원 모두가 서로를 전부 알아야 한다는 생각이 먼저 든다면 잠시 멈추고 자신의 특권을 확인해 본다. 중요한 사안에 대해서는 완전한 공개를 권유하기 전에 신경 다양성을 지닌 개인이 유대감과 안전감을 느낄 수 있는 여지를 허용하는 것이 중요하며, 이는 효과적인 팀을 만들기 위한 기반이 된다.

개인 코칭과 마찬가지로 각자가 자신에게 중요하다고 생각하는 것 그리고 팀과의 공유가 중요하다고 생각하는 것을 공유할 수 있게 해 주는 일이 중요하다. 강력한 유대감과 안전감을 형성하는 데 더 집중하고, 각 구성원의 필요에 대한 공감을 형성하여 신경 다양성을 허용할 수 있는 공간을 만든다.

자기 인식 질문

- 신경 다양성과 관련하여 잠재적인 나만의 문화적·인지적 편견은 무엇인가?
- 신경 다양성을 지닌 사람과 함께 일하는 것을 어떻게 생각하는가? 나에게 영향을 미칠 수 있는 긍정적 또는 부정적 업무 경험은 무엇인가?
- 나에게 어떤 지식이 있으며 무엇을 더 학습해야 하는가?

고객 질문

고객과의 관계에 맞춰 언제 어떻게 이러한 질문을 할지 유연하게 조정할 수 있다는 점에 유의하자. 고객이 이러한 질문에 이미 답변을 해 주었을 수도 있고, 한동안 고객과 함께 일하면서 질문의 필요성을 가늠해 볼 수도 있다.

- 내가 당신을 어떻게 바라봐야 할까요?
- 내가 신경 다양성 부분에 도움을 주기를 원하나요? 어떻게 도울 수 있을까요?

세대 인식

세대 인식을 생각할 때면 나는 8명으로 구성된 새로운 스크럼 팀을 머릿속에 먼저 그려 본다. 이를테면 두 명은 이 분야에 처음 발을 들여놓은 신입이고, 대부분은 몇 년간 경력이 있으며, 그중에는 최소 10년 이상 이 분야에 종사한 이른바 베테랑도 있다.

우리는 서로 다른 세대 사이에 존재하는 간극을 해결하지 못하고 있다. 세대마다 업무 문화, 업무 및 업무 방식에 대한 기대 수준이 다르기 때문에 갈등이 생길 수 있다. 하지만 다양한 세대가 함께 일하면 훨씬 더 풍부한 업무 경험을 쌓을 수 있고 훌륭한 제품을 만드는 데 도움이 되는 경우가 많다. 이러한 세대 간 경계를 생각해 보자.

- 베이비 붐 세대(1945~1964년생)
- X세대(1965~1979년생)
- Y세대·밀레니얼(1980~1994년생)
- Z세대(1995~2010년생)

개인 코칭

다음 시나리오를 생각해 보자. 여러분은 Z세대와 이제 막 함께 일하기 시작한 베이비 붐 세대 코치이다.

여러 세대를 아우르며 함께 일할 때 가장 주의할 점은 우선 자신이 각 세대에 대해 어떻게 느끼는지 이해하는 것이다. 각 세대가 공감하는 리더십 문화가 무엇인지 생각해 보고, 리더이자 코치로서 각 세대가 기대하는 바에 어떻게 적응할 것인지 생각해 보자.

여기에는 많은 조정과 공감이 필요하기 때문에 자신의 스타일을 먼저 이해해야 한다. 자신의 스타일을 인식하고 고객과 자신의 스타일이 어떤지 그리고 고객은 여러분이 어떤 모습을 보여 주기를 원하는지 고객과 열린 대화를 나눈다. 간단하게 들릴 수 있지만 많은 자기 공개와 피드백 및 조정에 대해 열린 마음이 필요할 것이다.

팀 코칭

다음 시나리오를 생각해 보자. 여러분은 대다수가 Z세대(한 명만 베이비 붐 세대)로 구성된 팀과 함께 일하는 밀레니얼 세대 코치이다.

다양한 세대로 구성된 팀과 함께 일한다는 것은 큰 선물일 수 있다. 그 모든 지식과 열정을 한데 모으는 것은 놀라운 일이 될 것이다. 그렇다면 어디서부터 시작해야 할까? 세대의 경우 그 무엇이든 대화의 주제가 될 수 있다. 내가 알고 있는 가장 좋은 예시는 별자리 운세이다. 어떤 사람은 별자리 운세에 열광하지만 어떤 사람은 그렇지 않다. 각 세대의 정의, 일반적인 특성, 리더십에 대한 요구 등에 대해 열린 대화를 나누고 팀원들이 개인으로서 중요한 것과 팀으로서 중요한 것이 무엇인지 깊이 생각해 볼 수 있도록 한다.

자기 인식 질문

- 나는 내가 속한 세대를 어떻게 생각하는가?
- 다른 세대, 특히 그들의 리더십과 문화적 요구를 어떻게 생각하는가?
- 긍정적이든 부정적이든 각 세대와 함께 일하면서 나는 어떤 영향을 미칠 가능성이 있는가?

고객 질문

고객과의 관계에 맞춰 언제 어떻게 이러한 질문을 할지 유연하게 조정할 수 있다는 점에 유의하자. 고객이 이러한 질문에 이미 답변을 해 주었을 수도 있고,

한동안 고객과 함께 일하면서 질문의 필요성을 가늠해 볼 수도 있다.

- 같은 세대와 비교했을 때 스스로를 어떻게 생각하나요?
- 일반적으로 같은 세대에 부여되는 특성 중 무엇에 동의하고 무엇에 동의하지 않나요?
- 코칭에서 세대 간 대화가 어떤 모습으로 다뤄지기 원하나요?

인종, 문화, 민족

잠시 시간을 내어 자기 인식을 점검할 때 적어 둔 다양성 목록을 다시 살펴본다. 인종, 문화, 민족과 관련하여 어떤 부분을 확인했는가? 다음은 고려해야 할 몇 가지 용어이다. 목록을 검토한 후에는 자기 인식을 지속적으로 향상시키기 위한 방법으로 할 일 목록을 만드는 것도 고려해 보자.

- 인종 평등
- 인종 차별
- 교차성[2]
- 특권
- 백인 특권
- 백인 취약성
- 인종 차별 반대
- 편견(암묵적·명시적·사회적)
- 미묘한 차별(미묘한 모욕, 미묘한 부정, 미묘한 공격)

개인 코칭

다음 시나리오를 생각해 보자. 여러분은 흑인 여성을 코칭하는 백인 여성이고 관리자로부터 그 여성의 부정적 태도와 다양한 회의에서 비치는 모습을 개선해 달라는 임무를 받았다.

---

2 (옮긴이) 신분, 인종, 성별, 장애 등의 차별 유형이 별개로 존재하지 않고 서로 결합해 영향을 미치는 것

그렇다. 여러분이 제대로 읽은 것이다. 흑인 여성에게 회의 중에 '너무 화를 낸다'고 말하라는 요청을 받고 있는 것이다. 이런 말은 미묘한 차별이 되어 관계에 부정적 영향을 미칠 수밖에 없다.

나는 다음 일대일 회의에서 피드백을 제공하는 대신 일반적인 체크인을 하기로 했다.

팀 코칭

다음 시나리오를 생각해 보자. 여러분은 7명으로 이루어진 그룹과 함께 일하고 있으며, 그중 한 명은 흑인이고 다른 한 명은 라틴계이다. 나머지 팀원은 전부 백인이다.

팀 코칭을 할 때 인종, 문화, 민족에 대해 고려해야 할 몇 가지 요소가 있다. 현재 팀이나 가장 최근에 코칭했던 팀을 떠올리며 잠시 생각해 보자. 팀의 다양한 구성원을 잠시 다시 생각해 보자. 자신의 인종, 문화, 민족이 팀 업무와 팀워크에 어떤 영향을 미쳤다고 생각하는가? 자신의 인종이 팀원들에게 어떤 영향을 미쳤을까?

모든 팀의 목표는 각 팀원이 두려움 없이 자신의 진정한 모습을 드러낼 수 있는 안전한 문화를 만드는 것이다. 일일 스탠드업[3]부터 시작해 각 팀원이 그 이벤트에 완전히 받아들여질 수 있는 안전한 공간을 만들 수 있도록 팀을 촉진한다.

예를 들어 새 팀을 구성할 때 팀원들이 자신을 어떻게 인식하는지 또는 자신이 어떻게 인식되기를 원하는지 공유하도록 하면 각 개인에게 인종, 문화, 민족이 얼마나 중요한지 깨닫는 과정의 출발점이 될 수 있다.

코칭 관계의 관점에서 다음 질문을 고려하여 자기 인식을 강화한다.

자기 인식 질문

• 나는 인종, 문화, 민족에 대해 어떤 특권을 가지고 있거나 가지고 있지 않은가?

---

3 (옮긴이) 참여자들이 서서 참여하는 형식의 짧은 회의. 거의 모든 애자일 방법론에서 채택하고 있으며 일반적으로 최대 15분이다. 스크럼에서는 일일 스크럼이라고 부른다.

- 나와 같은 특권을 갖고 있지 않은 다른 사람들에게 나는 어떤 영향을 미치는가?
- 내 인종, 문화, 민족은 내가 코칭하는 사람들에게 어떤 영향을 미치는가?
- 내 특권은 내가 코칭하는 사람들에게 어떤 영향을 미치는가?

고객 질문

고객과의 관계에 맞춰 언제 어떻게 이런 질문을 할지 유연하게 조정할 수 있다는 점에 유의하자. 고객이 이러한 질문에 이미 답변을 해 주었을 수도 있고, 한동안 고객과 함께 일하면서 질문의 필요성을 가늠해 볼 수도 있다.

- 코치로서 어떻게 하면 당신을 가장 잘 도울 수 있을까요?
- 코칭에서 인종에 대해 논의하기를 원하나요? 어떤 방식으로 논의하기를 원하나요?
- 당신에게는 어떤 특권이 있나요?
- 인종, 문화, 민족이 현재 역할에 어떤 영향을 미친다고 생각하나요?
- 당신의 인종, 문화, 민족이 다른 이에게 어떤 영향을 미치나요?

마무리

이번 장 전체에서 여러 번 언급했듯이 코칭과 관련된 다양성을 전부 다룬 것은 절대 아니다. 그렇다면 왜 이 내용을 추가한 것일까? 두 가지 관점에서 다양성은 코칭 마인드셋에 포함시켜야 할 매우 중요한 주제이기 때문이다.

첫 번째는 자기 인식을 높이는 것이다. 스스로를 정직하고 열린 마음으로 바라보고 특정 코칭 상황에 대한 자신의 이해와 간극을 평가하는 것은, 이 책에서 지금까지 충분히 강조하지 않은 부분이다. 이번 장에서 묻고 있는 많은 질문을 스스로 성찰하면서 계속 탐색해야 할 다른 성장 영역도 생각해 볼 수 있기를 바란다!

두 번째로 중요한 관점은 내가 있는 곳, 내가 편한 곳, 내 편견이 집중되는 곳이 아니라 고객의 입장에서 그들을 만나면서 이러한 자기 인식을 가져야 한다는 점이다. 이렇게 하면 코칭 세션 내에서 안전함을 느낄 수 있는 틀이 만들어지고 여러분과 고객이 각 세션에 온전히 집중할 수 있다.

마지막으로, 다양성은 개인적이라는 점을 기억하자. 예를 들어 어떤 자폐 흑인 여성을 만났다면, 그것은 그냥 한 명의 자폐 흑인 여성을 만난 것이다. 코칭을 할 때에는 각 개인과 팀을 고유하고 특별한 존재로서 만나도록 한다.

더 읽어 보기

- 이브람 X. 켄디(Ibram X. Kendi)의 《안티레이시즘》(이종인 옮김, 비잉, 2022)은 정말 추천할 만한 책이다. 켄디의 다른 책도 전부 좋다.

- 지금 내 책상 위에 다음 책이 놓여 있다: 《Why Are All the Black Kids Sitting Together in the Cafeteria?》(Beverly Daniel Tatum, Basic Books, 1997) 이 책은 내가 내 특권을 인식하는 여정에서 첫 번째로 읽었던 책이다.

- 백인 특권의 실체를 제대로 알고 싶다면 로빈 디앤젤로(Robin DiAngelo)의 《백인의 취약성》(이재만 옮김, 책과함께, 2020)을 꼭 읽어 보자.

- 이 책은 최근에 나온 책이지만 사람 중심 관점을 제공하는 훌륭한 책이다: 《Disability Visibility: First-Person Stories from the Twenty-First Century》 (Alice Wong, New York: Vintage, 2020)

- 다음 링크에는 인종, 문화, 민족을 살펴볼 수 있는 훌륭한 온라인 자료가 있다: *https://www.racialequitytools.org/glossary*

돌아보기

각 부가 끝날 때마다 잠시 멈추고 성찰의 시간을 갖기를 추천하고 싶다. 다음 질문에 답해 보자.

　3부에서는 코칭에 미묘함을 더하고 넓히는 데 중점을 두었다. 그렇다. 각 코칭 대화가 좀 더 복잡해질 수 있지만 코칭 대화는 원래 복잡하다는 사실을 인식하자.

- 전반적으로 기억해야 할 것은 무엇인가?
- 실험으로 무엇을 시도해 볼 수 있을까?

제니퍼는 이러한 영역에 대한 인식을 넓히기 위해 역할 기반 및 맥락 기반 코칭 시나리오를 살펴보는 데 많은 시간을 할애했다.

- 어떻게 생각하는가?
- 상황 인식을 넓히기 위해 어떤 조정을 할 수 있을까?

리아논은 다양성에 기반한 상황 인식을 코칭에 추가하는 데 초점을 맞추며 시간을 할애했다.

- 어떻게 생각하는가?
- 상황 인식을 넓히기 위해 어떤 조정을 할 수 있을까?

끝내주는 애자일 코칭 저장소(맺음말에 링크가 있다)에서 휠 관련 학습 자료를 살펴보고, 읽어 보고 싶은 두세 가지 책이나 글을 선택해 보자.

여러분의 코치와 함께 3부에 나왔던 몇 가지 아이디어와 영감을 탐색해 보자. 그들을 성장, 실험, 학습을 위한 피드백 장치로 활용해 보자.

그려 보기

조용히 눈을 감아 보자. 끝내주는 애자일 코치라는 개념에 주의를 집중해 보자. 바로 여러분이다. 어떤 모습이고 어떤 느낌인지 상상해 보자.

일반적인 코칭 대화, 스탠스, 방식에 대해 생각해 보자. 이제 3부를 깊이 성찰해 보자. 전반적인 코칭 스타일과 방식에서 어떤 부분을 조정하고 싶은가? 코칭을 다시 만들어 내는 것이 아니라 코칭에 깊이와 너비를 더하는 것이라고 생각하자. 다르게 표현하면 코칭 레시피에 양념을 추가한다고 비유할 수도 있다. 상황 인식에 양념을 약간 더하고 싶은 것일 뿐이니 양념이 과해서는 안 된다.

그리고 그냥 재미 삼아, 새로 발견한 아이디어와 전술을 활용하여 실제 코칭 대화 몇 가지를 마음속으로 연습해 보자.

이제 눈을 뜨고 그 아이디어, 영감, 통찰, 계획, 희망, 꿈 등을 일지에 적어 보자.

아직 일지 작성을 시작하지 않았는가?

그렇다면 *https://www.agile-moose.com/blog/2019/6/23/journaling-how-to-get-started*를 읽어 보고 저장소에 있는 애자일 코치 일지 작성 캔버스 활용을 고려해 보자.

지속적인
학습

Continuous Learning

많은 코치가 자기 시간을 전부 코칭에 할애해야 완벽한 하루였다고 생각한다. 코칭 세션이 연달아 이어지는 빽빽한 일정은, 그러니까, 바쁜 일정 덕분에 가치 있는 하루였다고 생각하기 쉽다. 특히 시간당 비용을 청구하는 컨설턴트나 외부 코치라면 더욱 그렇다.

그러나 코칭으로 바쁜 시간을 보내는 것만이 중요한 일은 아니다. 항상 바쁘게 지낸다고 해서 고객과 고객의 목표에 도움이 되지도 않는다. 때로는 코칭을 하지 않고 책을 읽거나 고객에게 더 많은 성찰 시간을 주는 것이 가장 중요한 일이 될 수도 있다.

매일 스스로에게 '오늘 내가 집중해야 할 가장 중요한 일은 무엇인가?' 질문하며 하루를 시작해야 한다.

- 나 자신 그리고 자기 돌봄에 투자하는 데 가장 중요한 일은 무엇인가?
- 고객 지원에서 가장 중요한 일은 무엇인가?
- 고객이 목표와 성과를 달성할 수 있도록 돕기 위해 가장 중요한 일은 무엇인가?

중요한 것은 무엇을 하며 시간을 보내느냐가 아니다! 서비스를 제공한다는 마인드셋, 자신이 미친 영향, 말한 대로 실천하기가 중요하다.

들어가기

솔직히 이번 장은 원래 계획에 없었던 내용이다. 그러나 책을 쓰는 동안 애자일 코치의 삶에서 '이상적인' 하루를 만드는 방법을 설명하면 도움이 될 수도 있겠다고 판단했다. 물론 이상적인 하루가 어떤 모습인지는 고객의 목표와 코치의 스킬에 따라 다르겠지만, 이 주제는 살펴볼 만한 가치가 있다고 생각한다.

이상적인 하루의 의미부터 시작해 보자. 아니, 무엇이 이상적인 하루가 아닌지 살펴보는 게 더 중요하다.

- 그날의 일정 또는 계획을 확인하거나 따르기
- 휴식 시간이나 점심시간을 결정하기
- 어떤 책, 글, 블로그를 읽을지 결정하기
- 그날의 할 일 목록을 작성하기

내가 여러분에게 말하고자 하는 것은 이런 종류의 전술적이고 일상적이며 기계적인 결정이 아니다. 그 대신 이번 장을 통해 끝내주는 애자일 코치로서 전반적인 효과성을 높이는 활동의 여정으로 여러분을 안내하고자 한다.

여기에서는 균형에 대해 좀 더 자세히 살펴보고, '그냥 코칭'에만 집중하는 것이 왜 좋은 하루의 초점이 될 수 없는지 논의하고자 한다. 나는 여러분이 더 많이 성찰하고, 더 전략적인 모습을 보여 주고, 고객이 요구하는 것보다 고객에게 필요한 것을 더 많이 코칭할 수 있도록 영감을 주고 싶다.

스크럼 마스터 목자

나는 스크럼 마스터에게 기대하는 코칭의 미묘함을 설명할 때 '목자(shepherd)'[1]
라는 비유를 자주 사용하곤 한다. 스크럼 마스터는 팀이 스프린트 목표에 집중
하고 팀으로서 효과적으로 협력할 수 있도록 외부의 영향, 방해, 중단, 장애물
로부터 팀을 보호하는 입장에 서는 것이 일반적이다. 나는 이를 목자 마인드
셋이라고 부르기도 하는데, 팀 보호가 스크럼 마스터의 최상위 지침이기 때문
이다.

이 비유는 외부의 가혹한 영향으로부터 팀을 보호하는 등 외적인 측면에만
초점을 맞추는 경우가 많다. 그러나 나는 스크럼 마스터들에게 이러한 사고를
확장하여 내부의 방해 요소에도 초점을 맞추라고 자주 코칭한다. 스크럼 마스
터는 팀 자체나 심각한 자해 행위 또는 같은 실수의 반복으로부터 팀을 보호해
야 하며, 위험은 모든 방향에서 올 수 있다는 점을 팀에(그리고 스크럼 마스터
에게) 상기시켜야 한다.

나는 끝내주는 애자일 코치에게도 비슷한 책임이 있다고 굳게 믿는다. 적절
한 균형을 잡는 것도 어려운 일이지만, 때로는 고객이 큰 실수를 저지르지 않
도록 개입하여 막는 것도 가장 책임 있는 일 중 하나이다. 물론 상황에 따라 미
묘한 차이가 있겠지만, 전혀 그렇게 하지 않는 것은 내가 보기에 직무 태만이
다. 본질적으로 고객을 늑대에게 먹이로 주는 것이나 마찬가지이다.

체크인

매일 제일 먼저 스스로를 체크인하는 것이 좋다. 나는 일찍 체크인하기를 좋아
한다. 나는 아침형 인간이라 보통 오전 6시쯤에 체크인을 한다.

나는 일정을 확인해 보고 그날 유의미한 일이 있는지 살펴본다. 가능한 한
많은 자유 시간을 확보하려고 애쓰고 있기 때문에, 여전히 그 회의에 참석해야
하는지 또는 그 코칭 대화를 해야 하는지 스스로에게 물어본다. 그 일이 오늘
내가 할 수 있는 가장 중요한 일인가, 아니면 더 중요한 일이 있는가?

---

1 (옮긴이) 본디 양을 치는 사람을 가리키는 말이지만 사람들을 지키고 보살피는 역할에 대한 서구 그
  리스도교 문화권의 비유적 표현이다.

다음으로, 고객(조직, 팀, 개인)과 만든 합의와 목표를 생각해 본다. 내가 이미 계획했던 일을 하기보다 고객이 지금 내게 무엇을 필요로 하는지 생각하려고 노력한다. 물론 기존 계획이 여전히 의미 있고 적절해서 그 계획을 따를 때도 있다. 그러나 대부분의 경우 바로 조정해야 할 때가 많다. 아침 체크인은 더 높은 수준의 목표를 향해 재조정할 수 있는 기회를 탐색하는 시간이다.

자신에게 투자하라

나는 하루도 나 자신에게 투자하지 않는 날이 없기를 바란다. 이는 20장에서 알아볼 자기 돌봄이라는 아이디어와도 일맥상통한다. 20장에서는 일반적인 의미의 자기 돌봄을 살펴보지만, 여기에서는 의도적인 자기 돌봄에 초점을 맞추고 싶다.

따라서 매일 체크인 직후에 오늘 나 자신을 위해 무엇을 할 것인지 생각해 보기 바란다. 그 생각을 포착하고 실행에 옮긴다. 더 좋은 방법은 일정에 추가하여 자기 돌봄 활동을 위한 충분한 공간을 확보하는 것이다.

성찰

이제 하루를 시작할 때 가장 기본이 되는 성찰의 자리를 만드는 방법을 살펴보고자 한다. 내가 코칭 활동을 하면서 도움이 되었던 일련의 성찰을 검토해 볼 것이다. 여러분에게도 도움이 되기를 바란다. 매일 다음과 같은 고려 사항을 되새기면서 하루를 시작하기를 추천한다.

일일 전략

일일 전략을 돌아보는 것부터 시작한다. 특히 다음 질문부터 살펴보자.

- 지난달, 지난주, 어제까지 고객은 어떤 진전을 이루었는가?
- 고객은 목표 달성을 향해 순조롭게 나아가고 있는가?
- 지금까지 코치로서 어떤 모습을 보여 주었는가?(스탠스, 감성 지능, 감지, 고객 입장에서 그들을 만나기)

이 질문에 대한 대답을 바탕으로 오늘, 내일, 다음 주, 다음 달에는 어떤 조정을 해야 할까?

중요한 것은 코칭 활동에서 시도할 수 있거나 시도해야 하는 실험이다. 이 실험은 애자일 팀이나 조직만을 위한 실험이 아니라 여러분 자신을 위한 실험이기도 하다는 사실을 기억하자. 어떤 위험을 감수할 수 있을까? 어떤 상황에서 어떤 새로운 스탠스를 시도할 수 있을까? 어떤 새로운 퍼실리테이션 기법을 적용할 수 있을까?

도구를 연마하기 위한 노력(지속적인 학습 및 개선)의 일환으로 코치 자신의 내면에 초점을 맞추는 것이 전략 수립에서 중요한 부분을 차지한다. 이러한 성찰 활동으로 단지 같은 행동을 반복하거나 안전지대에 너무 오래 머무르는 등 기계적 활동은 피해야 한다. 스스로의 틀을 깨고 도전한다는 마인드셋을 가져야 한다.

적절한 사람들을 적절한 수준에서 적절한 초점으로 코칭하고 있는가?

일일 전략 검토의 또 다른 중요한 부분은 조직적으로 적절한 수준에서 코칭하고 있는지 확인하는 것이다. 먼저, 다음 질문을 통해 확인해 본다.

- 고객에게 가장 중요한 조직 코칭 목표는 무엇인가?
- 고객은 무엇을 요청하고 있는가?
- 무엇보다도 고객에게 오늘 뭐가 필요한가?
- 이 경우에 고객이 팀을 우선시하는가, 관리자를 우선시하는가, 리더십을 우선시하는가?

마지막 요점이 중요하다. 여기에서 내가 하고 싶은 조언은 코치 스탠스를 넘어서라는 것이다. 코치 스탠스만 취한다면 고객이 언급한 목표를 100% 따르고 집중할 가능성이 높다. 그렇게 되면 고객이 무엇을 요청하는지에 대한 해석에 비해 무엇을 필요로 하는지에 대한 해석은 거의 없을 것이다. 그러나 이 성찰에서는 그 이상으로 나아가기를 바란다. 아주 조금이라도 그 너머로 나아가 보자. 애자일·린 실천 및 조언자 스탠스를 취하고, 고객의 모든 목표가 조직의 중요한 목표와 일치하는지 살펴본다. 그렇지 않다면 초점을 전략적으로 조정해야 할 수도 있다.

몇 년 전 나는 아이콘택트(iContact)라는 회사에서 고위 기술 리더십 역할을
맡고 있었다. 나는 애자일 전환 리더이기도 했고 전사적으로 애자일 코치 역할
을 하는 경우도 많았다. 3년 넘게 이 회사의 애자일 여정에 참여했는데 우리는
애자일 실천법과 마인드셋에 관해 조직의 모든 수준에서 놀라울 정도의 조직
성숙도를 유지했다.

나에게 당시 대부분의 시간을 어디에서 코칭하며 보냈냐고 묻는다면, 아마
도 대부분은 팀 수준에서 코칭을 했고, 관리자 및 고위 리더십 수준에서도 코
칭을 약간 했다고 답했을 것이다. 그 느낌이 대충 맞다고 생각했다. 그러나 그
렇지 않았다.

아이콘택트를 떠난 지 1년 후 나는 그곳에서 코치로 보낸 시간을 되돌아보았
다. 현실은 재직 기간 동안 생각했던 것과는 사뭇 달랐다. 그림 42는 내가 어느
부분에 집중했는지에 대한 진실을 잘 보여 준다. 그림에서 볼 수 있듯이 나는
대부분의 시간을 조직 내 관리자 및 리더십 계층을 코칭하는 데 보냈다.

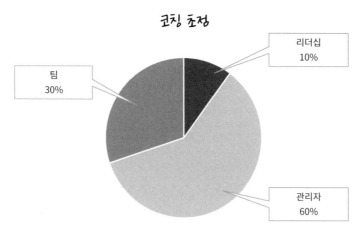

그림 42 아이콘택트에서 이루어진 코칭의 조직 계층 초점

내가 이 정보를 공유하는 이유는 여러분이 누구를 코칭하고 있는지뿐 아니라
조직 내 어디에서 코칭하고 있고 어떤 균형을 이루고 있는지 생각해 볼 수 있
도록 하기 위해서다. 나는 조직 전체의 애자일 전환을 효과적으로 코칭하려면
이 정도 비율이 거의 적절하다는 사실을 알게 되었다.

고객에게 충분한 '당김'을 허용하고 있는가?

일과를 계획할 때 고객 코칭에 쓸 수 있는 '당김 시간(pull time)'을 계획하는 것이 좋다. 당김 시간이란 무엇일까? 고객 입장에서 보면 사전 예약 없이 코칭을 요청할 수 있도록 열려 있는 시간이라고 할 수 있다. 여러분은 그 시간을 좋은 책을 읽거나 새로운 코칭 기법을 익히거나 다음 코칭 세션을 준비하는 데 활용할 수도 있다. 또 그 시간에 고객이 여러분을 코칭 대화로 당겨 주기를 기다릴수도 있다.

코칭할 때 '나를 당겨 주세요' 하는 태도를 자주 취하면 팀과 조직 전반에서 고객이 주도적으로 도움을 요청할 수 있다는 이점이 있다. 고객에게 코칭을 '강요'하는 것이 아니라 고객이 코칭을 요청하는 것이다. 내 경험에 따르면 이렇게 했을 때 더 균형 잡힌 코칭을 할 수 있고 고객이 코칭을 더 잘 받아들일 수 있다.

문제는 코치 입장에서 당김 코칭 모델이 불편하게 느껴지는 경우가 많다는 점이다. 특히 코칭을 하고 비용을 받는 경우라면 더욱 그렇다. 그렇기 때문에 나는 일일 성찰 시간의 일부를 당김 시간으로 활용할 것을 추천한다. 그렇게 하면 더 의도적으로 코칭에 임할 수 있고 더 편안한 마음으로 연습에 임할 수 있다.

오늘 리더를 코칭한다면 무엇을 고려할 것인가?

애자일 코칭을 하다 보면 다양한 수준의 리더를 코칭해 달라는 요청을 받거나 리더를 코칭해야 할 필요성을 발견하는 경우가 꽤 많다. 그러나 많은 애자일 코치가 리더십 역할을 경험해 본 적이 없고 이는 코칭에서 공감, 초점, 효과에 영향을 미친다. 코치로서 리더를 코칭할 때에는 다음 사항을 판단할 수 있는 확고한 위치에 설 필요가 있다.

- **전반적인 리더십 성숙도**: 나는 리더의 경험 수준을 파악할 때 수파리 비유를 활용하는 경우가 많다.
- **여정의 출발 지점**: 우리는 고객 곁에서 또는 고객 입장에서 그들에게 공감해야 한다.
- **여정의 현재 지점**: 리더가 애자일 리더십 여정에서 당연히 있어야 할 지점이 아니라, 현재 실제로 어떤 지점에 있는지를 이해하며 리더를 만나야 한다.

- **리더십 어질러티 수준**: 고객이 전문가(expert)인가, 성취자(achiever)인가, 아니면 촉진자(cayalyst)인가?(다음에 설명)
- **스트레스 및 위험 요인**: 특히 조직 계층 구조와 문화에서 고객의 스트레스 요인을 이해해야 한다.

리더 코칭을 돌아볼 때 이러한 요소를 전부 염두에 두는 것이 중요하다. 나는 빌 조이너의 책《Leadership Agility》[2]가 내 리더십 코칭에 특히 도움이 된다는 것을 알게 되었다. 빌은 이 책에서 현대 리더의 진화를 특징짓는 일련의 리더십 수준을 정의한다. 그 발전 과정에는 앞에서 언급한 세 가지 핵심 수준이 있다.

1. **전문가**(나는 무엇을 해야 할지 알고 있다. 그러니 알려 주마.)
   - 리더십 스타일: 전술적, 문제 해결 지향. 리더의 힘은 전문성과 지위에 따른 권위에 있다고 믿는다.
   - 팀을 이끄는 방식: 관리자라기보다 감독자에 가깝다. 팀보다는 그냥 개인들이 모여 있는 그룹을 만든다. 대개는 세부 사항에 너무 얽매여 전략적 방식으로 이끌지 못한다.

2. **성취자**(이것이 우리의 목표, 전략, 결과이다. 이제 실행만 하면 된다.)
   - 리더십 스타일: 전략적, 결과 지향. 힘은 권위와 전문성뿐 아니라 다른 이들에게 동기를 부여하는 데서 나온다고 믿는다.
   - 팀을 이끄는 방식: 본격적인 관리자처럼 활동한다. 중요한 이슈를 논의하는 회의는 리더의 의견에 동의를 얻기 위해 이루어지는 경우가 많다.

3. **촉진자**(비전을 함께 만들어 보자. 이제 팀 역량을 키울 차례다.)
   - 리더십 스타일: 비전가, 촉진 지향. 리더는 혁신적이고 영감을 주는 비전을 명확히 제시하여 사람들이 그 비전을 현실로 바꿀 수 있도록 힘을 실어 주어야 한다고 믿는다.
   - 팀을 이끄는 방식: 참여도가 높은 팀을 만들기 위해 팀 리더이자 퍼실리

---

2 빌 조이너와 스티븐 조셉스(Stephen Josephs)의 책《Leadership Agility》는 리더와의 코칭 대화를 촉진하는 유용한 사고 및 모델을 제공한다. 제목은 리더와 리더십에 초점을 맞추고 있지만 팀과 조직에도 적용할 수 있다: *https://changewise.biz/*

테이터 역할을 한다. 어려운 이슈에 대한 열린 의견 교환을 환영한다. 직속 하급자에게 권한을 부여하고 팀 개발을 리더십 개발의 수단으로 활용한다.

리더십 어질러티의 중요한 측면은 이러한 수준이 상호 배타적이지 않다는 점이다. 사실 모든 리더는 세 가지 수준을 전부 넘나들며 활동한다. 문제는 기본적이고 주요하며 가장 편안한 영역이 어디인지이다. 리더가 업무 시간의 80%를 전문가 수준에서 보낸다면, 그 리더는 그 주요 입장을 통해 리더십을 발휘하고 있으며, 이는 자신이 만들어 가는 문화에 강력한 영향을 미친다.

애자일 코치로서 우리는 애자일 리더가 그들이 열망하는 건강한 애자일 문화를 지원할 수 있도록 촉진자 입장으로 더 많이 옮겨 가기를 바란다.

코치에게 이 모델의 가장 강력한 측면 중 하나는 리더십 고객의 인식을 제고하고 그들과의 대화에 활용할 수 있는 프레임워크와 모델을 제공한다는 점이다. 판단의 도구가 아니라 각 리더를 위한 진화 가이드 및 모델로 사용해야 한다.

각 코칭 영역에 어떻게 들어갈 것인가?

성찰의 그물을 던져서 하루 동안 계획에 있는 가능성과 계획에 없는 가능성을 생각해 보면서 코칭 대화의 시작 조건을 고려해 보자. 예를 들어 다음 항목을 가볍게 생각해 본다.

- **메타스킬**: 각 세션에서 그리고 온종일 어떤 메타스킬을 활용할지 결정한다.
- **프레즌스, 함께하기**: 각 코칭 대화에서 함께함을 보여 주고 프레즌스를 증폭하기 위해 어떻게 집중할 것인가?
- **지나친 준비 지양**: 계획을 너무 상세하게 세우고 있지는 않은가? 지고 있는 짐을 매일 내려놓고 있는가? 이번 장 전체의 성격을 고려해 보면 이 말이 언뜻 납득하기 어려울 수도 있음을 알고 있다. 하루를 성찰하고 준비하되 지나치게 준비하거나 너무 많은 가정은 하지 않는 것이 좋다.
- **잔 비우기**: 자신의 가정, 짐, 편견을 내려놓는다. 이러한 것들을 자각하기만 해도 마음이 조금은 정리되는 경우가 많다.

- **고객에 대한 겸손함과 섬김**: 다시 강조하지만 이는 자신의 고객 지향을 확인하고 일깨우기 위한 것이다.

전부 2장에서 논의한 애자일 코칭 마인드셋의 일부이지만 우리가 어떤 모습을 보여 줄 것인지 핵심적인 측면을 의식적으로 집중해서 상기하는 것은 항상 좋은 생각이다.

도움을 주어야 할까, 받아야 할까?

나는 매일 해야 할 매우 중요한 성찰 활동 중 하나가 '도움'이라고 생각한다. 하루 동안 도움이 필요한지 아닌지 언제 도움이 필요한지 생각해 보자. 이는 다음과 같이 다양한 형태로 나타날 수 있다.

- 동료에게 아이디어를 전달하거나 동료가 여러분에게 아이디어를 전해 줄 수 있도록 한다.
- 코칭 세션에 들어가기 전에 코칭 도장을 통해 사전 연습을 해 보거나(18장 참고) 코칭 도장을 운영하는 사람을 돕는다.
- 지원, 학습, 새로운 관점, 성찰 등 다양한 측면에서 함께 짝 코칭할 사람을 찾거나 동료에게 짝을 이루어 함께 코칭할 것을 제안한다.
- 동료와 함께 코칭 계획 및 전략을 검토하여 자신의 아이디어가 적절한지 확인하고 다른 관점을 얻거나 다른 코치에게 계획 및 전략을 검토해 주겠다고 제안한다.

이 모든 것이 여러분이 돌아보고 고려해야 할 도움 패턴이다. 개별적으로 활동하는 코치는 자신의 코칭 여정에서 그다지 많은 도움을 주거나 받을 수 없다. 내가 보기에 이는 코칭 경험과 성숙도에 따라 달라질 수 있다.

만약에…

마지막으로, 하루 동안 겪을 수 있는 일을 가정해서 생각해 보자. 예를 들어 다음과 같은 경우가 있을 수 있다.

- 고객 이해관계자가 개인, 팀, 그룹, 조직, 그 밖의 리더의 성과 수준이 어떤지 평가해 달라고 하는 경우에는 어떻게 해야 할까? 윤리적으로 이 질문에 어떻게 대답해야 할까?
- 영향력이 강한 고객이 어떤 행동을 하는 상황을 목격하고 즉시 또는 거의 즉각 개입해야 하는 경우에는 어떻게 해야 할까?
- 코치 입장에서 상황이 자신의 이해 수준을 넘어선 것 같다면 어떻게 해야 할까? 무엇을 할 것인가? 이를 예측할 수 있을까? 누가 도와줄 수 있을까?
- 온종일 조직에 심각하게 해로운 요소를 계속해서 마주친다면 어떻게 해야 할까? 어떻게 대비해야 할까? 마음 한구석에 해결책이 있고 바로 활용할 준비가 되어 있는가?
- 온종일 만만치 않은 이슈를 잇달아 만났을 때, 예를 들어 감정적이거나 위험하거나 잠재적으로 변덕스러운 이슈를 만난다면 어떻게 해야 할까? 거기에 준비되어 있는가? 활용할 수 있는 HR 파트너 관계를 구축했는가?

이해되는가? 여기에서 잘못될 수 있는 상황이나 잘될 수 있는 상황을 전부 상상하다가 거기에 갇혀 버리지 않는 것이 중요하다. 그러나 확장 가능성이 있는 사건을 신중하게 고려해 보면 그런 상황이 발생했을 때를 대비하는 데 도움이 될 수 있다.

정신을 똑바로 차리자

이 모든 준비를 끝내고 활기차게 하루를 시작할 수 있기를 바란다. 여러분은 정신을 똑바로 차리고 어떤 일이 닥치든 대비할 준비가 되어 있다. 물론 모든 일에 다 대비하지는 못했지만, 하루를 확실히 그려 보았을 것이다. 그리고 하루가 실제로 눈앞에 펼쳐지는 동안 여러분에게는 스스로의 행동과 활동을 이끌어 갈 수 있는 결단력이 있다.

내가 하고 싶은 말은 여러분이 날마다 살아가면서 앞으로 벌어질 일의 피해자가 되거나 피해자인 척하지 않았으면 좋겠다는 것이다. 나는 여러분이 앞으로 펼쳐질 일을 스스로 판단하고 책임지기를 바란다. 일일 준비 과정을 거치면 코칭에 큰 도움이 될 것이라고 믿는다.

그리고 준비를 위한 추가 가이드로 그림 43의 애자일 코칭 일일 준비 캔버스를 제공해 사전 준비와 초점 유지에 도움을 주고자 한다.

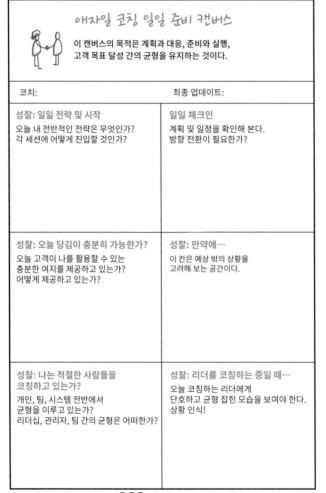

애자일 코칭 일일 준비 캔버스

이 캔버스의 목적은 계획과 대응, 준비와 실행,
고객 목표 달성 간의 균형을 유지하는 것이다.

코치:	최종 업데이트:
성찰: 일일 전략 및 시작 오늘 내 전반적인 전략은 무엇인가? 각 세션에 어떻게 진입할 것인가?	**일일 체크인** 계획 및 일정을 확인해 본다. 방향 전환이 필요한가?
성찰: 오늘 당김이 충분히 가능한가? 오늘 고객이 나를 활용할 수 있는 충분한 여지를 제공하고 있는가? 어떻게 제공하고 있는가?	**성찰: 만약에…** 이 칸은 예상 밖의 상황을 고려해 보는 공간이다.
성찰: 나는 적절한 사람들을 코칭하고 있는가? 개인, 팀, 시스템 전반에서 균형을 이루고 있는가? 리더십, 관리자, 팀 간의 균형은 어떠한가?	**성찰: 리더를 코칭하는 중일 때…** 오늘 코칭하는 리더에게 단호하고 균형 잡힌 모습을 보여야 한다. 상황 인식!

그림 43 애자일 코칭 일일 준비 캔버스

더 읽어 보기

■ 앤서니 머시노는 코치로서 'Walking in the shoes of leaders'라는 멋진 블로그 글을 작성했다. 적극 추천한다: *http://web.archive.org/web/20230925 202353/https://vitalitychicago.com/blog/empathy-for-technology-managers -in-agile/*

■ 다음은 리더십 어질러티 수준에 대해 살펴볼 수 있는 비교적 최근 글이다: *https://www.amanet.org/articles/the-five-levels-of-leadership-agility/*

■ 그리고 리더십 어질러티를 알아볼 수 있는 멋진 팟캐스트도 있다: *https:// agileuprising.libsyn.com/leadership-agility-with-bill-joiner*

전직 농구 스타였던 앨런 아이버슨(Allan Iverson)은 2002년 경기 후 인터뷰에서 연습은 무가치하다는 희대의 발언을 한 적이 있다. 그는 게임 성적과 연습 참여는 별개의 문제라고 거듭 강조했다. 앨런 아이버슨은 확실히 연습 시간을 경기 시간만큼 중요하게 생각하지 않았다. 그러나 그의 뛰어난 경기력은 분명히 수많은 연습 시간 덕분이다.

애자일 코치로서 우리도 마찬가지로 우리의 방법과 기술을 연습하는 데 엄청난 시간을 투자해야 한다. 즉, 애자일 코칭에 숙달하여 끝내주게 되고 싶다면 그렇게 해야 한다. 동료들과 함께 애자일 코칭 도장에 참여하는 것보다 더 확실하고 좋은 개선 방법은 거의 없다.

들어가기

나는 지난 10년 넘게 코칭 시나리오를 연습할 때 '도장'이라는 개념을 활용해왔다. 도장이라는 용어가 내게 와닿는 이유는, 코칭 도장이 전통 무술 도장의 많은 특징과 이점을 그대로 따르기 때문이다.

- 기술을 연습할 수 있는 안전한 장소
- 능숙해질 때까지 품새(시나리오)를 연습할 수 있는 장소
- 실수(그리고 성공)로부터 배우고 스킬을 성장시킬 수 있도록 '마스터'에게 도움을 받는 장소
- 학생들이 서로에게 배우고 멘토링하는 장소

이 개념은 애자일 커뮤니티에서 사람들이 코딩 카타(coding kata)[1]를 연습하면서 개발 스킬을 연마하는 코딩 도장(coding dojo)에서 유래한 것으로 보인다. 코딩 도장에서는 때로 짝을 이루어 수련하기도 하며 디자인 패턴, 리팩터링, 단위 테스트 설계, 그 밖의 최신 소프트웨어 개발 기법에 초점을 맞추는 경우가 많다.

2010년 즈음 애자일 코칭 연습에 도장 방식을 적용하고 있다는 이야기를 들었을 때 나는 그러한 연습 방법이 코딩 도장 개념의 독특한 변형이라고 생각했다. 긍정 심리학, 리더십 어질리티, 리더십 서클 프로파일 등 몇 가지 대안 교육에 참여한 후에야 많은 직업군에서 도장 개념을 활용해 스킬을 연마하고 있다는 사실을 깨달았다.

예를 들어 내 딸 리아논은 아동 사회 복지사다. 리아논은 뉴욕 지역 대형 아동 사회 복지 기관의 실무 책임자로서 직원 교육 및 개발을 담당하고 있다. 애자일 코칭은 연습하기 어려운 영역이라고 생각하며 실제로도 그렇지만, 가정 및 아동 복지 사업 세계와는 비교할 수 없다. 그 현장에서는 가정을 방문해 아이들을 더 안전한 상황으로 옮겨야 하는 위험한 일이 자주 있기 때문이다. 그래

---

1 (옮긴이) 원래 카타(型)라는 말은 검도 또는 기라데에서 '품새'를 의미하는 일본어이다. 코딩 카타 또는 코드 카타는 여기에서 유래한 말로, 새로운 스킬을 학습하고 성공적인 루틴을 개발하는 데 초점을 맞춘 소프트웨어 개발 수련법의 일종이다.

서 리아논의 동료들이 의사소통, 갈등 해결, 시스템 진입, 협상 스킬 연마를 위해 도장 방식을 정기적으로 활용한다는 사실을 알게 되었을 때 그다지 놀라지 않았다. 그 덕분에 나는 이 개념에 더욱 실용적인 가치가 있음을 알게 되었다.

이번 장에서는 애자일 코칭 도장의 다양한 측면을 탐색해 볼 것이다. 이를 통해 여러분은 실천 공동체(Community of Practice, CoP)에서 동료들과 함께 이 방식으로 수련할 수 있다. CoP는 19장에서 살펴본다.

도장 시나리오

코칭 도장 세션의 핵심은 시나리오이다. 코칭 도장에서는 기본적으로 역할극을 하기 때문에 각자 역할을 연기할 대본이나 장면이 필요하다.

다음은 예시 시나리오이다.

> 여러분은 CPO가 백로그 개선 세션에서 계속해서 업무량 추정에 영향을 미치는 모습을 목격했다. 좋은 소식은 이 CPO가 팀 회의에 매우 관심을 갖고 참여하고 있다는 것이다. 나쁜 소식은 CPO가 추정에 영향을 미치고 있으며, 더 중요한 것은 대화에도 영향을 미치고 있다는 점이다. 여러분은 이 문제를 여러 차례 지적했지만 CPO의 행동은 점점 더 악화되고 있을 뿐이다. 어떻게 해야 할까?

도장 구성원들은 토론에서 여러 역할을 맡을 수 있다. 예를 들어 다음과 같은 역할을 연기할 수 있다.

- 이런 팀 상황을 개선하기 위해 CPO와 논의를 시작하려는 스크럼 마스터
- 스크럼 마스터 중 한 명이 이런 팀 상황에 대해 이의를 제기하자 CPO와 논의를 시작하려는 부서 관리자
- 스크럼 마스터 중 한 명이 이런 팀 상황에 대해 이의를 제기하자 CPO와 논의를 시작하려는 조직의 애자일 코치

시나리오는 여러분의 역할과 그 밖의 맥락 요소, 예를 들어 지금까지 이 대화를 몇 번이나 했는지 등에 따라 상당히 달라진다.

이 장면에서 가장 중요한 측면 중 하나는 역할에 몰입하는 것이므로 도장 수련에는 연기력과 즉흥성이 약간 필요하다. 시나리오에 등장하는 인물을 더 많이 알수록 그 사람이 행동할 때처럼 행동하고 최대한 비슷하게 모방할 수 있다. 예를 들어 이 시나리오의 경우 CPO가 다소 통제 욕구가 강하고 사소한 일까지 관리하고 싶어 한다는 점을 알고 있다면, 이러한 캐릭터의 특성을 역할극에 반영하는 것이 좋다.

다음은 리더십 관점에서 바라본 또 다른 예시 시나리오이다.

> 여러분은 고객을 몇 주 동안 코칭해 왔다. 고위 임원이 개별 팀원에게 긴급한 고객 요청이나 수정을 직접 지시해서 업무를 방해하는 끔찍한 패턴을 발견했다. 이러한 행동을 감내하는 전체적인 문화 때문에 팀, 제품 책임자, 스크럼 마스터가 이를 묵묵히 따르는 관행이 서서히 퍼진 것이다. 이런 상황에서 이 리더들은 스프린트 데모에서 팀이 스프린트 목표와 약속을 지키지 못한 점을 질책한다.

다시 말하지만 토론에서는 여러 가지 역할을 맡을 수 있다. 예를 들어 다음과 같은 역할을 연기할 수 있다.

- 여러 스크럼 마스터가 이런 문제를 제기하자 상사와 논의를 시작하려는 부서 관리자
- 좀 더 체계적인 변화를 시작하기 위해 CEO(또는 다른 고위 경영진)와 논의를 시작하려는 조직 애자일 코치
- 애자일 팀을 방해하는 행동을 하는 다른 고위 리더와 논의를 시작하려는 고위 리더

이 강력한 수련 기법을 어떻게 준비해야 하는지 이해할 수 있도록 책 전반에서 여러 시나리오를 강조할 텐데, 우선은 모든 애자일 코칭 도장에 필수적인 세 가지 역할을 공유하고자 한다.

도장 수련 시 역할

도장에는 상호 작용하는 세 가지 역할이 있다.

1. **코치**: 나는 이 사람을 (코칭 대화 아크에서와 마찬가지로) 대화 개시자라고 부르기도 한다. 코치는 실제 코치 역할일 수도 있고, 개인이나 그룹을 코칭하는 조직의 리더 또는 관리자일 수도 있다. 조직 내 역할에 관계없이 도장 수련에서는 이들을 코치라고 부른다.

2. **고객**: 나는 이 사람을 수신자 또는 피코치라고 부르기도 한다. 도장 수련에서는 이 역할이 역할극의 중심이다. 또한 시나리오의 핵심인 성격, 스타일, 태도, 전반적인 페르소나를 표현하기 위해 최선을 다한다. 도장 수련을 시작하기 전 몇 분 동안 참여자 세 명이 고객이 맡게 될 페르소나에 대한 그림을 그리는 시간을 가지면 유용할 것이다.

3. **퍼실리테이터**: 퍼실리테이터는 대화에 적극적으로 참여하지 않는다. 그 대신 대화를 관찰하고 기록하며 대화가 끝난 후 짧은 회고를 진행할 수 있도록 준비한다. 퍼실리테이터 역할에서 중요한 부분은 단어, 몸짓, 전략 등 대화 아크에 세심한 주의를 기울이는 것이다.

도장 수련은 이 세 가지 역할에 맞게 설계되어 있으며, 대개는 세 사람이 각 역할을 맡게 된다. 참여자가 세 명 이상인 경우에는 보통 퍼실리테이터를 두 명이 맡되, 그 이상은 바람직하지 않다. 효과적인 도장 수련에는 세 명 또는 네 명이 참여해야 하며 나는 세 명을 선호한다.

일반적인 도장 수련 세션

스킬 강화 여정에서 애자일 코칭 도장을 실행하거나 활용하는 데에는 몇 가지 일반적인 방법이 있다.

정기 수련
나는 보통 이미 활동 중인 실천 공동체(CoP)에서 도장 수련 세션을 운영하기를 추천한다. 예를 들어 애자일 코칭 실천 공동체가 이미 있는 경우, 한 달에 한 번 정도 정기적으로 도장 수련을 한다면 코칭 스킬을 지속적으로 연마하는 좋은 방법이 될 수 있다.

도장 세션의 초점이나 주제를 정하는 경우도 흔하다. 예를 들어 어떤 달에는 리더 코칭에 초점을 맞추고, 다음 달에는 제품 관리에 집중하는 것이다.

조직을 살펴보다 보면 누구에게나 유용한 연습용 시나리오를 발견할 수 있다. 예를 들면 다음과 같다.

- 이미 겪었던 상황 중에서 배울 점이 있는지 다시 한번 검토해 보고 싶은 과거의 코칭 대화
- 현재 겪고 있는 상황 중에서 연습해 보고 싶은 과거, 현재, 미래의 코칭 대화 아크
- 자신감과 준비성을 높이기 위해 미리 연습해 보고 싶은 시나리오

시나리오가 실제 코칭에서 겪는 문제와 가까울수록 코치와 고객에게 더 큰 효과를 발휘할 수 있다.

긴급 수련

다음 도장이 열리기 전에 코칭 대화를 시작해야 하는 상황(시나리오)도 자주 생긴다. 이런 경우 조직에 긴급 도장이라는 개념을 도입하여 누구나 다른 동료 두 명을 불러서 위험이 높고 부담이 큰 특정 코칭 세션을 준비하기 위한 도장 세션을 진행하는 모습을 본 적이 있다. 긴급 도장 세션의 초점은 매우 구체적이지만 그 형식의 역동은 완전히 똑같다.

역할 교대

각 시나리오 사이에 역할을 교대하는 것도 좋은 방법이다. 나는 개인적으로 도장 세션을 1시간 정도 진행하기를 좋아한다. 그 형식 안에서 대화에 약 10분, 회고에 약 5분, 그러니까 시나리오 하나를 탐색하는 데 약 15분을 할애한다. 한 시간 동안 보통 세 가지 시나리오를 탐색할 수 있으며, 세 참여자 모두 각 역할

을 '연기'할 기회를 얻는다. 이렇게 하면 세 명 모두 도장 학습 효과를 극대화할 수 있다.

효과적인 도장의 핵심

지금 바로 방 안의 코끼리 같이 모두가 알지만 아무도 말하지 않는 문제를 공유하고 싶다. 그건 바로 사람들이 대부분 역할극을 별로 좋아하지 않는다는 점이다. 기술 분야에 종사하는 많은 이들이 내향적이라고 생각하는데, 내향적인 사람에게 역할극은 그다지 편한 일이 아니다. 그러나 역할극은 대중 연설과 비슷해서 누구도 좋아하지 않는 것처럼 보이지만 연습으로 그 실력을 향상시킬 수 있다.

페르소나를 효과적으로 연기하는 것, 즉 효과적인 역할극은 도장의 효과와 가치에 가장 중요한 핵심이다. 따라서 거부감을 극복하고 일단 뛰어들어 시도하면서 동료들을 도우면서 스스로 동기를 부여해야 한다.

도장 수련을 진지하게 받아들이자

도장은 수련이다. 도장 방식이 정말로 효과적이려면 도장에 열정을 갖고 정기적으로 참여해야 한다. 그렇지 않으면 스킬을 업그레이드하고 개선하는 데 도움이 되지 않을 것이다.

그래서 나는 도장 방식을 실천 공동체(CoP)의 일부로 만들 것을 제안한다. 애자일 코칭 CoP뿐 아니라 스크럼 마스터, 제품 책임자, 애자일 리더십 CoP에서도 도장 수련을 할 수 있다. 각 역할에서 자주 접하게 되는 대화 상황에 맞게 시나리오와 페르소나를 조정해 보자.

소극적 연기와 과장된 연기를 피하자

도장 수련에서 흔히 저지르는 실수는 시나리오에서 고객 역할을 맡은 사람이 소극적으로 연기하거나 과장된 연기를 하는 것인데 나는 이 두 가지 모두를 자주 본다. 소극적인 연기의 경우 모든 것이 잘 진행되는 듯이 보인다. 마치 가장 친한 친구와 대화를 나누는 것 같다. 갈등도 없고 '맑은 날' 같은 완벽한 대화이다. 물론 기분은 좋지만 현실의 긴장감을 거의 반영하지 못한다. 그러나 시나리오에서 고객 역할을 맡은 사람이 연기하려는 실제 고객을 현실보다 훨씬 과장되게 꾸미는 연기도 마찬가지로 흔하다.

이 두 가지 경우를 모두 인지하고 페르소나의 본질에 초점을 맞추려고 노력하는 것이 좋다. 훌륭한 퍼실리테이터는 이러한 극단적인 연기를 감지하면 역할극을 일시 중지하고 초점을 조정할 수 있도록 한다. 무척 간단한 일인데 잠시 멈추고 두 사람에게 피드백을 준 다음 그 장면에서 다시 시작하면 된다.

시나리오 전략 또는 페르소나를 다양하게 하자

도장 수련의 장점 중 하나는 다양한 방법으로 시나리오를 반복 실행해서 상황 인식 능력과 코칭의 민첩성을 연마할 수 있다는 점이다. 이런 종류의 인식 능력을 얻는 데에는 장기간의 경험 외에는 다른 방법을 생각할 수 없다.

나는 시나리오를 실행하는 세 가지 방법을 이야기하고 싶다. 다음과 같다.

- **보통 상태:** 고객 페르소나가 일반적으로 반응하리라 예상하는 대로 시나리오를 실행하는 것이다. 실제 대화가 어떻게 진행될지에 대한 예상과 가장 가깝다.
- **'맑은 날' 상태:** 최상의 시나리오로 실행하는 것이다. 모든 것이 순조롭게 진행된다. 이런 일이 자주 일어나지는 않겠지만 가능한 일이며, 모든 이가 '맑음'이 어떤 느낌인지 확인하는 데 유용하다.
- **'비 오는 날' 상태:** 최악의 시나리오로 실행하는 것이며, 아무것도 뜻대로 진행되지 않고, 예기치 못한 감정적 반응이 나오며, 결과를 예측할 수 없다.

도장 수련에서는 한 시나리오로 한 시간 동안 세 가지 상태를 모두 연습할 수 있다. 구성원 세 명이 한 코칭 대화에서 다양한 도구, 기법, 아크, 방식, 전략 등을 경험할 수 있다.

적극적인 퍼실리테이터

소극적인 연기와 과장된 연기에 대해 다루면서 언급했듯이 퍼실리테이터는 도장 수련에서 어느 정도 적극적인 역할을 해야 한다. 퍼실리테이터가 경험이 부족한 경우에는 회고에만 참여하는 경우가 많지만, 시나리오를 이해하고 코칭 시뮬레이션이 어떻게 전개되는지 잘 살펴서, 필요한 경우 바로 개입하고 지침을 제공하는 것이 좋다.

예를 들어 다음은 퍼실리테이터가 도장 수련 중에 할 수 있는 몇 가지 행동이다.

- 소극적인 연기 또는 과장된 연기를 지적하고 역할극에 적절한 변화를 제안한다.
- 다른 코칭 아크 전략이나 변화를 제안한다.
- 다른 도구 또는 방식의 활용을 제안한다.
- 어느 한 당사자가 너무 말을 많이 하거나 경청하지 않을 때 등을 지적한다.
- 정서적 장을 높이거나 낮추기를 제안한다.
- 어느 한쪽의 역할을 맡아서 다른 방식을 시연해 보인다.

물론 이러한 제안은 도장 수련의 흐름이 깨지지 않도록 신속하고 신중하게 이루어져야 한다. 그러나 나는 퍼실리테이터가 세 명 모두의 학습 가치를 높이기 위해 필요한 만큼 적극적으로 활동할 것을 추천한다.

회고

도장 세션을 마무리하려고 회고라는 용어를 쓰면 그 가치가 제대로 드러나지 않는다. 퍼실리테이터 역할과 마찬가지로 회고 역시 그 핵심은 학습과 지속적인 개선이다.

그러나 도장 회고는 단순히 대화를 되짚어 보는 자리가 아니다. 그건 여러모로 쉬운 부분이다. 대안으로 활용할 수 있었던 도구, 전술, 스탠스 전환, 다른 기법을 이야기하고 대체 전략을 다시 연기해 보면서 대화 전체를 새로운 방향으로 풀어 갈 수 있었을지도 모르는 방법을 이야기하는 것이 더 중요할 수 있다. 또한 세 명은 비슷한 상황에 각자가 대처했던 경험(스토리), 즉 어떻게 준비했고 어떻게 접근했으며 최종 결과가 무엇이었는지를 공유할 수 있다.

회고는 다음 시나리오, 향후 도장 수련, 애자일 코칭 수련에 활용할 수 있는 풍부한 나눔과 배움의 장이다.

회고에서 얻은 피드백을 바탕으로 시나리오를 수정하고 반복하기를 두려워하지 말자. 새로운 배움을 얻을 수 있는 훌륭한 방법이다.

몇 가지 추가 시나리오

시나리오가 일반적으로 어떤 모습인지 이해하는 데 도움이 되도록 몇 가지 시나리오를 더 소개하면서 이번 장을 마무리하려고 한다.

> 핵심 리더십 스폰서가 여러분을 불러서 여러분의 코칭 스타일이 약간 불안하게 느껴지고, 코칭 성과가 미흡한 점이 가장 심각한 문제라고 이야기한다. 이 스폰서는 조직에 팀이 20개가 넘는데 그중 단 세 팀만이 일관성 있고 속도가 빨라지고 있다고 보고 있다. 그리고 이 세 팀이 가장 열심히 하는 것 같다고 한다. 두세 번의 스프린트 내에 나머지 15개 이상의 팀을 다른 팀처럼 '끌어올리기'를 원하며, 그렇게 하지 못한다면 다른 코치를 찾아볼 것이라고 말한다.
>
> 스크럼 마스터의 임무는 '자신을 불필요하게 만드는 것'임을 우리 모두 알고 있다. 이는 애자일 코치에게도 마찬가지이다. 여러분은 현재 고객에게 미치는 코칭 영향력이 한계에 이르렀다고 느낀다. 처음에는 강한 영향력을 발휘할 수 있었지만, 최근에는 여러분과 조직 모두 지쳐 가고 있는 것 같다. 심지어 다양한 리더와 팀원으로부터 같은 이야기를 듣기도 했다. 계약 기간은 6개월 이상 남았고 CEO와 중요한 대화가 예정되어 있다.

이러한 각 시나리오는 고객과 코치 모두에게 무대를 제공한다. 시나리오는 실제 대화를 나누기에 충분한 맥락과 감정적 뉘앙스를 제공해야 한다.

그러나 가장 좋은 시나리오는 조직의 실제 경험에서 찾아낼 수 있다. 이러한 시나리오가 조직의 문화, 역할, 도전, 상황과 더 많이 일치할수록 도장에서 학습이 더 잘 이루어진다. 그리고 솔직히 말해서 도장 참여자들이 훨씬 재미있게 학습할 수 있다.

더 읽어 보기

다음은 어플라이드 프레임웍스(Applied Frameworks)의 칼튼 네틀턴(Carlton Net-tleton)이 코칭 도장을 설명한 예시이다: *https://appliedframeworks.com/how-to-run-a-coaching-dojo/* 칼튼은 코치가 상호 작용에 활용할 수 있는 방법으로 코치 스탠스만 강조하고 있다는 점에 주의해야 한다. 물론 도장 수련에서 코치 스탠스 개발에 집중할 수도 있지만, 모든 스탠스를 연습하고 연마하여 스탠스 간에 부드러운 전환을 하는 데 도장 수련을 활용하기를 추천한다.

코치 혼자서 모든 일을 처리하는 것보다 더 슬픈 일은 없다. 혼자서 코칭하고 절대 협력하지 않으며 모든 것을 스스로 해결하려고 한다. 실수를 반복하고 쓸모 있는 피드백을 얻지 못한다. 자신을 지지해 주고 파트너가 되어 줄 사람도 없다. 이런 코치는 외로운 늑대의 길을 가고 있는 것이다. 그러나 더 좋은 방법이 있다.

회사 안팎에 실천 공동체(CoP)를 구축하면 생각이 비슷한 애자일 코치들이 함께 모여 토론하고 탐색하고 기술을 개선할 수 있는 자리를 만들 수 있다.

CoP는 강력한 학습, 강력한 통찰, 강력한 피드백을 얻을 수 있는 곳이다. 서로를 멘토링하고 코칭할 수 있는 안전한 공간이다. 또한 코칭을 통해 자신의 기술을 연습하고, 연습하고, 또 연습할 수 있는 곳이기도 하다. 그 이름에 모든 의미가 담겨 있다. CoP는 (코치들의) 공동체를 구축해 (기술 연마를) 실천하는 곳이다.

들어가기

나는 일주일에 두 번씩 애자일 무스 허드(Agile Moose Herd)[1]라는 린 커피(Lean Coffee)[2] 방식의 모임을 진행하고 있다. 대략 지난 5년 동안 이 모임을 계속 해 왔다. 이 모임은 같은 생각을 지닌 애자일 전문가들이 서로의 경험으로부터 도움을 얻을 수 있는 방법이다.

우리는 다음과 같이 다양한 방식으로 이 모임을 진행한다.

- 실제 겪는 어려움을 공유하고 도움을 받는다.
- 학습 여정에 대해 이야기를 나누고 새로운 방식, 교훈, 도구를 공유한다.
- 실전 무용담을 주고받는다.
- 채용 면접에 대해 그리고 그 자리에서 애자일 코칭을 잘 보여 주는 방법에 대해 이야기할 때도 많다.
- 때로는 코칭 기술을 연습하려고 역할극 시나리오에 따라 연기하기도 한다.

모임의 이 모든 활동은 모두가 평등한 참여자로서 동등한 목소리를 서로에게 직접 낼 수 있는 안전한 환경에서 이루어진다. 많은 코치가 하루 일과에서 가장 기대되는 시간이라고 이야기할 정도로 진정한 공동체이며, 이 모임을 통해 재충전 시간을 갖는다고 말한다.

내가 이 이야기를 공유하는 이유는 애자일 무스 허드가 애자일 코칭 CoP의 훌륭한 특성을 가장 잘 보여 주기 때문이다.

---

1 *https://www.agile-moose.com/moose-herd*
2 (옮긴이) 애자일 커뮤니티에서 많이 사용하는 구조화된 토론 기법. 참여자들이 직접 주제를 제안하기 때문에 의미 있는 대화를 이끌어 내는 데 효과적이다.

실천 공동체의 정의

코칭 CoP의 핵심은 비슷한 역할(실천)을 하는 사람들이 그룹(공동체)을 이루고 정기적으로 모여 서로 공유하고 배우며 함께 성장하는 것이다. 또한 이 그룹은 조직 맥락 내에서 각자의 역할이 미치는 영향력을 높여 회사의 가치를 창출한다. 즉 그룹의 성장이 곧 비즈니스에 미치는 영향으로 이어진다.

CoP는 비슷한 역할을 맡은 사람들이 정기적으로 모여 직무 스킬과 수련 방법을 배우고 성장하는 스포티파이(Spotify)의 길드[3] 개념과 잘 맞닿아 있다. CoP와 길드 모두 공통의 마인드셋을 개발하고 일관성 있는 도구, 방식, 실천법을 활용하도록 모든 이들을 조율한다는 부가 목표도 있다.

CoP와 CoE의 차이

이러한 종류의 스킬 개발 공동체를 살펴보다 보면 최고 전문가 조직(Center of Excellence, 이하 CoE)이라는 개념을 자주 접하게 된다. CoP와 비슷해 보이지만 CoE는 그 역할이 크게 다르며 적절한 선택이 아닐 수도 있다. 여기에서는 내 편견이 조금 드러나겠지만 양해해 주기 바란다.

CoE는 좀 더 공식적이고 하향적인 구조로서 주요 목표는 실행의 일관성이다. 즉, 통제와 거버넌스가 초점이다. 애자일 성과 지표 역시 CoE에서 관리하는 경우가 많다. 세이프에서 린-애자일 변화 관리 팀이라 부르는 LACE(Lean Agile Center of Excellence)는 이러한 아이디어의 좋은 예시이다. 애자일 PMO(Project Management Office) 또는 PMI(Project Management Institute)의 디서플린드 애자일(Disciplined Agile)도 비슷한 개념이다.

앞에서 슬쩍 언급한 두 가지가 내가 생각하는 CoE의 일반적인 문제점이다. 첫 번째는 이러한 그룹이 지닌 규범적인 하향식 성격이다. 즉, 조직에서 실천법을 의무화하려고 한다는 점이다. 이는 애자일 환경에서는 애초에 가능성이 없는 일이며 분명히 애자일 마인드셋과도 맞지 않다. CoE는 여러분이 스며들게 하거나 지원하려는 문화에 사실상 피해를 줄 수 있다.

CoE 개념의 두 번째 문제점은 실제 업무를 수행하는 사람들, 즉 여러분이 만

---

3 (옮긴이) *https://blog.crisp.se/wp-content/uploads/2012/11/SpotifyScaling.pdf*

들려는 '센터'의 일원이 될 사람들이 이니셔티브 전략과 분리된다는 점이다. 대개 팀과 개인은 영감이 떠올랐거나 초대를 받았기 때문이 아니라, 지시를 받았기 때문에 CoE에 참여한다.

하향식 지시로는 애자일 문화를 만들 수 없다. 그런 방식은 제대로 작동하지 않는다. CoP 구축의 유기적 특성이 애자일 마인드셋과 훨씬 더 잘 어울린다.

동의 또는 초대 기반

애자일 코칭 CoP를 구성할 때에는 그 유기적 특성의 장점을 강조하면서, 댄 메직(Dan Mezick)의 오픈 스페이스 어질러티(Open Space Agility)[4]를 활용해 도움을 줄 다른 이들을 초대하는 동의 기반 방식을 적용하는 것이 좋다.

즉, 사람들에게 참여하라고 또는 가라고 요구하지 말자. 그 대신 매력적인 선언문과 비전을 만든 다음 코치들을 초대하여 흥미를 유발하는 무언가를 함께 만들도록 한다. 오픈 스페이스 이벤트 준비는 이를 위한 훌륭한 방법이다.

애자일 코칭 실천 공동체 만들기

애자일 코칭 CoP를 만드는 방법은 간단하다. 몇 가지만 있으면 된다.

- 그룹으로 협력하고자 하는 의도 또는 욕구
- 애자일 코치 그룹
- 만날 수 있는 장소
- 일종의 선언문(비전, 미션, 목적, 이유)
- 선택 사항으로, 오픈 스페이스[5] 이벤트

그런 다음 그냥 모임을 시작하면 된다.

추진력을 확보하고, 가치를 보여 주고, 지속적으로 성장하고, 에너지 수준과 참여도를 계속 높게 유지하는 것이 어려운 부분이다. 이를 돕기 위해 내가 수

4　(옮긴이) *https://openspaceagility.com/*
5　(옮긴이) 참가자를 초대하여 진행하는 회의 또는 콘퍼런스를 구성하고 운영하는 방법. 발표 또는 논의 의제를 대부분 사전에 정하지 않고 참가자들이 도착한 후에 결정한다.

년간 깨달은 몇 가지 중요한 성공 요인을 소개한다. 처음부터 이러한 조건을 전부 갖출 필요는 없지만, 추진력이 쌓이고 공동체가 성장해 가면 다음과 같은 조건을 염두에 두자.

점화 플러그 리더: 성공적인 CoP를 만들려면 에너지와 헌신을 유지할 수 있고 CoP의 성장과 가치에 집중할 수 있는 활기찬 리더가 필요하다. 쉬워 보이지만 생각보다 어려운 일이다. 많은 이들이 가장 노련하거나 경험이 많은 코치를 찾으려 하지만, 실패로 이어지는 경우가 많다. 그 대신 코칭 기술에 열정과 에너지가 있는 사람을 찾아보자. 경험도 좋지만 나는 열정적이고 헌신적이며 끈질기고 집요하게 노력하는 코치를 선호한다. 나는 이러한 코치를 '점화 플러그'라고 부르며 적합한 사람을 찾는 것이 중요하다.

리더십의 참여, 높은 우선순위, 지원: CoP 성공에 또 다른 중요한 요인은 조직 리더들이 성장과 학습에 높은 우선순위를 두는 것이다. 즉, 모든 이가 CoP에 시간과 에너지를 투자할 수 있도록 권한을 부여하고, 조직 내에서 전문가로서 성장을 명확한 목표로 삼을 수 있도록 해 주는 것이다. 물론 여기에는 예산을 제공하고 리더가 CoP에 직접 참여하는 것도 포함된다. 리더들이 CoP를 지원하기 위해 할 수 있는 최선의 방법 중 하나는 가능할 때마다 CoP의 역량(지혜, 통찰, 아이디어, 추천)을 활용하는 것이다.

여러 CoP 또는 사일로 파괴자로서 CoP: CoP가 코치만을 위한 것은 아니다. 애자일 환경에서는 스크럼 마스터, 제품 책임자, 데브옵스, UX, 보안 및 성능, 리더, 코치 CoP를 만들 수 있다.(아마 만들어야 할 것이다.) CoP는 조직의 모든 역할과 계층에 걸쳐 공동체 및 협력 의식을 더 폭넓게 조성할 수 있으므로 많을수록 좋다. 또한 CoP를 더 많이 만들면 코치로 참여할 수 있는 시스템이 늘어나므로 코칭 기회가 더 넓고 풍부해진다.

다른 관점과 다양한 초점: 외부의 목소리(연사, 동영상, 패널 등)를 CoP와 공유한다. 지나치게 내부에만 집중하지 말자. 성공은 내부 아이디어와 외부 통찰의 융합에서 비롯된다. 또한 책, 발표, 티치백(teach-back),[6] 도장 수련, 린

---

6 (옮긴이) 학습자들이 서로에게 가르쳐 주고 배우는 참여형 학습 기법의 일종이다.

커피, 패널 토의, 피시 볼(fish bowl),[7] 대담, 비전 설정 등 관점을 확장하고 시야를 넓힐 수 있다고 생각하는 것을 모두 활용해 초점을 가능한 한 다양화한다.

빈번한 CoP 역동 성찰: '고객'의 목소리에 귀를 기울이고 CoP의 가치, 에너지, 영향력을 높이기 위해 항상 노력한다. 애자일 코칭 CoP는 개인, 동료 코칭 그룹, 서비스 지향 및 고객, 조직 영향을 성찰하는 곳이다. 그렇게 하면 지속적인 개선에 초점을 맞춘 성찰을 통해 무언가를 할 수 있는 기회가 주어진다.

자기 돌봄 기억하기: CoP는 조직 전체에 자기 돌봄과 균형을 강조하는 역할을 할 수 있다. 애자일 코칭 CoP는 애자일 코치들이 어떤 어려움에 직면하든 먼저 자신을 돌보는 방법을 모두에게 보여 줌으로써 솔선수범할 수 있는 곳이다.

서비스를 제공하는 애자일 코칭 실천 공동체

CoP를 정의하거나 현실에서 실행할 때 조직에 일련의 서비스를 제공하는 데 초점을 맞추는 방법도 있다.[8] 이 경우 CoP는 공동체 기반 서비스(그룹 내부)를 하는 CoP와 조직 기반 서비스(그룹 외부)를 하는 CoP로 쉽게 나눌 수 있다.

비슷한 또 다른 아이디어로는 애자일 마인드셋과 실천법의 성장이라는 이름 아래 스스로에게 집중하고 거기서 얻은 가치를 조직에 제공하는 CoP도 있다.

공동체(내부) 서비스

내부 서비스에서는 조직 내 팀에 좀 더 중점을 둔다. CoP 구성원이 함께 모여 협력하고 공유하고 학습하고 성장하는 비공식 협력 환경이라고 생각하면 된다. 여기에서는 조직에 얼마나 영향을 미칠지보다 애자일을 중심으로 그룹 내부의 스킬을 성장시킨다고 생각하는 것이 좋다.

---

7 (옮긴이) 대규모 그룹에서 활용할 수 있는 토론 방식 중 하나
8 나는 *https://age-of-product.com/agile-community/*에서 이 '서비스 제공' 아이디어를 발견하고 정말 공감했다.

협력: 생각이 비슷한 애자일 전문가들이 모여 공유할 수 있는 안전한 공간을 제공한다. 사일로를 없애고 시간이 흐르면서 점점 애자일을 지원하는 문화를 조성하고 성장시키는 데 초점을 맞춘다.

교육: CoP에서 제공하는 내부 교육은 좀 더 비공식적으로 이루어진다. 독서 모임 후원, 그룹 구성원 발표, 외부 관계자 초대, 경험 공유를 중심으로 한 협력 등을 예로 들 수 있다. 공식적인 교육보다 공동체에 가치 있는 주제에 대한 학습을 목표로 하는 데 더 초점을 맞춘다.

멘토링: CoP가 제공하는 주요 내부 서비스 중 하나는 개인 간 상호 멘토링이다. CoP 구성원, CoP 외부의 다른 사람 또는 양쪽 모두가 참여할 수 있다. 이 서비스의 기본적인 부분은 멘토링이 무엇인지 파악하고, 몇 가지 가이드라인을 수립하며, 멘토와 멘티가 만나고 연결될 수 있도록 일종의 정보 교환소를 만드는 것이다.

코칭: 코칭은 코치나 스크럼 마스터만을 위한 것이 아니다. 애자일 코칭은 공동체 안팎의 모든 체인지 에이전트들이 개발하고 성장시켜야 하는 스킬이다. 이러한 의미에서 코칭은 코칭 스킬 개발, 코칭 연습, 짝 코칭, 실행을 통한 학습과 관련이 있을 수 있다. 물론 멘토링과 코칭 사이에는 어느 정도 시너지 효과가 있으므로 두 가지가 약간 섞이는 경우가 많다.

조직(외부) 서비스

CoP가 내부 측면에 지나치게 집중하다 보면 조직의 지원, 비용, 흥미를 끌어낼 수 있을 만큼 충분한 영향과 가치를 조직에 제공하지 못하는 경우가 많다. 다음은 영향과 화제를 불러일으킬 수 있는 몇 가지 외부 서비스 아이디어이다.

채용 및 온보딩: CoP가 조직에 가장 큰 영향을 미칠 수 있는 방법 중 하나는 직원을 채용하고 면담하고 온보딩하는 데 도움을 주는 것이다. 이는 스크럼 마스터 그리고 아마도 리더나 아키텍트를 찾는 보조 방법으로 시작할 수 있다. 그러나 시간이 흐르면서 적합한 인재를 채용하고 적절한 출발을 할 수 있도록 지원하는 보편적 서비스가 될 수 있다.

가시성, 소통, 투명성을 위한 웹사이트: 나는 어떤 CoP가 웹사이트를 개설하고 전반적인 도입 전략, 초기 성공(과 실패), 학습, 목표, 계획을 공유함으로써 투명성을 확보하기 시작하면 개인적으로 매우 기쁜 마음이 든다. 여기에는 개인이 자신의 애자일 여정과 학습 내용을 공유하는 블로그가 포함되는 경우가 많다. 이는 상당히 강력할 수 있다.

실천법 공유: CoP의 가장 확실한 서비스 중 하나는 실천법 공유이다. 여기에는 체크리스트, 교훈, 스크립트 및 레시피, 양식, 가이드라인, 도구 활용 지침 등이 포함된다. 이 공간에서 에너지를 만들어 낸다면 참여자들이 자신에게 효과가 있는 방법을 공유할 수 있는 유기적인 장소가 된다.

역할 모델: 애자일 전환에서 가장 큰 과제 중 하나는 팀 수준, 관리자 수준, 고위 리더십 수준에서 '좋은' 모습이 무엇인지 결정하는 것이다. CoP의 코치들이 역할을 제대로 한다면 조직의 모든 수준에서 좋은 애자일이 어떤 모습인지에 대한 역할 모델(본보기, 모범)이 될 수 있다. 어떤 의미에서 이들은 애자일 성숙도, 마인드셋, 실천법, 창발의 적극적 홍보 대사가 된다.

역할 코칭: 애자일 도입을 가속화하는 가장 좋은 방법은 애자일 코칭 CoP가 애자일 전환에서 중요한 세 가지 역할인 스크럼 마스터, 제품 책임자, 관리자를 코칭하는 데 시간을 할애하는 것이다. 나는 애자일로 전환할 때 가장 큰 어려움 중 하나가 전환으로 인해 필연적으로 생겨나는 역할의 혼동이라고 자주 말해 왔다. 이들의 개인적 전환을 적극적으로 코칭하면 큰 성과를 거둘 수 있다.

이벤트: 사내 콘퍼런스 및 오픈 스페이스 이벤트는 회사 전체에 애자일이 무엇인지 공유하고 그 정의, 영향, 목표, 성공을 설명할 수 있는 훌륭한 방법이다. 단순히 말만 해서는 안 되고 공유하고 보여 주는 것이 더 중요하다.

여러분도 각자의 맥락에 따라 다양한 서비스 관점을 생각해 낼 수 있을 테니, 내 관점을 참고해도 좋고 여러분의 관점으로 자유롭게 바꿔도 좋다. 그러나 어떻게 하든 서비스를 제공한다는 마인드셋으로 애자일 코칭 CoP를 만드는 것은 매우 강력할 수 있다.

성숙도 평가의 위험

아마도 많은 CoP와 CoE에서 나타나는 가장 파괴적인 안티 패턴 중 하나는 코치와 팀부터 시작해서 애자일 전환의 모든 것을 측정하고 평가하라는 말도 안 되는 요구일 것이다.

나는 여러분의 애자일 코칭 CoP가 조직 성숙도 지표에 관해서는 매우 신중하고 가볍게 접근하기를 권장하고 싶다.

아주 가볍게!

터크먼 모델

이번 장의 마지막 요점으로, 나는 CoP의 진화에 여러분이 영향을 미치고 이끌어 갈 때, 터크먼 모델(Tuckman model)을 마음 한 켠에 기억해 두었으면 한다. 이 모델은 다양한 그룹이 발전하면서 겪는 여러 단계인 형성기(forming), 혼돈기(storming), 규범기(norming), 성취기(performing)를 설명하며 이는 애자일 코칭 CoP 또는 모든 CoP를 시작할 때 분명히 적용할 수 있다.

터크먼 모델에서 가장 흥미로운 점 중 하나는 관계 형성에 필요한 초기 에너지와 초점이다. CoP를 스스로 유지 가능하거나 성과가 높은 수준으로 끌어올리려면, 조직 간 피드백을 얻고 그 피드백을 조정하는 데 초기 에너지의 대부분을 집중해야 한다. CoP가 개별 참여자와 조직 양쪽 모두에 똑같이 가치를 제공하는 것도 또 다른 핵심이다.

더 읽어 보기

- 톰 캐글리(Tom Cagly)는 다음 글에서 CoE가 왜 나쁜 아이디어인지 설명하는 앤서니 머시노의 글을 공유한다: *https://tcagley.wordpress.com/2018/11/29/guest-post-why-an-agile-center-of-excellence-is-a-really-bad-idea/*

- 길드에 대한 전반적인 내용은 《Communications of the ACM》에 실린 다음 글에서 자세히 살펴볼 수 있다: *https://cacm.acm.org/magazines/2020/3/243029-spotify-guilds/* 이 글을 검토해 보고 몇 가지 아이디어를 여러분의 애자일 코칭 CoP에 다시 연결해 보는 것도 좋다.

우리는 항상 배우고 성장하는 존재이기 때문에 모두가 영원한 현재 진행형이다. 우주가 우리에게 준 가장 큰 선물 중 하나는 아름답고 끝없이 변화하는 자연과 놀라운 복잡성이며, 인간인 우리는 그 누구도 이를 완전히 이해하거나 길들일 수 없다.

그러나 호기심을 갖고 살펴볼 수는 있다. 우리는 개인적인 학습과 개발에 끈질긴 노력을 기울일 수 있다. 그리고 너그러운 마음으로 다른 이를 가르치고 멘토링할 수 있다.

다시 말해 정체나 만족은 거부해야 한다. 끊임없는 학습과 성장이야말로 우주의 신비를 축하하는 일이다.

들어가기

스티븐 코비(Stephen Covey)는 1989년에 《성공하는 사람들의 7가지 습관》(김경섭 옮김, 김영사, 2023)이라는 책을 출간했다. 이 책에서 스티븐이 말하는 일곱 번째 습관은 "끊임없이 쇄신하라(Sharpening the Saw)", 즉 '도구를 연마하라'였다. 이는 자신의 스킬을 지속적으로 학습하고 조정하고 성장시키는 습관을 만들라는 것이다. 전문성 있고 끝내주는 애자일 코치에게 이 습관에 집중하는 것보다 더 중요한 일은 없다. 또한 학습, 성장, 개선에는 여러 가지 모습이 있다고 주장하고 싶다.

내가 7장에서 설명한 애자일 코칭 그로스 휠을 좋아하는 이유는 이 때문이다. 휠은 필요한 모든 스킬을 포함한 역량 매트릭스일 뿐 아니라 각 역량 내에서 현재 스킬의 깊이가 어느 정도인지, 더 집중해서 강화해야 할 부분이 어디인지 명확히 하는 데 도움이 된다.

강점 기반 학습과 성장

수년간 내가 발견한 중요한 교훈을 공유하고자 한다. 자신의 약점을 개선하는 데 집중하는 것은 개인 발전에 최선의 전략이 아니다. 자신의 강점을 파악하고 이를 코칭에서(그리고 인생에서) 개선하고 활용하기 위해 열심히 노력하는 것이 훨씬 더 나은 방식이다.

내가 강점의 중요성을 깨닫게 된 것은 다음 세 가지 덕분이다.

첫 번째는 강점 기반 운동이다. 갤럽(Gallup)에서 발간한 돈 클리프턴(Don Clifton)의 《CliftonStrengths》와 톰 래스(Tom Rath)의 《StrengthsFinders 2.0》 그리고 이후에 발표된 마커스 버킹엄(Marcus Buckingham)의 《StandOut 2.0》에서 이 운동에 대한 내용을 찾아볼 수 있다. 이러한 각 체계는 자신의 강점을 발견해서 유리하게 활용하는 데 중점을 둔다.

그다음은 긍정 탐구(Appreciative Inquiry)를 발견한 일이다. 긍정 탐구에 초점을 맞춰 코칭하면 고객의 강점을 이해하고 발견하고 긍정하는 데 집중하게 된다. 자신에게 초점을 맞출 때도 마찬가지이다. 자신의 강점을 파악해 더 잘 활용할 수 있는 전략을 탐색할 수 있다.

마지막은 긍정 심리학 분야에서 유래한 강점 기반 학습이다. 고객을 코칭할 때 긍정적 의도를 가정하는 것부터 도전과 역경에 직면했을 때 긍정적 태도를 유지하는 것까지 모든 영역에 걸쳐 이를 적용할 수 있다.

더 나은 코치가 되기 위한 여정에서 잘못된 방향에 집중하는 이가 너무 많다. 약점을 걱정하기보다 자신의 코치에게 코칭을 받으며 강점을 발견하고 이를 성장시키기 위해 노력하는 편이 좋다. 강점을 찾으려는 이러한 노력에 애자일 코칭 그로스 휠을 활용한다면 자신의 강점을 특정 역량과 연결할 수도 있다.

이제부터는 언뜻 잘 납득되지 않을 수도 있지만 자신의 도구를 연마할 수 있는 또 다른 영역에 집중해 보자. 바로 내면으로부터의 연마이다.

자기 돌봄

다른 이에게는 자기 돌봄을 긍정적으로 이야기하면서 정작 자신은 말한 대로 실천하지 않는 코치를 얼마나 많이 만났는지 모른다. 혹시 여러분도 그런 코치 중 한 명은 아닌지 곰곰이 생각해 봤으면 한다. 한때 나도 그랬고 지금도 가끔 그런 경우가 있다.

우리 모두 그런 코치가 되지 말고 자기 돌봄과 성장에 먼저 투자하는 코치가 돼야 한다. 또한 이는 다른 이를 섬기려면 먼저 자신을 섬겨야 한다는 점에서 서번트 리더의 특성과도 일치한다. 비행 중에 비상 상황이 발생했다면 다른 사람을 돕기 전에 자기 산소 마스크를 먼저 착용해야 하는 것처럼 말이다.

애자일 코칭 자기 돌봄 캔버스

자기 돌봄을 실천하는 가장 좋은 방법 중 하나는 애자일 코칭 자기 돌봄 캔버스(그림 44) 활용이다. 각 칸의 의도를 설명하기에 앞서 캔버스 전체의 의도를 설명하고자 한다.

무엇보다도 이 캔버스는 성찰을 위해 만들었다. 이 캔버스를 사용하여 자기 자신, 돌봄 욕구, 현재 맥락을 탐색해 보고 자신과 자기 돌봄에 더 많은 투자를 할 수 있는 미래를 상상해 보기 바란다. 나는 여러분이 이 캔버스를 성찰에 적

애자일 코칭 자기 돌봄 캔버스

이 캔버스의 목적은 스스로를 성찰하고,
점진적 방식(아기 발걸음)으로 끊임없이 개선을 추구하며,
자신의 미래 상태를 그려 보고,
스스로를 먼저 돌볼 용기를 찾는 것이다.

코치:	최종 업데이트:
생태계 어떻게 활동하고 있는가? 어떤 환경인가?	**목표** 자기 돌봄의 목표는 무엇인가? 현재 진행 중인 것과 집중할 목표를 포함한다.
마음챙김 조용한 성찰, 관찰, 실험, 스파이더 센스?	**에너지** 배터리를 재충전할 기회는 무엇인가?
파트너 멘토, 짝 파트너, 코치, 역할 모델은 누구인가?	**성장 및 학습** 다음에는 어떤 영역에 집중해야 하는가?

그림 44 애자일 코칭 자기 돌봄 캔버스

극적으로 활용하고, 도구를 연마하는 습관을 기르는 데 도움을 얻기를 바란다.
이제 각 중점 영역을 좀 더 자세히 살펴보자.

• **생태계:** 이 칸은 현재의 (전문) 코칭 생태계를 돌아보고 파악하는 곳이다.
어디에서 만족감을 얻고 있는가? 스트레스 요인은 무엇인가? 현재 상황을
떠올릴 수 있도록 최대한 많은 요소를 표현한다. 판단하거나 평가해서는 안

된다. 코칭 세계, 즉 자신이 활동하는 생태계의 스냅숏을 찍어 보자. 칸반 원칙에 빗대어 말하자면 지금 상태 그대로 시작한다.

- **마음챙김:** 이 칸은 마음챙김과 관련하여 지금 무엇을 하고 있는지 파악하고 강화하기 위한 아이디어를 적는 곳이다. 또한 이 영역은 가능성을 상상해 보는 성찰과 실험의 영역이기도 하다. 캔버스에서 '내면의 코치'와 소통하고 영감을 얻기 위한 영역이 있다면 바로 이 영역이다.

- **에너지:** 이 칸이 마음챙김 옆에 있는 데에는 이유가 있다. 이곳에서는 에너지 수준을 관리하는 데 집중한다. 자신을 배터리로 생각하고 자기 돌봄(또는 자기 돌봄 부족)이 에너지 수준에 긍정적 영향을 미치는지, 중립적인지, 부정적 영향을 미치는지 생각해 보자. 에너지 수준이 최적의 효과를 발휘하려면 자신을 충전하는 데 충분한 시간을 투자해야 한다. 무엇이 자신에게 활력을 주는지 살펴본다.

- **파트너:** 이 영역은 생태계와 매우 밀접하기 때문에 같은 열에 위치하고 있다. 멘토와 멘티, 코치와 피코치, 역할 모델, 신뢰할 수 있는 동료를 파트너라고 할 수 있다. 여기에 적은 이름이 많지 않다면 목록을 늘리기 위해 해야할 일이 있다. 전문성 있고 끝내주는 애자일 코치라면 항상 자신을 적극적으로 코칭하는 코치가 한 명 이상 있어야 한다.

- **성장과 학습:** 내가 애자일 코칭 그로스 휠을 높이 평가하는 주된 이유 중 하나는 각 역량 영역이 성장과 연결되어 있기 때문이다. 7장에서 논의했듯이 각 영역은 입문자 단계에서 촉진자 단계로 발전해 나간다. 끝내주는 애자일 코치라면 최소한 상급 입문자 단계에 있어야 하지만, 촉진자 바로 아래 수준인 안내자 단계를 목표로 삼아야 한다. 휠 지침에 안내자 단계가 어떤 모습인지 알 수 있는 힌트와 아이디어가 있으므로 이를 참조로 캔버스를 작성할수 있다.

- **목표:** 캔버스를 활용할 때에는 항상 목표에서 시작해서 목표로 끝내는 것이좋다. 시작할 때는 목표를 확인하고 무엇을 성취했는지 돌아본다. 모든 목표가 여전히 적절한가? 변경, 추가, 제거해야 할 것이 있다면 무엇인가? 캔

버스를 전부 살펴본 후에는 다시 목표로 돌아가서 똑같이 반복한다. 우선순위가 있고, 자신에게 가치가 높으며, 성취를 위해 시간을 투자할 수 있는 목표여야 한다. 특히 각 목표의 인수 기준 또는 명확한 결과를 정의하면 캔버스를 '애자일'하게 활용할 수 있다.

코칭을 주고받을 준비

다음은 코칭을 주고받을 준비가 되어 있지 않은 코칭 팀 사례이다.

비교적 큰 회사에 입사한 동료 코치가 몇 명 있었다. 이들은 내부 애자일 코치로서 조직의 애자일 전환을 주도하는 업무를 담당하고 있었다.

이 조직의 리더십 팀은 고성과 애자일의 다양한 측면을 논의하고자 내게 여러 차례 연락을 했다. 문화 형성, 확장, 리더십 어질러티와 같은 주제가 이들의 큰 관심사였다. 그들은 단지 외부의 경험 많은 코치에게 더 많은 통찰을 얻고 싶었던 것 같다. 내부 코치들의 힘을 약화시키려는 의도는 전혀 없어 보였다.

이런 일이 있을 때마다 내부 코칭 팀은 나와 리더십 팀이 했던 논의를 외면하고 자신들이 주도해서 설명회를 진행하겠다고 고집했다. 어떤 경우에는 내가 자신들의 지침이나 관점과는 다른 발언을 하지 않게끔 '내 발언 요지'를 검토하고 싶어 하기도 했다. 이렇게 깐깐하게 따지고 불안해하는 모습을 감안해서 나는 이 조직에 내 경험을 공유하겠다는 의사를 정중히 취소했다.

이 일은 실제 사례이다. 나는 애자일 여정에서 이런 사례를 여러 번 반복해서 보고 들어 왔다.

분명히 말하지만 이들은 형편없거나 경험이 부족한 코치들이 아니었다. 여러 비즈니스 영역과 다양한 애자일 확장 모델 및 프레임워크에 풍부한 경험을 지닌 사람들이었다. 다시 말해 탄탄한 코칭 팀이었다.

그러나 모든 코치 또는 코칭 팀에는 분명히 어딘가 부족한 점이 있다. 우리 모두에게는 약점이 있으며, 특정 비즈니스 문화에 대한 경험이 제한적이다. 우리 모두는 무언가에 어려움을 겪는다. 다시 말해 완벽한 코치는 없으며 어떤 코치라도 학습, 성장, 지속적인 코칭 여정에서 도움을 받고 활용할 수 있다.

내가 바라본 이 팀의 진짜 이슈는 외부 관점에 닫혀 있었다는 점이다. 그들은 외부에서 온 아이디어를 선물이 아니라 위협으로 여겼다. 근본적으로 애자일 코치라면 누구나 빠지기 쉬운 나쁜 습관이다.

이런 상황을 겪으면서 나는 애자일 코치들(우리 모두)에게 주기뿐 아니라 받기도 중요하다는 사실을 일깨워 줄 수 있는 일련의 가이드라인을 공유해야겠다는 생각이 들었다.

첫 번째 규칙: 자신의 가능성뿐 아니라 모든 가능성에 열려 있어야 한다.

애자일 코치로서 여러분은 자신을 기준으로 결정을 내려서는 안 된다. 코치의 에고가 방해가 되어서는 안 된다. 가장 중요한 것은 코칭 고객 지원이며, 이것은 내부 코치든 외부 코치든 마찬가지이다.

다른 누군가가 고객(그리고 여러분)의 학습과 성장을 돕거나 다른 관점 또는 방식을 제공할 수 있다면 그들을 전폭적으로 지원하지 않을 이유가 없다. 모든 도구와 자원을 활용해 고객을 도와야 한다.

두 번째 규칙: 집단 지성에 마음이 열려 있어야 한다.

언제나 다양한 관점과 방식이 한 가지보다 낫다. 나는 누군가와 짝을 이룰 때 항상 더 좋은 코치가 되고 고객 결과도 더 좋아진다. 파트너는 내가 놓칠 수 있는 부분을 고려해 주고, 내가 짐을 내려놓을 수 있도록 도와준다. 파트너 덕분에 나는 예리하고 정직하며 열려 있고 관찰력이 뛰어난 상태를 유지할 수 있다.

당연하게도 코칭 중인 사람들로부터도 무언가를 배울 수 있는 열린 마음을 지녀야 한다는 규칙으로 이를 확장할 수 있다.

세 번째 규칙: 스펀지처럼 모든 이와 모든 곳에서 지속적으로 배우려는 자세를 가져야 한다.

코칭을 주고받을 준비가 되어 있어야 한다. 말한 대로 실천하지 않으면서 코칭을 하고 있다면 어떻게 효과적인 코칭을 기대할 수 있을까? 여러분은 역할 모델로서 어떤 모습을 보여 주고 있는가?

코칭을 주고받을 준비가 되어 있다는 건 어떤 모습일까? 나는 세 가지 핵심 측면이 바로 떠오른다.

1. **외부 코칭 및 멘토링 관계:** 경험과 스킬을 공유할 수 있는 외부 코치를 찾아서 그들의 아이디어에 열린 마음을 갖는다.
2. **내면 성찰:** 자신의 여정, 강점, 성공과 실패, 실험, 안전지대 등을 성찰하는 데 많은 시간을 할애하여 지속적으로 자기 인식을 개선한다.
3. **피드백:** 끊임없이 피드백을 찾고 경청하는 동시에 관찰 및 경청 스킬 또한 개선한다.

가장 큰 문제는 많은 코치가 도움을 요청하지 않거나 자신에게 모르는 것이 있음을 또는 다른 사람이 자신보다 더 경험이 많을 수 있음을 인정하고 싶어 하지 않는다는 점이다. 내부 코치들에게서 이런 일이 많이 일어난다. 일단 '애자일 코치'라는 직함을 갖고 나면 자신이 모든 답을 제시해야 한다고 느끼거나 도움 요청이 나약함 또는 무능함의 징표라고 생각하는 경우가 많다.

내 생각은 전혀 다르다. 학습하고 성장하고 새로운 시도를 하고 도움을 요청하는 등 다른 이에게 마음이 열려 있을 때 우리는 훨씬 더 노련하고 유능한 코치가 될 수 있다. 이것이 바로 우리가 도구를 연마하는 방법이다.

코칭할 곳 찾기

자신의 회사, 조직 또는 고객 코칭 기회 외에도 코칭 기술을 연습할 수 있는 기회가 얼마나 많은지 알면 놀랄 것이다. 나는 모든 끝내주는 애자일 코치가 가능한 한 많이 그리고 자주 코칭함으로써 도구를 연마해야 한다고 굳게 믿는다. 애자일 코치에게 이보다 더 좋은 성장 방법은 없다.

코칭 기회를 얻을 수 있는 몇 가지 아이디어를 소개한다.

- **애자일 얼라이언스의 연례 애자일 콘퍼런스:** 애자일 얼라이언스 콘퍼런스에서는 클리닉, 오픈 스페이스, 심지어 복도에서도 코칭할 기회가 자주 생긴다.
- **스크럼 얼라이언스의 글로벌 또는 지역 모임:** 스크럼 얼라이언스 모임에는 대개 코칭 클리닉이라고 부르는 코칭 전용 공간이 마련되어 있으며, 이곳에서 자원자 코치가 참석자에게 코칭을 제공할 수 있다. 세션 시간은 15~30분

으로 정해져 있는 경우가 많으므로 비교적 짧은 시간에 다양한 코칭 스탠스와 스탠스 전환을 연습할 수 있다. 원한다면 짝 코칭도 가능하다.

- **스크럼 얼라이언스의 코칭 수련회:** 이 수련회는 CEC 및 CTC 인증 트랙에 참여 중인 사람들 및 코치가 되고자 하는 이들을 위한 이벤트이다. 오픈 스페이스, 도장 수련, 교육 기회를 제공하는 경우가 많다. 그리고 여기서 쌓은 관계는 값을 매길 수 없을 정도로 소중하다.

- **애자일 코치 캠프:** 전 세계 다양한 지역에서 매년 코치 캠프를 주최하고 계획하는 느슨한 자원자 그룹이 있다.
  - *https://www.agilealliance.org/up-your-agile-coaching-by-organizing-an-agile-coach-camp/*
  - *https://agilecoachcampus.com/*
  - *https://agilecoachcamp.net/about-acc-worldwide/*

- **지역 애자일 콘퍼런스 및 코칭 클리닉:** 거의 매주 전 세계 어딘가에서 애자일 코칭 콘퍼런스가 열린다. 이러한 콘퍼런스는 좋은 기회이다. 주최 측에 연락해 코칭 클리닉을 열자고 제안할 수 있다. 코칭 클리닉은 여러분만을 위한 소규모 또는 콘퍼런스 공간이 허용하는 만큼 대규모로 진행할 수도 있다. 관심 있는 코치 몇 명만 있으면 된다. 그리고 참석자 중에는 항상 충분한 '고객'이 있다.

- **온라인 코칭 서클:** 멘토가 되고 멘토링을 받고 기술을 연습할 수 있는 장소를 제공하는 온라인 코칭 서클이 있다. 대개 온라인 소회의실 기능을 활용하는 도장 수련 형태인 경우가 많다. 나는 애자일 코칭 서클(*https://www.agilecoachingcircles.com*)을 좋아하지만 주변의 다른 곳도 찾아보기를 추천한다.

이런 기회 외에도 더 많은 코칭 기회를 얻기 위해 나만의 '이벤트'를 개최하기도 한다. 그래서 나는 여러분에게 창의력을 발휘해 보라고 권하고 싶다. 여러분이 창의력을 발휘할 수 있도록 두 가지 예시를 들어 보려 한다.

내가 사는 지역의 롤리-더럼 ALN 그룹(Raleigh-Durham ALN group)은 한 달에

한 번씩 애자일 코치 조찬 모임을 만들어 코치로서 학습하고 성장하는 시간을 갖는다. 내가 가장 좋아하는 부분 중 하나는 때때로 진행하는 코칭 도장 연습 세션이다. 이 모임은 연습을 통해 우리의 도구를 연마할 수 있는 안전한 장소이다.

또 다른 아이디어는 나만의 지역 코칭 기회를 만드는 것이다. 몇 년 전에 나는 애자일 무스 허드라는 코칭 그룹을 시작했다. 생각이 비슷한 애자일 전문가들이 친밀하고 안전한 환경에 함께 모여 서로를 돕는 린 커피 방식의 모임이다. 우리는 항상 코칭 대화를 나누고 때로는 도장 기반 연습 세션으로 전환하기도 한다. 경험 수준에 관계없이 모두가 그룹에 제공할 수 있는 가치 있는 무언가를 가지고 있음을 깨닫게 되면 활력이 생긴다.

여러분이 실전에서 자신의 기술을 연습할 수 있는 기회를 찾는 데 영감을 주었기를 바란다. 이런 기회는 이미 여기저기에 있지만 이를 찾거나 만들려면 약간의 탐색과 아이디어가 필요할 수도 있다.

공유는 돌봄이다

이번 장을 마무리하면서 전반적으로 언급한 중요한 성장 초점을 다시 한번 살펴보려 한다.

나는 베푼 만큼 돌려받게 된다는 것을 알게 되었다. 예를 들어 나는 사람들에게 코칭과 멘토링을 자주 제안한다. 돌이켜 보면 정말 자주 그랬던 것 같다. 내가 너무나 사랑하는 이 멋진 애자일 커뮤니티에 보답하기 위한 노력의 일환으로 솔직하게 그런 제안을 하는 경우가 대부분이다. 너무 자주 하다 보니 사람들이 왜 그렇게까지 하느냐고 물어보는 일이 드물지 않다. 나에게는 어떤 이득이 있는 걸까?

나는 코칭이나 멘토링 관계에서 내가 얻는 것이 항상 훨씬 더 많다고 대답한다. 예를 들면 다음과 같다.

- 내 기술의 추가 학습과 연습
- 개인적 통찰, 영감, 희망
- 비즈니스 소개 및 추천

- 그냥 "감사합니다."라는 말 한마디
- 다른 이를 돕는 기쁨
- 사람들이 성장하고 서로 도우며 보답하는 모습을 볼 수 있는 기회

투자한 이익이 바로 나타나지 않을 수도 있다. 때로는 몇 달이나 몇 년이 지난 후에 돌아오기도 한다. 어떤 때에는 전혀 눈치채지 못할 수도 있다. 그럼에도 나는 이런 노력을 하다 보면 마음속에서 미소를 짓게 하고 세상을 믿으며 계속해서 베풀 수 있도록 영감을 주는 보답이 항상 돌아온다고 믿는다.

이 비법을 직접 적용해 보기 바란다. 다른 사람들도 똑같이 할 수 있도록 도와주면서 자신의 도구를 더 예리하게 연마할 수 있다.

더 읽어 보기

- 다음은 《StrengthFinders 2.0》 링크이다: *https://www.gallup.com/clifton strengths/en/253676/how-cliftonstrengths-works.aspx*

- 다음은 《StandOut 2.0》 링크와 무료 평가판이다: *https://mailchi.mp/marcus buckingham.com/standout-assessment*

돌아보기

각 부가 끝날 때마다 잠시 멈추고 성찰의 시간을 갖기를 추천하고 싶다. 다음 질문에 답해 보자.

4부에서는 주로 끝내주는 애자일 코치로서 지속적인 개발과 성장에 중점을 두었다. 좋은 소식은 여러분 개인을 개발하고, 그 개발의 모범이 되며, 역할 모델로서 다른 이(개인, 팀, 조직)들의 지속적인 성장을 위해 그들을 지원하는 일은 결코 끝이 없다는 점이다. 이를 위해 다음을 생각해 보자.

- 전반적으로 기억해야 할 것은 무엇인가?
- 어떤 학습 실험을 시도해 볼 수 있을까?
- 현재 휠의 균형은 어느 정도이며 어떤 부분을 강화해야 할까?

끝내주는 애자일 코칭 저장소(맺음말에 링크가 있다)에서 휠 관련 학습 자료를 살펴보고, 읽어 보고 싶은 두세 가지 책이나 글을 선택해 보자.

실천 공동체에 대해 어떤 생각을 하고 있는가? 회사 맥락이나 애자일 커뮤니티에 영향을 미칠 수 있도록 실험하거나 시도할 만한 것이 있는가?

여러분의 코치와 함께 4부에 나왔던 몇 가지 아이디어와 영감을 탐색해 보자. 그들을 성장, 실험, 학습을 위한 피드백 장치로 활용해 보자.

그려 보기

조용히 눈을 감아 보자. 끝내주는 애자일 코치라는 개념에 주의를 집중해 보자. 바로 여러분이다. 어떤 모습이고 어떤 느낌인지 상상해 보자. 이제 자신의 경력과 이 책 전체를 돌아보자.

이제 눈을 뜬다. 마인드맵 앱을 실행해 코칭 경력의 여정을 시각화해 보자.

- 과거부터 시작해 여정의 핵심 지점을 기록한다.
- 다음에는 성공, 도전, 희망 등 현재 자신이 어디에 있는지 파악한다.
- 마지막으로, 미래의 가능성을 그린다. 가고 싶은 곳을 상상하면서 거기에 도달하기 위한 요소를 기록한다. 원한다면 여러 경로를 그려 볼 수도 있다.

마인드맵으로 정리하고 싶지 않다면 그 아이디어, 영감, 통찰, 계획, 희망, 꿈을 일지에 적어 보자.

아직 일지 작성을 시작하지 않았는가?

그렇다면 *https://www.agile-moose.com/blog/2019/6/23/journaling-how-to-get-started*를 읽어 보고 저장소에 있는 애자일 코치 일지 작성 캔버스의 활용을 고려해 보자.

맺음말

휴! 이제 끝난 것 같다.

책 한 권을 출간하는 데 얼마나 많은 노력이 드는지 매번 금세 잊어버린다. 그렇지 않다면 다음 책을 쓰지 못할 수도 있을 테니 다행인 것 같기도 하다. 그래서 마무리가 가까워지면 책을 마쳤다는 기쁨과 함께, 또 하나의 글쓰기 여정이 끝났다는 슬픔이 교차한다.

이번에는 제니퍼, 리아논, 마크와 협업했다는 점에서 조금 달랐다. 이들이 쓴 글 그리고 이들의 자극 덕분에 책이 훨씬 더 풍성해졌기를 바라며 또 그렇게 됐다고 믿는다. 그리고 다시 한번 이 여정에 함께해 준 세 사람에게 감사 인사를 전한다.

마지막 생각

이 책을 어떻게 마치면 좋을지 오랫동안 고민했다. 이 책의 아이디어, 메시지, 의도의 본질을 어떻게 하면 잘 요약하고 마무리 지을 수 있을까? 어려운 질문이다. 그러다 문득 이런 생각이 떠올랐다. 다른 책을 인용하면 어떨까? 아무 책이 아니라 기념비적 작품인 리사 앳킨스의 《애자일 팀 코칭》을 인용하기로 했다.

애자일 코칭은 40%가 실행이고 60%가 마인드셋이다. 당신이 누구인지, 애자일의 가치가 당신의 일거수일투족을 통해 얼마나 발현되는지 등 코치가 지니고 있는 강력하면서도 조용한 영향력을 과소평가해서는 안 된다. 마인드셋은 강력한 힘이다. 당신의 마인드셋은 사람이나 팀 또는 조직에 광범위하고 지속적인 영향을 미친다.

나는 이 인용문이 우리가 지금까지 탐색해 온 주제의 본질을 표현하고 있다고 믿는다. 자신이 누구인지, 무슨 행동을 하는지가 코칭에서 가장 중요한 속성이라는 뜻이다. 진정으로 엄청나게 끝내주는 애자일 코치가 되려면 자신을 발전시키고 빛나게 하는 것이 중요하다.

다시 한번 감사

여기까지 온 독자들에게 가장 먼저 하고 싶은 말이 있다. "고맙습니다." 시간을 내어 엄청나게 끝내주는 애자일 코칭에 대한 우리의 생각, 아이디어, 경험을 읽고 고민해 주어서 대단히 고맙다.

이 책에 기여한 모든 이에게 진심으로 감사하고, 함께 나누고 살펴볼 기회를 준 여러분에게 겸허한 마음으로 감사드린다.

컴패러티브 어질러티

이 책을 쓰는 과정에서 나는 컴패러티브 어질러티를 재발견했다. 이곳은 2010년경 마이크 콘(Mike Cohn)과 케니 루빈(Kenny Rubin)이 만든 회사이다. 이 회사는 다양한 애자일 스킬, 역할, 주제에 대한 설문을 제공한다.

이 책의 개념과 의도, 애자일 코칭 그로스 휠의 진화, 지속적인 학습을 보완해 주는 컴패러티브 어질러티의 퍼스널 임프루브먼트 설문에서 받은 도움, 이 세 가지에서 일어난 상승효과가 내게 깨달음의 순간을 선사했다.

마크 서머스와 나는 컴패러티브 어질러티와 협력하여 휠을 기반으로 애자일 코칭 퍼스널 임프루브먼트 설문을 만들고 있다. *http://www.comparativeagility. com*에서 확인해 보기 바란다.

추가 자료: 끝내주는 애자일 코칭 저장소

나는 원래 이 책에 몇 가지를 주제로 꽤 많은 부록을 추가할 계획이었다.

1. 애자일 코칭 그로스 휠의 역사와 진화
2. 추가 코칭 도장 시나리오
3. 코칭 안티 패턴과 이를 피하기 위한 조언
4. 휠에 있는 다양한 역량에 대한 풍부한 학습 자료 로드맵
5. 끝내주는 애자일 코치 채용 지침
6. 더 많은 실제 코칭 스토리

그러나 이런 자료는 상대적으로 변동성이 크고 쉽게 바뀔 수 있음을 깨달았다. 그래서 그 대신 온라인에 추가 자료 저장소인 끝내주는 애자일 코칭 저장소 (Badass Agile Coachinig Repo)를 만들기로 결정했다.

앞에서 언급한 모든 자료와 스토리를 저장소에 최신 상태로 유지할 것이다. 또한 시간이 지나도 전부 최신 상태를 유지하도록 업데이트할 것이다. 또한 저장소를 커뮤니티 중심의 협업, 학습, 성장을 위한 일종의 커뮤니티로 발전시키는 것도 고려하고 있다.

애자일 코칭 그로스 휠은 스크럼 얼라이언스의 후원하에 자원자들을 중심으로 대대적인 업데이트를 진행 중이므로 이 저장소가 특히 중요하다. 즉, 많은 변화가 있을 것이다.

다시 말해 이 저장소는 이 책을 읽은 독자들이 엄청나게 끝내주는 애자일 코치로 계속 발전할 수 있는 특별한 장소가 될 것이다.

여기에서 함께 할 수 있다: *https://www.agile-moose.com/repo-landing*

피드백

이 책이 여러분에게 끝내주는 애자일 코치가 되는 방법에 대해 귀중한 통찰과 아이디어를 제공했으면 하는 바람이다. 하지만 이 책은 본질적으로 완전하지도 않고 규범적인 내용을 담고 있지도 않다. 우리가 애자일 경험과 독서를 통해 배운 점이 한 가지 있다면, 학습은 대부분 실천에서 비롯된다는 것이다.

글을 읽다가 추가하거나 바꾸고 싶은 내용이 있으면 bob@rgalen.com으로 이메일을 보내 주면 좋겠다. 나와 지속적으로 연락을 주고받고 싶다면 링크드인(*https://www.linkedin.com/in/bobgalen*)을 통해 연락할 수도 있다.

그리고 아마존 등에 이 책의 리뷰를 작성해 주는 것도 좋다. 그렇게 하면 다른 이들이 우리 책을 받아들이는 방식에 큰 변화가 생길 것이다.

계속 애자일하자, 친구들!

밥 갤런

찾아보기